明治维新探析

郝秉键◎著

光明日报出版社

图书在版编目（CIP）数据

明治维新探析 / 郝秉键著 . -- 北京：光明日报出
版社，2024.9. -- ISBN 978 - 7 - 5194 - 8308 - 1

Ⅰ. K313.41

中国国家版本馆 CIP 数据核字第 2024902ZE9 号

明治维新探析

MINGZHI WEIXIN TANXI

著　　者：郝秉键			
责任编辑：李　晶		责任校对：郭玫君　李学敏	
封面设计：中联华文		责任印制：曹　净	

出版发行：光明日报出版社

地　　址：北京市西城区永安路 106 号，100050

电　　话：010-63169890（咨询），010-63131930（邮购）

传　　真：010-63131930

网　　址：http：// book. gmw. cn

E - mail：gmrbcbs@ gmw. cn

法律顾问：北京市兰台律师事务所龚柳方律师

印　　刷：三河市华东印刷有限公司

装　　订：三河市华东印刷有限公司

本书如有破损、缺页、装订错误，请与本社联系调换，电话：010-63131930

开　　本：170mm×240mm

字　　数：296 千字　　　　　印　　张：16.5

版　　次：2025 年 1 月第 1 版　　印　　次：2025 年 1 月第 1 次印刷

书　　号：ISBN 978 - 7 - 5194 - 8308 - 1

定　　价：95.00 元

目　录
CONTENTS

导　言

　　凡是值得思考的事情，没有不是被人思考过的。我们必须做的只是试图重新加以思考而已。

——歌德

第一节　研究缘起

　　奇迹总在无奇处发生。翻开世界历史，我们不难发现这样令人惊异的一幕：在人类文明史上，东西方现代化之轮竟然是在两个孤悬于欧亚大陆东西两端的蕞尔岛国——日本与英国——率先启动的。

　　姑置英国不论，就日本来说，其现代化是以明治维新开场的。方其发轫之时，日本尚属藩国林立、资源匮乏、生产方式落后的传统农业国家，然而经过短短几十年的建设，一战而胜中国，再战而胜俄国，倏然之间，凌空而起，"耸立于东亚之一隅，雄飞于世界万国"①，其成就令世界惊异，其成因令世人好奇。清末改革家康有为即说："泰西以五百年讲求之者，日本以二十余年成之，治效之速，盖地球所未有也。"② 英国史学家韦尔斯也说："在全部人类历史上从没有一个国家像日本当时那样大踏步前进过。1866 年它还是一个中世纪的民族，是一幅极端浪漫的封建制度的古怪的漫画；1899 年它已是一个完全西方化了的民族，同最先进的欧洲列强立于同等水平上，并且比俄国还先进得多。它彻底消灭了亚洲是不可挽救地、无望地落后于欧洲的信念。它使欧洲的一切进步相形之下显得是缓慢的和暂时的。"③

---

①　野村浩一．近代日本思想史講座·卷八 [M]．東京：筑摩書房，1961：30.

②　康有为．日本变政考 [M]．北京：中国人民大学出版社，2011：序.

③　韦尔斯．世界史纲 [M]．吴文藻，等译．北京：人民出版社，1982：1107.

那么，日本何以能在短期内一举而成凌空而起的"亚洲凤凰"，迅速实现西方国家用一两百年才完成的转变呢？综观以往研究情况，主要有如下论说。

一曰"社会结构说"。其基本观点是，日本虽系东方国家，但在政治、经济结构上与西方相似，比如，日本的幕藩体制堪比西欧的等级君主制，日本的大名领国制堪比西欧的封建庄园制，日本的武士文化和町人文化堪比西方的贵族文化和市民文化，日本与西欧皆实行长子继承制和世袭等级身份制，等等。因此，日本易于推进以欧洲为样板的现代化运动。此等见解在马克斯·韦伯的著述中已见端倪①，而中国学者王家骅的阐述则更为详尽。他认为，德川时代日本的政治、经济结构兼具欧、亚性格，其通过分封采邑形成的土地占有等级结构表现出欧洲"纯粹封建性的土地占有"特性，以幕藩形式存在的政治结构又具有一定的欧洲式地方分权特色。这种政治、经济结构缺乏中国传统体制那种顽强的适应和再生能力，在商业和商业资本的冲击下易于走向解体，萌发资本主义因素。②

付正新也认为，日本成为基督教世界之外的第一个现代化国家，根本原因在于其传统社会结构不同于东方各国而与西欧类似。在明治维新前，日本的文化结构已趋多元化，政经分离、土地权和货币权分属于不同的阶级，政治上各藩自立，幕府并非独揽政权，这既有利于现代化的启动，也有助于现代化的成功。③ 张环以制度变迁理论为分析工具，阐述了制度移植与本国既有制度之间的关系，认为制度移植能成功取决于引进的制度与本国现存的各项制度间的紧张程度。明治维新之所以顺利实现了制度变迁，是因为"维新之前日本无论在正式制度方面还是在非正式制度方面都与所模仿和移植的制度存在相容性和互补性，符合了制度变迁的规律"④。

二曰"国际环境说"。其基本观点是，现代化启动之时，西方列强要么忙于内战，要么忙于外斗，无暇争夺日本这样一个市场狭小、资源匮乏的小国，以至于日本能在一种相对宽松的国际环境下进行比较平稳的国内改革。加藤诚三郎即说："日本处于有利的国际环境，即地处东亚，远离西方，又有中国作屏

---

① 富永健一．马克斯·韦伯论中国和日本的现代化［J］．社会学研究，1988（2）：48-59.
② 王家骅．半欧洲半亚细亚型的日本晚期封建社会［J］．世界历史，1982（6）：24-35；王家骅．试论近代中国和日本走上不同道路的内部历史原因［M］//中国日本史学会．日本史论文集．沈阳：辽宁人民出版社，1985.
③ 付正新．偏离平衡态——日本现代化的社会结构前提分析［J］．湖北师范学院学报（哲学社会科学版），2008（3）：71-75.
④ 张环．日本明治维新制度模仿成功原因分析［J］．生产力研究，2009（12）：28-30.

障……西方列强的注意力主要集中在中国，因而缓解了对日本的压力。"① 冯明臣等认为，当日本启动现代化之时，"西方各殖民强国均处在对东方侵略的一个相对平和的微妙间歇时期"，带头叩开日本国门的美国正忙于南北内战后之南部重建，普鲁士正与奥地利、法国征战不已，俄国因克里米亚战争失败而致力于国内恢复，法国因先后陷入墨西哥之战、普法之战而分身不得，英国则因印度民族起义和"第二次鸦片战争"而无力他顾。这减轻了日本的外部压力，使其得以进行比较平顺的改革。②

三曰"民族精神说"。马克斯·韦伯说："任何一项伟大事业的背后，都必须存在着一种无形的巨大的精神力量。更为重要的是，这种精神力量一定与该项事业的社会文化背景有密切渊源。"③ 据此，有学者着重从民族精神角度探析了日本现代化的成因。

森岛通夫认为，日本现代化的成功来自精神文化的更新。日本将儒教、神道教与佛教巧妙地组合为"日本式的宗教"，当其"面临国家危机之时，强调神道要素；而在政治形态发生大变革之后，强调维护体制性的儒教。正是这样，他们在解决国家面临的问题时，得以获得理念上的原动力。三种伦理体系的弹性组合，对日本的文化、经济发展作出了贡献"④。与中国相比，日本儒教倡导国家主义和世俗化，"在奔向近代国家的起飞过程中"，发挥了最重要的作用。⑤

诺曼·马克雷认为，受天皇意识强烈影响的日本人的忘我精神是日本腾飞的力量源泉，"很遗憾，英国人无论怎样努力和仿效，也不能完全学到日本人那种诚挚的忠于集体的思想"。这种忠诚精神，"在日本这样的国家里是促进增产提高效力的动力"⑥。陈晓律也认为，日本人具有"大公"精神，"日本政权的易手，一个最重要的特点是新集团没有自己的私利需要保护，无论是明治天皇还是他周围的明治元老，考虑的都是如何才能挽救国家，并使整个民族富强起

① 沈仁安，宋成有. 日本史学新流派析 [J]. 历史研究，1983（1）：129-130.

② 冯明臣，杨俊广. 论日本现代化启动的历史条件 [J]. 天中学刊，1997（4）：59-62；王小兰. 论日本现代化启动的历史条件 [J]. 山东大学学报（哲学社会科学版），1999（3）：79-89.

③ 韦伯. 新教伦理与资本主义精神 [M]. 于晓，陈维纲，译. 北京：生活·读书·新知三联书店，1987：3.

④ 森岛通夫. 日本成功之路 [M]. 有非，等译. 北京：经济日报出版社，1986：5-6.

⑤ 森岛通夫. 透视日本：兴与衰的怪圈 [M]. 天津编译中心，译. 北京：中国财经出版社，2000：19.

⑥ 刘祎玲. 浅谈社会心态在日本近代发展中的影响 [J]. 吉林省教育学院学报，2009（2）：38-40；孔旭，蔡春燕. 儒家伦理对东亚国家经济现代化的价值研究综述 [J]. 社会科学动态，2017（12）：75-78.

来。这种大公的精神，使他们能将现代化作为一种至高无上的命令，凡是有利于现代化的政策就加以推行，凡是不利于现代化的政策就加以抛弃"①。

宋成有等认为，历经近千年漫长岁月积淀下来的武士道精神最大限度体现了日本国民的主动精神、创造精神和牺牲精神，进而凝聚成一股难以估量的物质化能量，成为日本现代化的动力。② 孙立祥认为，"自古积淀在日本人心里底层的神国观念和天皇崇拜思想，以及由此集结起来的强大的民族凝聚力量"是推动日本近代化的精神所在。③ 宋东亮认为，日本传统文化那种以"对天皇、法律及日本国家之义务"为内核的国家主义精神，虽然不乏一些极端、反动的东西，但作为一种应对近代弱肉强食的世界的全民共识，成功地推动了日本的现代化，而这种精神又是其他非欧国家欠缺的。④

斯梅尔瑟也认为，明治时期由爱国主义凝聚成的一种国家主义成为日本近代化的精神动力。"国家主义会促成工业化，因为在国家主义的激励下，人民较能忍受工业变迁所带来的痛苦。国家的强盛与地位成为人民的最高目标，而工业化意味着做一切牺牲和奉献，也可以放弃传统的价值观念。这种新兴的国家实体的勃兴，是迫切要求大工业化的结果。这种国家要求全民绝对服从，实行中央集权，控制人们的行动、货物的流通和国外新闻的传播；严密地控制人民的经济与社会生活。奉行国家主义的人，决心扫除一切障碍，以实现工业化。"⑤

大滨庆子认为，日本近代化的成功与明治精英群体的"雁奴"特性相关。这一特征主要表现为三种精神，即国家主义精神、创新精神、武士道精神。国家主义是明治时期朝野精英的共同精神，也是他们事业的内在驱动力，创新精神是明治时代突出的精神气质，而武士道精神是明治精神的中流砥柱。作为持续推动日本不断现代化的强大动力，"雁奴"特性被一代又一代的精英阶层继承下来。⑥

李丹也认为，"从强调人自身的精神价值和个体发展的个人主义发展到强调

①　陈晓律. 日本现代化之路内幕：上 [J]. 招商周刊，2004（25）：62-63.
②　宋成有. 武士道精神与明治时期的日本现代化 [M] //罗荣渠. 各国现代化比较研究. 西安：陕西人民出版社，1993；杨绍先. 武士道与日本现代化 [J]. 贵州师范大学学报（社会科学版），2004（5）：36-41；涂荣娟. 略论武士道对日本现代化的影响 [J]. 绵阳师范学院学报，2007（9）：32-35.
③　孙立祥. 日本近代化成功的精神因素 [J]. 松辽学刊，1990（2）：19-24.
④　宋东亮. 近代日本现代化抉择的精神动力 [J]. 河北大学学报（哲学社会科学版），1998（2）：48-64.
⑤　斯梅尔瑟. 经济社会学 [M]. 折晓叶，译. 北京：华夏出版社，1989：158.
⑥　大滨庆子. 日本近代化的"雁奴" [J]. 文化纵横，2008（2）：16-18.

以一种与国家的契约来保卫个人权利与自由的基础上所形成的国家主义"是日本近代化的精神动力,而构成日本国家主义的基本要素是,天皇的神圣号召力,神道教的精神护卫作用,国家的政治引导,单一民族的文化优势。"天皇是日本国家主义的中心,通过神道教的护卫作用,使其神化并成为日本国民的精神源泉。忠孝的传统观念被政府以政令的形式推广到国民中间,在军队和学校等机构中不断深化对国民的道德教育。忠于天皇,即忠于国家。日本正是以这种以天皇为中心的国家主义思想为精神指引,在天皇的号召下开始革除陋习、学习西方文明、废藩置县、殖产兴业、建立君主立宪政体、颁布宪法等一系列的近代化努力,并最终取得成功。"①

刘金才认为,日本町人阶级"唯以货币为贵""以金钱为本位""以营利为善"和以正直、俭约、精算手段致富的价值理论与精神指向,不仅在本质上具有符合商品经济发展规律,促进商业资本发展和催生近代资本主义的功能与近代趋向,而且在日本由近世向近代发展的历史进程中,起到了破坏和瓦解以等级制度、贵谷贱金、农本商末、重义轻利为中心的武士道德本位主义,以及以武家权力为本位的朱子学伦理价值体系的作用,为近代资本主义精神的生成和维新变革奠定了伦理实践基础。②

四曰"国民性说"。其基本观点是,日本人具有一种对外来文化既好奇又不盲目排斥的内在的、开放的习性,面对异文化的挑战,总能沿着"拿来—吸收—复制—改造—创新"的理路积极应对,并"成功地有计划地吸取外国文明","从闭关锁国时期到19世纪下半叶结束以后,日本几乎没有出现过建立一道屏障来抵御十分强烈的外来文化攻势的愿望"③。英国史学家萨索姆说:"日本人非常好客,讲究礼仪,他们对新事物有强烈的好奇心。这些在日本人对待来到日本的欧洲人的态度行为中表现得极为充分。"④ 日本学者森三树三郎说:日本人具有"无比好奇的性格",遇事总能"不断地一边倒向新的原理","所以新的东西很快就陈旧了,又需要继续更换"⑤。桑原武夫也认为:"日本人的

① 李丹. 日本近代化的精神动力探析 [J]. 沈阳大学学报(社会科学版),2012(1):69-72.
② 刘金才. 町人伦理思想研究:日本近代化动因新论 [M]. 北京:北京大学出版社,2001:314-321.
③ 普罗宁可夫,拉达诺夫. 日本人 [M]. 赵永穆,等译. 北京:中国广播电视出版社,1991:32.
④ 鹤见和子. 好奇心和日本人 [M]. 詹天兴,等译. 西安:西安交通大学出版社,1986:19.
⑤ 北京大学日本研究中心. 日本学·第六辑 [M]. 北京:北京大学出版社,1996:267.

好奇心以令人惊讶的速度推进了日本的现代化。"① 孙立祥认为，"一直燃烧在日本人内心深处的对外来新事物的强烈好奇心，一方面成为日本人一次次跨出国门，走向世界进行频繁国际交往的原动力，同时更使日本人在国际交往和广泛见闻中培养起对外来文化的批判、反思能力"；"在古代，他们学习吸收了光辉灿烂的中华文明；迈入近代，则迅速地把学习的目光由落伍的中国转向了日新月异的西方。更为重要的是，他们在这种学习、吸收过程中逐渐培养起来一种独具日本特质的批判反思能力，这是日本近代化获得成功的重要因素"。②

五曰"文化形态说"。其基本观点是，日本文化具有强烈的"调和"性和模仿性，这使它拥有一种独特的受容和融合能力，为现代化的启动提供了文化条件。依田憙家认为，日本文化的基本形态是"并存型"而非"单一型"，文化的摄取形态是"全面型"而非"部分型"，社会的协作形态是"非亲族协作型（忠）"而非"亲族协作型（孝）"，社会的教育形态是"普及提高能力型"而非"选拔达到目的型"。这既宜于日本摄取外来文化，重建民族文化，也孕育出推动现代化的集体精神力量和较高的民族文化素质。③ 叶渭渠认为，日本文化追求"调和中庸"，"他们判断事物一般都采取相对主义、调和折中态度"④，因而对外来文化总采取调和摄取态度。张广翔认为，日本传统文化具有极为成熟的混合性和活跃性，"当外部历史的呼唤发出，就马上有能力纳入近代化进程。日本近代化的成功还取决于日本社会的文化同质性，即'文化名流'，受过教育阶层和其他居民没有严重的文化脱节"⑤。

赖肖尔认为，日本善于模仿并进行再创造，"日本人的出类拔萃之处，与其说是模仿性，毋宁说是其特殊性以及他们在学习和应用外国经验时，又不失去自己文化特征的才能"⑥。樋口清之说："岛国的宿命使日本没有独创文化的能力，只能贪婪地吸取外来文化，经过取舍选择，创造出适合自己的文化。"⑦ 林娟娟认为，模仿与再创是日本文化的双重特质。与亚洲大陆隔绝的地理环境和

① 鹤见和子. 好奇心和日本人 [M]. 詹天兴，等译. 西安：西安交通大学出版社，1986：28.
② 孙立祥. 日本近代化成功的精神因素 [J]. 松辽学刊，1990（2）：17–22.
③ 依田憙家. 日本的近代化·与中国的比较 [M]. 卞立强，等译. 上海：上海远东出版社，2003：1–13.
④ 叶渭渠. 日本文明 [M]. 北京：中国社会科学出版社，1999：35.
⑤ 张广翔. 从文明角度看俄国和日本的现代化 [J]. 东北亚论坛，1994（3）：93–97.
⑥ 赖肖尔. 日本人 [M]. 孟胜德，刘文涛，译. 上海：上海人民出版社，1980：33.
⑦ 樋口清之. 日本人与日本传统文化 [M]. 王彦良，陈俊杰，译. 天津：南开大学出版社，1989：30.

缺乏民族文化之"根"的历史条件使得日本人形成了热衷于模仿的价值观，但日本人只是把模仿视为创造的前提，善于在模仿的基础上进行再创造，这是日本现代化成功之要因。① 盛邦和认为，日本处于"儒家文化区"外缘，其文化具有"年轻性""复合性"和"嫁接性"等特点。它缺乏内核文化那样强大的遗传记忆力，对新文化也不具强烈的"抵抗力"，因而便于嫁接"西学"，在文化更新的道路上迈出轻捷的步伐。②

六曰"商品经济说"。其基本观点是，德川时代日本商品经济已发展到比较高的水平，幕藩体制的经济基础趋于瓦解，资本主义因素萌发，由此而分化出政治制度改革的力量，推动了日本现代化建设。井上清认为，江户时代日本商品经济的发展分布较为均匀，其密度也超过当时的中国。③ 依田憙家说："日本在江户时代的中期大体上已经完成了强有力的国内统一市场。……可以这样认为，日本是在由海运与轮换参觐制所结成的统一市场的基础上，走上统一国家的道路，并以此为阶梯，向近代化发展。"④ 王家骅认为，18 世纪以后的日本开始突破地方小市场的格局，全国性市场已在生活数据与生产数据两个方面的交换中发挥重要作用，尤其是农民的商业性农产品，在全国性的商品交换中占有很大的比重，这有利于资本主义的萌芽。⑤

祝乘风认为，江户时代日本在经济方面表现得最突出的是商品经济已得到相当程度的发展，幕藩制社会之经济和阶级基础开始动摇。幕藩领主的改革运动并未真正扭转其危机的局面，反而培植出新的生产力和生产关系，引起幕藩之间的矛盾斗争，从而为一场更大规模的社会变动创造了前提条件。⑥ 程鸿儒等认为，江户中后期，日本领主制经济逐渐走向没落，统一的民族市场初步形成，商品经济和资本主义萌芽得到较快发展，为日本近代化奠定了必要的基础。⑦ 郎

① 林娟娟．模仿与再创：日本文化的双重特质［J］．厦门大学学报（哲学社会科学版），1996（3）：61-66.
② 盛邦和．内核与外缘：中日文化论［M］．上海：学林出版社，1998：222.
③ 井上清．日本现代史：明治维新［M］．吕明，译．北京：生活·读书·新知三联书店，1956：213-214.
④ 依田憙家．日本的近代化·与中国的比较［M］．卞立强，等译．上海：上海远东出版社，2003：15.
⑤ 王家骅．试论近代中国和日本走上不同道路的内部历史原因［M］//中国日本史学会．日本史论文集．沈阳：辽宁人民出版社，1985.
⑥ 祝乘风．日本江户时代商品经济的发展［J］．世界历史，1990（1）：100-108.
⑦ 程鸿儒．试论中国与日本近代化成败之经济根源［J］．西北大学学报（哲学社会科学版），1990（3）：76-81；左学德，王晓燕．日本江户时代的幕藩体制与商品经济［J］．北方论丛，2007（5）：104-109.

起飞也认为，江户时代日本农业经济、工业经济和商品货币经济都得到了一定程度的发展，在工厂手工业中出现了"资本主义的胎动"，在商业领域产生了一个庞大的商人阶层，为日本近代化打下了基础，"明治维新的杰出人物正是以江户经济为基础的舞台上才演出了一幕幕精彩纷呈的话剧"①。

七曰"市民社会说"。其基本观点是，江户时代随着商品经济的发展，日本逐渐形成独特的"市民社会"，而作为"市民社会"中坚力量的武士与町人聚合为日本现代化的动力，促使日本迅速进入现代化之列。盛邦和认为，"一般说来，在社会由中世纪向近代发展的过程中，土地自然经济的稳定存在，决定社会形态发展的停滞或推迟，而市场商品即城市经济的发展，则哺育市民的成长，最终使社会向近代社会迈进。和中国相比，日本上述两条社会的发展所呈现出的重要特点，在城市市场商品及市民成长历史方面表现尤著"②。

孟凡东认为，江户中后期形成的"市民社会"以武士与町人为双重主体结构。前者兼具"士魂商才"特质及忠诚务实精神，负有维护国家政治的统一与安定之责，是日本现代化的领导力量；后者掌控着国家经济命脉，是日本现代化的重要民间力量。武士的功能反映着日本国家与社会的统一，町人的功能反映着"市民社会"与国家的统一，二者相辅相成，共同担负起撬动日本现代化之责。③

此外，有些学者虽然未从"市民社会"角度入手考察日本现代化，但也探讨了武士、町人与日本现代化的关系。如吴乃华认为，日本明治维新的成功与武士，尤其是下级武士有着很大的关系。武士既是维新的思想领袖和政治领导人，又是讨幕战争中冲锋陷阵的前驱、先锋队，还是维新实践的指导者。④ 马晓轩认为，武士是贯穿整个明治维新时期的重要力量，天皇制度实际的运作者是改造过的武士政治精英阶层，是他们推动了明治维新。正是由于这一团体的出现，明治维新才能取得关键性的进展。"改造武士阶级"政策的制定是一个天才的设计。武士阶级的转化是日本社会特色的一种体现，也是日本传统文明传承的典范。⑤ 唐永亮、岳永杰认为，武士既具有靠近先进科学的文化性格，也具有注重实际、躬身践履的品格，"无论是在自身的精神价值观上，还是在历史地

---

① 郎起飞. 江户时代的经济遗产与日本经济近代化 [D]. 贵阳：贵州师范大学，2009.

② 盛邦和. 东亚：走向近代的精神历程 [M]. 杭州：浙江人民出版社，1994：439-440.

③ 孟凡东. 试论日本江户时代市民社会的基本框架及其在现代化中的历史作用 [J]. 镇江师专学报（社会科学版），1998（2）：55-58.

④ 吴乃华. 武士与日本的近代化 [J]. 史学月刊，1992（6）：80-84.

⑤ 马晓轩. 明治维新的操练者：武士阶级 [J]. 青年文学家，2011（10）：89.

位、现实表现上都具备了推动日本现代化发展的特征"①。刘金才认为，作为"资产阶级前身"的町人不仅为动摇幕府以等级身份制为基石的封建统治起到了重要作用，而且在"尊王、倒幕、开国"运动中发挥了其他阶级不可取代的历史作用。② 李文认为，"在由对外危机引发的明治维新这场社会变革中，虽身为旧制度的代表者，武士阶级的上层并没有为挽救这一制度作垂死挣扎，而其中下层出身的一批志士不仅成为现有制度的破坏者，在变革社会的过程中成长为代表先进力量的新精英集团，而且在没有经历大规模流血冲突的情况下取代将军与大名执掌中央大权，成为推动近代化的领导核心"③。

毋庸赘言，上述诸说虽然各有所据，自成方圆，但因立论限于某一领域或视角，难免失之片面。其实，上列所谓推进日本现代化诸因素在其他后进国中并非全无萌芽，其存在也只能说明日本具有比较有利的现代化启动条件，并不能说明为什么日本能在短短几十年内就迅速实现了西方国家用一两百年时间完成的转变，一跃而成为资本主义工业强国。"如果把日本的经济崛起归结于一大堆特殊因素的作用，那么就等于宣布它的经验是不可学习和借鉴的。"④ 因此，继续探讨日本现代化的成因，仍然是当前重要的研究课题。现代化是一项系统工程，所涉问题众多。因篇幅所限，本书不拟从日本传统社会诸要素中全面探寻其现代化因子，而是试图从外源型现代化的一般规律来考察明治维新得以启动并顺利推进的前提条件。

第二节　研究思路

按照现代化基本理论，世界现代化道路可分为内源型（modernation from within）和外源型（modernation from without）。前者是指由社会自身力量产生的内部创新过程，后者是指在外部因素的冲击下引发的社会变革过程。外源型现代化的启动固然需要外力的诱发，但只有在其"社会内部的发展潜力被广泛有效地动员起来时才有现实可行性"⑤。一个民族"当它与外界强敌相遇的时候，

① 唐永亮，岳永杰. 武士在日本现代化进程中的作用：兼论日本现代化的动力 [J]. 北方论丛，2004（2）：116-118.
② 刘金才. 幕末町人的政治倾向与历史作用 [J]. 日本学刊，2001（4）：96-111.
③ 李文. 武士阶级与日本的近代化 [M]. 石家庄：河北人民出版社，2003：31.
④ 尹宝云. 现代化的通病 [M]. 天津：天津人民出版社，1999：122.
⑤ 罗荣渠. 现代化新论 [M]. 北京：北京大学出版社，1993：124.

能否借此而奋发，或由此而亡国，这是不能完全决定于外界的因素的，应该决定于该民族的内在原因。……倘使一个民族适当其社会历史在向上的发展时代，受到了外部的威胁，非但不能毁灭这民族，反而会加速其社会的向上运动"①。一般来说，只有具备了如下内部要素，外源型现代化才可能启动并比较顺利地推进：其一，要有"现代化意识"；其二，要有得力的"现代化领导层"；其三，要有一定的物质基础；其四，要有合理的制度安排。本书将围绕这四个要素，按照如下思路来窥探明治维新的"奥秘"。

第一，明治维新以"思想的突破"为先导。按照现代化的推进次序，内源型现代化始于经济领域，而后推向政治、思想领域；外源型现代化则以思想革新为突破口，然后向政治、经济领域推展。换而言之，外源型现代化的逻辑是先有现代化意识，后有现代化运动，而不是先有现代化实践，后有现代化意识。作为一个后进国家，日本的现代化也是循着这一逻辑展开的。

森岛通夫说，一国"政治和经济的选择都是依赖于一个国家的历史进程中意识形态配置的方式"②。日本现代化之所以能快速启动，主要是因为明治维新之前已基本实现了思想的突破，形成新的哲学观、世界观、文化观，基本完成了现代化"意识形态配置"。否则，难以想象日本领导层何以会放弃"旧世界"而积极推进以摄取西方近代文明为核心的现代化运动。关于思想革新与日本现代化的关系问题，学术界已多有关注。代表作有冈仓天心所著《日本的觉醒》，丸山真男所著《日本政治思想史研究》，羽仁五郎所著《日本近代思想的前提》，家永三郎所著《封建社会中近代思想的先驱》，松本三之介所著《近世日本的思想像——历史的考察》，源了圆所著《德川合理思想的谱系》《近世初期实学思想研究》和王家骅所著《儒家思想与日本的现代化》，等等。这些著作要么从对封建社会的批判思想中探讨近代思想的萌芽，要么以近代思想的基本特质为前提，从江户时代的日本思想中探索新的思想因素，要么从日本传统思想变化过程来探讨近代日本思想的产生。其研究理路有别，研究旨趣则一，即力图探索日本现代化的思想前提。本书立意虽然也在于此，但不拟对现代化前的日本思想流派做全面梳理，而是选择了如下三个深关现代化"要害"的视点来剖析日本现代化的思想根源。这三个视点是朱子学世界观、华夷观和锁国观。

朱子学是江户时代日本官方政治哲学。它以"理"为总纲，将封建伦理观

---

① 吴春义. 日本明治维新运动再检讨 [J]. 复兴月刊，1937，5（9）：16-21.
② 森岛通夫. 日本为什么"成功" [M]. 胡国成，译. 成都：四川人民出版社，1986：289.

念视为不可移易的自然法则，将封建等级关系视为万古长存的自然秩序，将积极有为的人化为消极被动的"物"，从而巧妙地论证了既存制度的合理性，颇具稳定社会的思想功能。但随着资本主义因素的萌发，西方殖民势力的东侵，以及继之而来的社会变动，朱子学便越来越与社会发展的要求不相适应。一方面，它以保守的稳定论对抗社会变革，阻碍了日本历史向现代的演变；另一方面，它以"官学"身份排挤包括西学在内的"异学"，以消极的"人欲论"压制人的自然欲求，阻滞了现代科学文化的传播和自由、平等、人权等现代精神的滋长。

华夷观是儒教世界传统的国际秩序观念，在日本主要表现为"慕华贱夷"。当中华文化引领风骚时，"慕华"对日本封建制的确立、民族文化的形成具有积极作用，但在江户时代"华夷"力量对比已发生了急剧变化，西"夷"逐渐跃居世界前列，成为新生产力的代表，而中华文明趋于没落，被人贬为"把世界上最丑恶的形貌一丝不变地保存了三四千年"的木乃伊，看不到光明和希望，如若继续迷恋中华文物制度，贱视"夷狄"，势必钝化日本人的进取意识，丧失选择发展的机遇。

锁国观是德川幕府外交政策的基本理念，其主要内容是禁止基督教及洋书的流传，以保持正统观念的"纯洁"；禁绝除中国、荷兰以外的一切对外贸易，以削弱藩国势力；除与朝鲜、琉球保持"通信"关系外，拒绝同其他国家进行国事交往，以维持政治"太平"。锁国政策不但减少了日本接触外界的机会，阻塞了日本人认识和学习世界的途径，而且切断了日本与海外市场的广泛联系，使其自缚手足，在"停滞、太平、孤立"的梦幻中生活，以致"从不远处传来的近代脚步声再次离我们远去"①。

外源型现代化既是一个开启愚蒙，培育现代理性精神，实现人的自觉的过程；又是一个突破封闭落后，逐渐走向世界的过程；还是一个学习西方文化，重塑本土文化，实现经济起飞、政治民主的过程。但以朱子学世界观、华夷观和锁国观为主导的日本传统观念皆与现代化发展方向相悖，若不破除，现代化的车轮则难以启动。事实证明，明治维新之前日本民族基本突破了这道思想藩篱，酝酿出能驱动现代化实践的理性精神。

第二，明治维新以具有变革意识的武士为领导。就现代化路径而言，内源型现代化是"自下而上""自发创导、组织和实行"的，外源型现代化则是"自上而下"通过政府的力量强制推进的。因此，能否建立一个有力、有为、有

---

① 源了圆. 德川思想小史［M］. 郭连友，译. 北京：外语教学与研究出版社，2009：2.

识的政府事关现代化的成败。明治政府是倒幕运动的产物，武士不仅是倒幕运动的领导者，而且是维新政治的主角，明治政府可以说是一个"武士政府"。学界虽已比较深入地考察了武士在日本倒幕维新中的作用①，但对武士何以能扮演日本现代化的领导角色尚欠深入探讨。

如同中国绅士一样，日本武士是传统政治体制的支撑力量。耐人寻味的是，在近世社会变迁过程中，中国绅士没有以群体性面目演化为倒清革新势力，充当现代化的引领者，而日本武士则不但没有作为传统势力成为现代化的绊脚石，相反其中下级武士蜕变为旧时代、旧制度的掘墓人和新时代、新制度的缔造者，成为明治维新的领导者。本书将从分析这两个阶层社会性格的差异来阐释这一历史反差。

日本武士是一个被"冻结"在封建等级秩序内的阶层，具有"反体制"特性；中国绅士则是一个变动不居的社会阶层，缺乏反体制意识。日本武士是城市单栖"动物"，中国绅士则是城乡两栖"动物"。两栖性赋予绅士顽强的社会适应力，而单栖性则迫使武士欲摆脱困境，只能"穷则思变"，不能消极地应对社会变化。日本武士虽在法律上高于庶民，但在政治、经济上未能对庶民构成支配关系，因而是一支不稳定的统治力量；中国绅士则是处于官府与民众之间的一个统治阶层，占有绝对的政治、经济和文化资源优势，在远离皇权但又是皇权统治基础的基层社会是一支远比官府稳定而有效的统治力量。日本武士以武士道为价值取向，其最高道德规范"忠"是对主君个人的忠诚，而不是对制度的忠诚；中国绅士以可以称作"绅士道"的儒学价值观为行为准则，以弘"道"为己任的绅士是封建礼教的卫道士和代表人物。日本武士不扮演文化卫道士的角色，其为学趣旨在于掌握实际技能；中国绅士则专注于空疏的"性理"之学，既缺乏经济之才，又缺乏对未知世界及变革中的世界进行上下求索的精神。如是性格差异使得日本武士逐步养成倒幕维新意识，成为现代化的领导者。

第三，相对有利的人口结构和人口素质是明治维新得以推进的重要条件。外源型现代化的启动、发展需要一定的物质基础，诸如生产力的发展、商品经济的发育、物质财富的积累皆为现代化建设必不可少的物质因素。既往研究成

---

① 李文. 武士阶级与日本近代化［M］. 石家庄：河北人民出版社，2003；唐利国. 武士道与日本的近代化转型［M］. 北京：北京师范大学出版社，2010；娄贵书. 日本武士兴亡史［M］. 北京：中国社会科学出版社，2013.

果在考察明治维新的物质条件时，其视点多集中于商品经济、城市发展方面。①
研究表明，江户末期，日本"已逐渐有近代都市的兴起，商业资本的蓄积"，进
入所谓早期资本主义生产与交换阶段，出现了打破封建制度的要求。② 本书将避
开这些"老问题"，以"生产力中最活跃的因素"——人作为考察对象，力图
探讨明治维新的人口条件。

　　日本国土狭小，资源贫乏，其最丰富的资源就是人口。明治维新启动之时，
日本的人口现状是人口密度比较大，人口增长率比较低，依赖性人口比较少，
人口素质比较高。人口过密化虽然不利于耕作制度的革新及生产技术和设备的
改进，制约农业现代化的发展，但由人口过密化而产生的劳动力过剩使日本得
以维持农业高佃租率和工业低工资的结构，并由此形成高积累、高出口的经济
结构，进而拉动日本经济的增长。人口的缓慢增长既有利于提高人均收入，扩
大了个人消费和资本积累，又在一定程度上缓解了就业压力与人口和耕地的紧
张关系，有利于农业的发展，避免了劳动边际收益递减现象的发生。低依赖性
人口从内部缓解了人口压力，保证了总人口在整体上具有更高的劳动生产能力，
更低的经济负担，有利于扩大再生产和生活水平的提高，有利于人口的流动、
商品流通范围的扩大，以及国内统一市场的形成。人口的高素质易于激发国民
的发明创造能力和兴趣，促进文化观念的进化，有利于科技成果的推广和应用，
有利于技术队伍的成长，为技术转移创造了条件。

　　第四，近代财金、政治体制的构建是明治维新得以顺利推进的制度保障。
政府是推动外源型现代化的主体，能否建立一套能适应现代化建设需要的政治、
经济制度至关重要。在既往明治维新史研究中，人们偏重考察"殖产兴业""文
明开化"和"富国强兵"三大政举的得失，疏于探讨这三大政举背后的制度建
设。本书将着力考察日本近代财金体制和政治体制的构建过程，以便于从制度
建设层面认识明治维新的成因。

　　明治政府成立后，面临着除旧与布新双重任务，而要实现这双重任务，最
紧要的事情莫过于筹集资金。因此，明治政府以西方为模范，致力于近代财政、
金融体制建设。就财政而言，首先采取了开源节流措施，以减省开支、开辟税

① 祥子. 论德川幕府末期日本商人资本的扩充及其影响 [J]. 湘潭大学学报（哲学社会科
　　学版），1996（2）：82-86；许晓光. 日本近世城市的兴起及其经济影响 [J]. 四川大学
　　学报（哲学社会科学版），2008（5）：25-33；杨洋. 日本近世商人的商业活动及其历
　　史作用 [D]. 北京：首都师范大学，2008；郎启飞. 江户时代的经济遗产与日本经济近
　　代化 [D]. 贵阳：贵州师范大学，2009.
② 梁子青. 日本明治维新之考察 [J]. 日本评论，1933，2（2）：97-106.

源；其次推进财政货币化，建立财政预算会计制度；最后通过新会计法的颁布和实施构建起近代财政体制。就金融而言，一方面通过整顿币制、统一货币、建立金本位制等举措建立近代货币体制；另一方面通过制定银行条例、设立中央银行、兴办国立银行和私立银行等举措，建立近代银行制度。

现代化的政治要素是民主化，民主化的基本要素则是立宪政治。没有民主化的现代化是跛足的现代化。日本的立宪政治肇端于自由民权运动，中经立宪方案的艰苦选择，最终以"明治宪法"的制定和议会的开设为标志而得到确立。明治立宪体制尽管存在缺陷，但毕竟在民主之路上迈出了艰难的一步，完成所谓"第一阶段的民主化"，不仅在日本具有划时代的意义，而且在东亚乃至亚洲均有不同寻常的意义。

总而言之，本书试图从外源型现代化的一般规律来考察明治维新得以启动并顺利推进的前提条件。其基本认识是明治维新是以"思想的突破"为先导，以武士为领导，以人口资源为依托，以近代财金体制和政治体制的构建为保障而推进的一项以西方先进国家为模范的改革运动。这或许是明治维新之路和明治维新得以成功之道。

第一章

朱子学世界观的崩溃

> 天自在上，地自在下，上下之位既定，则上贵下贱；循此上下而可知自然之理有序，人心亦然，上下不违，贵贱不乱，则人伦正，人伦正则国家治，国家治则王道成，此礼之盛也。

——林罗山

朱子学是江户时代日本官方政治哲学。德川幕府建立之初，它以富于思辨性的理论形态，论证了封建秩序的合理性，对日本社会的稳定起了积极作用。但是，随着封建制度的衰落，资本主义因素的萌发，朱子学逐渐蜕变为桎梏社会发展的政治信条，受到越来越多人的批判，到了 19 世纪 60 年代，终于失去"官学"地位，降为普通学说。研究朱子学由盛转衰的过程，不但有助于总揽日本意识形态分流变迁的基本线索，而且可以从中探究日本近代化的思想动因。

第一节 儒学内部的论争

一、朱子学理论的基本特点

朱子学是由朱熹创立的一个庞大的儒学理论体系。早在 13 世纪，朱子学就已浮槎东渡，进入日本，但当时只是作为佛学的附庸在寺院中流传，影响不大。德川幕府成立后，它才摆脱佛学的束缚，一跃而为官方意识形态。其开创者为藤原惺窝、林罗山、松平尺五师徒。

藤原惺窝（1561—1615），名肃，字敛夫，号惺窝。初为僧人，后去佛归儒，"专奉朱说"，由"释氏之流"转为"圣人之徒"。其学术贡献在于"摆脱禅学的束缚，使儒学走向独立的路上去"①，"师其说者，凡百五十人"。但藤原

---

① 朱谦之. 日本哲学史［M］. 北京：人民出版社，2002：30.

惺窝始终只是一个民间学者，其宗奉的朱子学也没有成为"官学"。藤原惺窝死后，其学由其弟子林罗山、松平尺五等继承发展。图1-1为藤原惺窝像。

林罗山（1583—1657），名忠一，字子信，罗山其号。幼时寓禅寺读书，后离寺专攻儒学，"聚徒讲朱《注》"。庆长九年（1604年），拜藤原惺窝为师，相互切磋，学问大进，"二人以师徒身份共同成为江户初期'儒学者'队伍中的领军人物"①。其后，林罗山入幕府参政，历仕四代将军，参与制定律令，起草文书，主持幕府的学问所，而其倡导的朱子学亦由此进入庙堂。图1-2为林罗山像。

图1-1　藤原惺窝像②　　　　　　图1-2　林罗山像③

松平尺五（1590—1655），名遁年，字昌三，尺五其号。曾长期于天皇敕建的讲习堂内讲学，门徒甚众，时论美之，有"先生学术建元勋，往昔门人聚若云"之句。尺五门徒中，以木下顺庵（1621—1699）最为知名。木下顺庵初在京都讲学，后移居江户，为幕府所用。门人英才辈出，如新井白石、室鸠巢、雨森芳洲、祇园南海、神原篁洲、南部南山、白井沧洲、三宅观澜、服部宽斋、松浦霞沼号称"木门十哲"。

对于朱子学，无论是幕府还是朝廷均产生兴趣并予以支持。宽永七年（1630年），三代将军德川家光赐上野忍冈地基一段，令林罗山建立圣堂（孔庙）和学塾，教育幕臣子弟。元禄三年（1690年），五代将军纲吉移筑圣堂学

① 龚颖．"似而非"的日本朱子学：林罗山思想研究［M］．北京：学苑出版社，2008：39.
② 刘岳兵．近代以来日本的中国观：第三卷［M］．南京：江苏人民出版社，2012：10.
③ 刘岳兵．近代以来日本的中国观：第三卷［M］．南京：江苏人民出版社，2012：11.

塾于汤岛，建成幕府的最高学府昌平黉，命林家三代孙凤冈为大学头。从此林家世居此职，掌幕府文教之权。后阳城天皇好儒学，曾敕令开版印刷"四书"，且均采用朱注。后光明天皇最崇信朱子学，不仅重刊《性理大全》，而且建立圣庙，令人宣讲儒书。由于幕府和朝廷的提倡，"仅经五十年间，朱子学在日本便占领导地位，成为思想界之一主潮"①。据日本学者统计，自 1630 年至 1871 年，在各藩担任教授的 1912 人中，属朱子学派者有 1388 人，而直接出自林家学塾者就有 541 人。② 那么，朱子学何以在日本蛰伏数百年后才勃然而兴呢？这主要因为朱子学"伦理的思维结构"在类型上与德川社会政治结构相类似③，适合德川幕府的统治需要。

众所周知，德川幕府是从战国离乱中产生的。德川初期，群雄争霸的政治局面虽告结束，但引发战乱的因素并没有完全消除。首先，"应仁之乱"（1467年）以降，日本长期陷入"以下克上"的政治旋涡中，臣下弑逆主君之事屡屡发生，德川政权本身即"以下克上"的产物。因此，德川幕府之建立同样也面临被"克"之虞。其次，德川政权是建立在分封关系基础上的幕藩体制，而非完整意义上的中央集权政治。德川幕府尽管控制着全国 20% 的土地，具有号令诸藩的威势，但地方大名在自己的封邑内仍拥有司法、行政、军事诸权，保持半独立地位，与幕府相颉颃。有鉴于此，德川幕府在强化武治的同时，也迫切需要施以文治，从思想理论上阐释其政权的合法性与合理性，以消解诸藩之离心意念。

《德川实纪》载："家康马背上得国，以其开化睿智，已察不可马背上治国。必先求知，方能治国，遵循正道。"④《日本国志》也载：德川幕府建立后，"专欲以诗书之泽，销兵革之气"。这两则史料皆显示了德川幕府欲借文教为治之意图。当时，可供幕府选择的文治理论主要有四种，即神道、佛教、基督教和儒学。那么，何种理论更适合德川幕府的政治口味呢？答案是儒学。因为神道极端强调天皇的"神"性，有抑幕府的权威；佛教主张"虚无寂灭"，有碍君臣父子之道；基督教则因主张众生平等而与日本等级秩序不相合拍；唯有朱子学以其独特的价值观而获统治者青睐。正如日本学者中山久四郎所说：德川家康

① 朱谦之. 日本的朱子学 [M]. 北京：人民出版社，2000：239.
② 田村圓澄，黑田俊雄，相良亨，等. 日本思想史の基礎知識 [M]. 東京：有斐閣，1974：280.
③ 丸山真男. 日本政治思想史研究 [M]. 王中江，译. 北京：生活·读书·新知三联书店，2000：7.
④ 麦克莱恩. 日本史 [M]. 王翔，等译. 海口：海南出版社，2009：26.

统一日本后，"为要支持注重阶级制度之封建的国家现状，要有文治，要有教学；又为要在有为转变之世，代替吸引人心之宗教的信仰，代替足利氏以来'下克上'世态之势力的武力，因此道德、德义之力便成为必要了。而尊重平和秩序之礼乐，适合封建的阶级的世相，敬神崇祖，尽忠致效，节情欲，禁争夺，规定这些趣旨之现世道德的儒教汉学，恰好适应了当时的要求"①。那么，朱子学到底是以怎样的价值观适应了幕府的统治要求呢？

第一，朱子学以"理气之说"为基础，将封建伦理道德绝对化。按照朱子学家的解释，天地万物都是由"理"与"气"结合而成的。"理"是宇宙最终的根据，"气"是显现"理"的物质中介。当"理"外化为世界时，便成为天地万物；当"理"内在于人心时，便成为伦理道德。朱子曰："宇宙之间，一理而已……其张之为三纲，其纪之为五常，盖皆此理之流行，无所适而不在。"②这样，朱子学家就从自然界的最终原理——"理"中引申出万古不易的"真理"。只要天理不变，"三纲五常"也将永存。正如林罗山所云："君有君道，父有父道，为臣尽忠，为子尽孝，其尊卑贵贱之位，古今不可乱，谓之上下察也。"③

第二，朱子学以"天人合一"理论为依据，将封建等级关系固定化，为"以将军家为顶点、以农奴阶层为底层的封建的社会秩序，提供了形而上学的基础"④。朱子学家认为，自然界和人类社会浑然一体，所谓"天即人，人即天，人之始生，得于天地，既生此人，则天又在人矣"⑤。从这一理论出发，他们不但抹去自然界和人类社会的差异，而且以自然秩序为基础，解释社会关系。林罗山说："天自在上，地自在下，上下之位既定，则上贵下贱；循此上下而可知自然之理有序，人心亦然，上下不违，贵贱不乱，则人伦正，人伦正则国家治，国家治则王道成，此礼之盛也。"⑥ 如是即将天地空间的上下关系和人类社会价值上的上下关系结合起来，从理论上把士、农、工、商的"上下贵贱之义"加以合法化，只要天地不会易位，封建等级秩序也将永远不变。因此，人们就应各安其位、各司其职，静心听候天地的安排，否则可能出现天下大乱。朱子学

---

① 朱谦之. 日本的朱子学 [M]. 北京：人民出版社，2000：154.
② 朱熹. 朱文公文集（七）[M]. 上海：商务印书馆，1936：1232.
③ 京都史跡会. 林羅山文集：卷六十八 [M]. 東京：弘文社，1930：835.
④ 近代日本思想史研究会. 近代日本思想史：第一卷 [M]. 马采，译. 北京：商务印书馆，1983：7.
⑤ 黎靖德. 朱子语类（二）[M]. 北京：中华书局，1986：347.
⑥ 近代日本思想史研究会. 近代日本思想史：第一卷 [M]. 马采，译. 北京：商务印书馆，1983：6-7.

家雨森芳洲就曾说道："君臣、上下、尊卑、大小各尽其分而已，无侵渎之患，则天下治矣"；"人有四等，曰士农工商，士以上劳心，农以下劳力；劳心者在上，劳力者在下……颠倒则天下小者不平，大者乱矣"。① 赖杏坪也认为，人物贵贱是自然之理，不可变易，所谓"贵之役贱，知之使愚，亦理势为然"②。

第三，朱子学以"存天理，灭人欲"为目的，贬抑人的情感欲求，为封建政府提供了有力的统治杠杆。按照朱子学理论，"天理"不仅是宇宙万物的本源，而且是社会伦理道德的最高原则和真、善、美的理想境界，"人欲"则是"天理"的对立物，两不相容，所谓"不出于理，则出于欲，不出于欲，则出于理"；"天理存，则人欲亡，人欲胜，则天理灭"。因此，欲明"天理"，必先革绝"人欲"。二程曰："人心私欲，故危殆。道心天理，故精微。灭私欲，则天理明矣。"朱熹曰："孔子所谓'克己复礼'，《中庸》所谓'致中和''尊德性''道问学'，《大学》所谓'明明德'，《书》曰'人心惟危，道心惟微，惟精惟一，允执厥中'。圣贤千言万语，只是教人明天理、灭人欲。"藤原惺窝说："人生之后，即有人欲……人欲盛，则明德衰。形体为人，而心与禽兽一。"③ 林罗山也说："所谓仁者，乃除欲心，归于天理之公也。天理之公即义。……所谓人欲之私，即耳之闻声而生欲，鼻之嗅香而生欲，口之尝味道而思食。"④ 如是而论，在"天理"面前，人们只需要节制欲望，安于现状，不可心存异想，更不可对既有统治秩序、统治理论加以怀疑或驳难。因此，贝原益轩说："圣人之言，为万世之模范，可信而不可疑。"⑤ 古贺精里更言："世之疑朱语者，皆吠声之徒。"⑥

总而言之，朱子学理论以"理"为总纲，构织了一张无所不在的思想大网，将自然界和人类社会罩住，巧妙地论证了既存制度的合理性。在"理"的支配下，封建伦理观念成为不可移易的自然法则，封建等级关系成为万古长存的自然秩序，积极有为的人化为消极被动的"物"。无可否认，在大乱之后的江户初期，朱子学理论具有稳定社会的积极作用，但是随着资本主义因素的萌发，西方殖民势力的东侵，以及继之而来的社会变动，便越来越与社会发展的要求不

① 井上哲次郎，蟹江義丸. 日本倫理彙編：第七冊［M］. 東京：育成会，1903：320.

② 井上哲次郎，蟹江義丸. 日本倫理彙編：第七冊［M］. 東京：育成会，1903：436.

③ 井上哲次郎，蟹江義丸. 日本倫理彙編：第七冊［M］. 東京：育成会，1903：32.

④ 丸山真男. 日本政治思想史［M］. 王中江，译. 北京：生活・读书・新知三联书店，2000：69.

⑤ 永田广志. 日本哲学思想史［M］. 版本图书馆编译室，译. 北京：商务印书馆，1978：109.

⑥ 朱谦之. 日本的朱子学［M］. 北京：人民出版社，2000：396.

相适应。一方面，它以保守的稳定论对抗社会变革，严重阻碍了日本历史向现代的演变；另一方面，它以"官学"身份排挤包括西学在内的"异学"，以消极的"人欲论"对抗人的解放，阻止了现代科学文化的传播和自由、平等、人权等现代精神的滋长。因此，如果不打破朱子学世界观一统天下的局面，近代化的车轮就难以启动。事实证明，在江户200多年的历史发展中，朱子学虽然得到幕府的大力扶持，但终不能抗拒新思潮的激荡，最终在各学派的内外夹击下失去"官学"地位。

二、朱子学派的分化

朱子学虽然位居"官学"，但并非浑然一体。从师承关系而言，日本朱子学除了藤原惺窝系构成的京师学派外，尚有以安东省庵、贝原益轩为代表的海西学派，以谷时中、山崎暗斋为代表的海南学派，以五井持轩、中井履轩为代表的大阪学派等存焉。这些学派虽然同治朱子学，但所处地位有朝野之别，治学风格也不尽相同。京师学派与幕府关系密切，林罗山死后，其子孙世世相继为幕府儒官，新井白石、室鸠巢等也长期任职于幕府；而其他学派则主要在民间活动。相比而言，京师学派、海南学派尊朱子、抑陆王，治学比较刻板教条；而海西学派、大阪学派虽然尊信朱子，揭洛闽之统，但也兼修陆王之学，富于批判精神。从学理而言，朱子学理论本身存在矛盾。如在探讨"理气"关系时，朱子认为"理"乃万物之本，"未有天地之先，毕竟也只是理。有此理，便有此天地；若无此理，便亦无天地"，是为"理"一元论；但同时认为"理"内在于万物，"理与气本无先后之可言"，"理与气决是二物"，是为"理气"二元论。由是在本体论上朱子学者有可能朝"理"与"气"一元论两个方向发展。在探讨心与物、心与"理"的关系时，朱子认为"理"既在心，又在物，但因人心蔽于气禀，故心与"理"分而为二。为求"心与理一"，故不得不以身外格物穷理的所谓"集义"为功夫，但格物又要向内"居敬""涵养"，以便"立其本"。由是在为学方法上朱子学者有可能朝"守敬持敬"与"格物致知"两种途径发展。

基于如上矛盾，随着朱子学研究在日本的展开，朱子学派便逐渐分化。概而言之，主要形成两大流派：一派是以山崎暗斋为代表的"价值合理主义"派别，浓化了朱子学的唯心主义色彩，其理论逐渐走向空乏呆板；另一派是以贝原益轩为代表的"经验合理主义"派别，强调朱子学的合理内容，表现了对自然科学和"经世致用"学问的兴趣，逐渐接近唯物主义。

山崎暗斋（1618—1682），名嘉，字敬义，号暗斋，海南学派集大成者，著有《辟异》《垂加草》《文会笔录》等。其思想特色如下。

第一，在理论上，墨守朱子学。在日本朱子学者中，山崎暗斋可能最缺乏怀疑精神。观其一生，对朱子推崇备至，"几乎是以宗教的态度去注解朱子学的"。① 他曾对门人说道："我学宗朱子，……而宗朱子，亦非苟尊信之，吾意朱子之学，居敬穷理，即祖述孔子而不差者，故学朱子而谬，与朱子共谬也，何遗憾之有哉？是吾所以信朱子，亦述而不作也。汝辈坚守此意而勿失。"② 可见，山崎暗斋治学刻板，完全以朱子之是非为是非，难怪有人称他为"盲信朱子言说之精神奴隶"③。因此，山崎暗斋对其他学派大加排斥。他说："程朱之门，千言万语，只欲使学者守正道辟异端而矣。"④ 于是他著《辟异》，排斥与纲常名教不相容的佛教；著《大家商量集》，辟陆王之学，就连藤原惺窝的朱王并取态度也遭到他的批判。他说："朱子之书来于本朝，凡数百年焉。……庆长、元和之际，南浦自谓信之，而亦尊佛，惺窝自谓尊之，而亦信陆。陆之为学阳儒阴佛，儒正而佛邪，厥悬隔不翅云泥，既尊此而信彼，则肯庵、草庐之亚流耳，岂曰实尊信者哉？"⑤

第二，在实践上，极端强调居敬修身，轻视格物穷理。"格物""致知""诚意""正心""修身""齐家""治国""平天下"所谓"八目"为儒学经典《大学》倡导的道德实践途径。朱子虽重"修身"，但不完全忽视"格物""穷理"，而山崎暗斋则将"修身"视为"八目"之本，一味强调通过"守静持敬""居静静坐"来治国平天下。他说："敬者一心之主宰，而万事之根本也。"⑥ 又说："圣人之教，有小大之序，而一以贯之者，敬也。小学之敬身，大学之敬止，可以见焉。盖小大之敬，皆所以明五伦，而五伦则具于一身。是故小学以敬身为要，大学以修身为本，君子修己以敬，而止于亲义别序信，则天下之能事毕矣。"⑦这表明山崎暗斋把作为认识主体的人的自我修养视为根本，而完全忽视了"格物致知"，也就是"即物穷理"的过程。因此，他坚决主张清心寡欲、静坐反思，极力反对吟诗作赋，从事自然科学研究。这样山崎暗斋就抛弃了朱子学"即物穷理"命题中包含的要认识外界事物规律的合理内容，把人们

---

① 丸山真男. 日本政治思想史研究 [M]. 王中江，译. 北京：生活·读书·新知三联书店，2000：23.

② 西顺藏，阿部隆一，丸山真男. 日本思想大系：31 [M]. 東京：岩波書店，1980：563.

③ 井上哲次郎. 日本朱子学派之哲学 [M]. 東京：富山房，1902：401.

④ 朱谦之. 日本的朱子学 [M]. 北京：人民出版社，2000：296.

⑤ 朱谦之. 日本的朱子学 [M]. 北京：人民出版社，2000：300.

⑥ 朱谦之. 日本的朱子学 [M]. 北京：人民出版社，2000：302.

⑦ 朱谦之. 日本的朱子学 [M]. 北京：人民出版社，2000：302.

引向远离实际、空谈性理的虚幻中。

与山崎暗斋相比，贝原益轩（1630—1714）是一位富于批判精神的思想家。贝原益轩，名笃信，字子诚，益轩其号，著有《慎思录》《怀疑录》等。史称其"博学强记，和汉之书，无不穷综，其著述之富，与罗山、白石相颉颃，裨益天下后世，匪浅鲜也"①。他虽然崇奉朱子，但不囿于朱子。观其思想，处处显露"大疑则可大进，小疑则可小进，无疑则不进"的特色。

首先，在本体论方面，否定了朱子的"理"一元论，主张"气"一元说。他认为，世界的本体不是"理"而是太极。太极是"阴阳未判、万物未生"时处于混沌状态的原始物质——元气，"凡天下之事物"，"皆以之为本"。既然"气"是世界的本源，那么"理先气后"说便难以成立。因此，贝原益轩又提出与"气"一元说相一致的"理气"统一论。在他看来，天地之间，只有一"气"，万事万物皆由"气"派生出来，"理"是"气"运动的秩序和条理，不是独立于"气"之外的另一个实体，所谓"理气决是一物，不可分而为二物"，世上既无无"气"之"理"，也无无"理"之"气"。② 贝原益轩的这一思想后被古学家吸收和发展。

其次，在人性论方面，贝原益轩否定了朱子关于"气质之性"和"本然之性"的理论。朱子认为，人性可有"本然之性"和"气质之性"之别。前者纯粹至善，是由"理"决定的，后者则有益有恶，是由"理"与"气"混合决定的。贝原益轩反对这种观点，认为人性是基于元气自然条件形成的，人性就是气质之性，没有独立于气质之性之外的先天之性。他说：人性不可强分为二，"气质者，性之本义，以所受天而言之。天地之性亦是所禀受之本然，非有二性……盖本然者，则是气质之本然也，气质亦是天之所命，非有二性"③。

最后，在认识论方面，贝原益轩反对朱子的"主敬"说，主张"格物""穷理"。朱子认为，认识是主体自身先天具备的"天理"的反省，"格物"不过是探求心中之"理"的手段。因此，他力求静坐反思，轻视实践活动。贝原益轩则认为，认识是主体对客体的观察，"穷理"主要是"穷"作为事物规律的"理"，而不是以封建道德律为内容的形而上学的"理"。在他看来，学问应以"博学洽闻"为基础，以经世致用为宗旨，所谓"宇宙内事，皆吾儒分内事"，"学术所以经世也"。④ 由是他批评宋儒云："孔门设教也，以孝悌忠信为本，以学文力行为学，

---

① 朱谦之. 日本的朱子学［M］. 北京：人民出版社，2000：247.

② 荒木見悟，井上忠. 日本思想大系：34［M］. 東京：岩波書店，1970：390.

③ 朱谦之. 日本的朱子学［M］. 北京：人民出版社，2000：254.

④ 王家骅. 儒家思想与日本文化［M］. 杭州：浙江人民出版社，1990：97.

平易如大路焉……宋儒之学以太极无极为先务，以静坐澄心为力行之先务，以支离破碎为文学之先务，是乃高远艰深、细末无用之事。以难知难行无用不急者为先，与圣门所立之教，以孝弟爱敬文行忠信为先务者异也。"① 因此，贝原益轩一生治学勤奋，兴趣广泛，知识渊博，迥别于那些一味主敬、坐以论道的腐儒，其学问领域广及政治制度、语言学、医学、医药、数学、音乐、兵法等方面。"他发展了朱子的一草一木均可穷理的这一格物致知精神，就各个事物'不厌其烦'地讲究天地间所见所闻的'万物之理'，提倡应积'博学之功'"②，可以说"首次在朱子学的框架内找到了探究自然事物的物之理的意义"③。

显而易见，作为日本"本草学的创始人"贝原益轩在很大程度上已偏离了朱子学派的主流认识。特别是他的经世论及经世实践，对后学影响较大。然而，贝原益轩毕竟只是朱子学内部的批判者。他虽在本体论、人性论和认识论方面，脱离了朱子学理论的窠臼，但在政治思想和伦理观方面，仍坚持朱子学的传统思想。他批判朱子，其主观动机不是要否定朱子，而是要弥补其不足。他说："予是庸拙之材，不能为程、朱之忠臣，亦不阿所好，是却可不背于程、朱之心而已。"④

朱子学派的分化，在日本学界大略具有如下理论意味。

首先，它使该理论体系的内部矛盾趋于表面化，既有损朱子学的"完美"形象，又给其他学派提供了批判的口实。本来朱子学是作为"至善"的学问被统治者提倡的，但由于朱子学家的相互论争，便陷入理论困惑之中。一方面，朱子学家在"理气"问题上纠缠不清，或主张"理"本体论，或主张"气"本源说，或主张"理气合一"，或主张"理先气后"，争论不已；另一方面，朱子学家在"为学"方法上也矛盾重重，或主张"恪守朱训"，或主张"大疑则进"，或主张"居敬主义"，或主张"格物主义"，纠缠不清。正如贝原益轩所云："京都学者风俗不佳，各比其党，立一己之见，相与诘难，无归一之工夫，唯立我而已。"⑤ 所有这些理论纠葛一经暴露，朱子学体系便出现了裂痕，于是其他学派乘隙而入，纷纷展开对朱子学的批判。

其次，由于朱子学的分化，以贝原益轩为代表的"经验合理主义"派别从

---

① 荒木見悟，井上忠．日本思想大系：34［M］．東京：岩波書店，1970：392．
② 杉本勋．日本科学史［M］．郑彭年，译．北京：商务印书馆，1999：168．
③ 源了圆．德川思想小史［M］．郭连友，译．北京：外语教学与研究出版社，2009：32．
④ 朱谦之．日本哲学史［M］．北京：人民出版社，2002：38．
⑤ 丸山真男．日本政治思想史研究［M］．王中江，译．北京：生活·读书·新知三联书店，2000：39．

朱子学内部成长起来。他们克服朱子学空疏的"穷理"说教，把考察的目光初步从"天理"转向"事理"，比较重视经验知识，并不轻视经世致用之学和科学技术。因此，贝原益轩派的学者往往是经世家和自然科学家。例如，新井白石毕生致力于实证学问的研究，很少论及抽象的哲学和伦理学，成为后来发展起来的"洋学先驱"。中井竹山曾从洋学者麻田刚立学习西方的解剖学知识，并著有《越俎弄笔》《显微镜记》等专门记述西方科学知识的书籍。最有名的是佐久间象山，他高度发挥了朱子学的"格物""穷理"精神，把朱子学与近代西方军事结合起来，并提出"东德西艺"的口号。可以这样说，假如日本朱子学家仍一味死读经书、空谈性理，那么就很难想象贝原益轩会放手从事自然科学研究；假如朱子学家仍一味排斥科学技术，那么就很难想象佐久间象山会大谈"西洋艺术"。因此，经验合理主义思想的发展，使朱子学和自然科学相结合，为西方科学的传入奠定了思想基础。

　　长期以来，人们一直为这样一个问题所困扰，即为什么日本在锁国时代就能较为迅速地接受西方科学技术。笔者认为，这与经验合理主义有很大关系。当然，我们不可否认中国也出现过类似象山的人物，如魏源、洋务派人物等。但是，魏源等的思想只局限于接受西方近代文明的成果，而象山却亲自学习荷兰语、掌握炮术，进行科学试验。在这种差异的背后，实际上存在着魏源自身蔑视技术、崇尚性理的朱子学传统意识和象山反对清谈、重视实证的经验合理主义精神的差异。可见，清末的中国和幕末的日本在科学技术近代化方面的差异，已经从他们二人基本态度的差异中隐约地显现出来。

三、阳明学家对朱子学的批判

　　朱子学派的分化，暴露了朱子学理论体系的内部矛盾，引起人们的非难。于是，阳明学就作为朱子学的批判者产生了。其代表人物有中江藤树、熊泽蕃山和三重松庵等。

　　中江藤树（1608—1648），名原，字惟命，号默轩，因常讲学于藤树之下，世称"藤树先生"，为日本阳明学开山鼻祖，著有《大学解》《中庸解》《论语解》等。图1-3为中江藤树像。熊泽蕃山（1619—1691），名伯继，字了介，号蕃山，中江藤树之弟子，著有《集义和书》等。三重松庵（1674—1734），名贞亮，号新七郎，著有《王学名义》等。

图1-3 中江藤树像①

阳明学家对朱子学的批判是以其"吾心良知"的哲学命题而展开的。如前所述，在朱子的世界图式中，"理"是宇宙的本源，不但支配着天地万物，而且主宰着社会人事。世间的君权、族权及"三纲五常"都是"天意"的体现、"天理"的流行，个人在这里失去了独立存在的价值，成为一个消极的、被动的自然物。阳明学家则突破了这一理论模式，提出以"心"为本的命题。中江藤树说："心，统体之总号，太极之异名也。合理气，统性情……其大无外，其小无内。"② 熊泽蕃山也说："万法一心，天地万物皆不外乎心，此尽人皆知也。"③ 那么，"心"又是一个怎样的范畴呢？王阳明认为，"心"并不是思维器官，而是具有意识活动的"良知"。"良知者，心之本体"，它是从具体一块有血有肉的人心中升华出来的"心"，是脱离了具体的身心而又在身心之中的主体精神或主观意识。"良知"不但能"生天生地，成鬼成神"，而且能辨别是非，明晰人性，举凡"天地万物，俱在我良知的发用流行中"④。显然，"吾心良知"说是一种主观唯心思想，若从本体论而言，它与"理"本体论同样有失，但从"心"与"理"的对立中考察，就会发现"心"冲击了朱子学理论体系。

第一，"吾心良知"说否定了"理"的至上性，赋予人以主观能动性。在"天理"观念的支配下，人的一言一行都必须以圣贤的语录为圭臬，因为只有圣

---

① 德斋原义. 先哲像传: 第1册 [M]. 润身堂刻版，弘化元年: 21.

② 王家骅. 儒家思想与日本文化 [M]. 杭州: 浙江人民出版社，1990: 116.

③ 永田广志. 日本哲学思想史 [M]. 版本图书馆编译室，译. 北京: 商务印书馆，1978: 84.

④ 王守仁. 王文成公全书（一）[M]. 北京: 中华书局，2015: 64.

寸长，亦无足称焉"①。虽然说阳明学"是一个很难被德川体制所容纳的思想，但正是阳明学培养出了对幕府不满以及立志建立不同于幕府体制的新体制的实践者，其所具有的感性（心情）特征有些地方与日本的国民性十分契合，其影响远远大于我们表面看到的这些"②。

17世纪中叶在日本兴起的阳明学到了19世纪得到长足的发展。阳明学的"致良知""知行合一"与"事上磨炼"等实践精神，在19世纪中后期的幕末维新之际，深刻影响明治维新志士的行动与思想，许多幕末勤王志士，不是阳明学者就是倾慕阳明学者，如大盐中斋、佐久间象山、吉田松阴、高杉晋作、西乡隆盛、伊藤博文等。

吉田松阴继承发展了阳明学的本体论，提出"以动处人本心"③，主张顺应时势，不拘成例，支持变革："以往古之死例，欲制将来之万变，何其迂阔之至。"④ 高杉晋作在读了阳明的《传习录》后曾写道："王学振兴圣学新，古今杂说遂沉湮。唯能信得良知字，即是羲皇以上人。"⑤ 因此，知识界每将阳明学誉为"明治维新的精神动力"。章炳麟认为，"日本维新，亦由王学为其先导"⑥。梁启超曰："吾国之王学，维新派也。……其支流超渡东海，遂成日本维新之治。"⑦ 刘锦藻也曰："阳明一代大儒，即知即行，于东西哲学不谋而足相印证，日本明治维新大半原本王学姚江派。"⑧ 日本学者三宅雪岭认为，"维新前挺身而立者，多修阳明良知之学"⑨。高濑武次郎也认为，阳明学与明治维新联系密切，"维新前后之豪杰，多修阳明学，练其心胆，与我王学以活气者极大有之"；"维新诸豪杰震天动地之伟业，皆王学之责"⑩。

四、古学家对朱子学的批判

阳明学和朱子学的论争，虽然撼动了朱子学的"天理"观，但也给人留下一个难题，即既然他们均以儒学正统自居，那么到底什么才是真正的儒学，才

---

① 朱谦之．日本的古学及阳明学［M］．北京：人民出版社，2000：248．
② 源了圆．德川思想小史［M］．郭连友，译．北京：外语教学与研究出版社，2009：40．
③ 山口县教育会．吉田松阴全集：第3卷［M］．東京：岩波书店，1939：300．
④ 山口县教育会．吉田松阴全集：第3卷［M］．東京：岩波书店，1939：413．
⑤ 井上哲次郎．日本朱子学派之哲学［M］．東京：富山房，1902：389．
⑥ 章炳麟．答铁铮［J］．民报，1907（14）：122．
⑦ 梁启超．饮冰室合集［M］．北京：中华书局，1989：46．
⑧ 刘锦藻．清朝续文献通考：卷94［M］．北京：商务印书馆，1936：8539．
⑨ 三宅雪岭．王陽明［M］．東京：哲学书院，1983：148-149．
⑩ 高濑武次郎．日本之陽明学［M］．東京：鐵华书院，1898：264，34．

是真正的"圣人之道"呢？带着这一问题，一些儒学者纷纷脱离了原来的阵营，开始寻求新的答案，于是在日本形成了所谓的"古学派"。

古学派以山鹿素行、伊藤仁斋和荻生徂徕为代表。他们的思想虽有差异，但一致认为新儒学或多或少受到佛老思想的影响，不能反映儒学真谛，因此极力主张返回古典，以古典重新构建不同于朱子学、阳明学的世界观。尽管他们打着复古的旗帜，实际上却是将他们所谓的"圣人之道""周孔之教"与当时的儒学对立起来，借用古典的权威以批判后世儒学，并企图从中寻找对现实生活有用的智慧，即回归"经世之学"与实用之学。下面即对古学派代表人物的思想做一分析。

1. 山鹿素行的古学思想

山鹿素行（1622—1685），名高与，字子敬，号素行。初习宋学，后弃之而研习儒学原典，作《圣教要录》，"非斥程朱，辩驳排诋，无所顾忌"，开日本古学之先河。图1-4为山鹿素行像。

图1-4 山鹿素行像①

山鹿素行的思想集中体现于《圣教要录》中，其本人也因此书获罪而遭流配。这段经历从一个侧面反映了古学思想的叛逆性。山鹿素行对朱子学的批判是从"道统论"入手的。他认为，儒道之宗，上可推伏羲、神农，下可及圣人仲尼，后世儒学皆俗学末流，至于宋儒更是不自量力的"硁硁小人"。他说："道统之传，至宋竟泯没，况陆王之徒不足算，惟朱元晦大功圣经，然不得超出余流。"② 在独尊朱子的年代，素行公然否认朱子学为"道统之真传"，堪为惊

① 刘岳兵．近代以来日本日本的中国观：第三卷［M］．南京：江苏人民出版社，2010：13.

② 井上哲次郎，蟹江義丸．日本倫理彙編：第四冊［M］．東京：育成会，1901：18.

世骇俗之举。正是以这一论断为立足点，山鹿素行对朱子学展开批判。

在本体论上，山鹿素行否定了朱子之"理先气后"说，主张"理气合一"。他说：理气密不可分，"凡理与气相对，有此气则有此理，有此理则有此气，不可论先后，理气是阴阳之相根，而或有象或有形，而有无共具"。①在他看来，"理"并不是凌驾于天地万物之上无形的"寂然不动"的精神实体，而是融于有形事物中"生生不息"的条理（规律），"有条理则谓理，事物之间，必有条理，条理若紊，则先后本末不正。对于性及天，皆训之为理，尤为差谬也"。②因此，山鹿素行主张以"道"而不是以"理"来论天地万物。他说："道者，日用所共由当行，有条理之名也"③，"古人惟曰道，多不及理，后儒切谓理，而数不言道，是去圣人之教，专贵清谈也。理者可思可言，道者可由可行，理与道在知行，举道而理在其中也"④；"天地万物，其形象因阴阳五行，其本一，而既为天地，既为万物，则不可以一理论之"⑤；"孔门学者唯日用之功耳，今人开口则谈太极至理，下手则以寂然不动之事，是泥着一个理字，蔽塞偏倚，而不知圣人之道也"⑥。这就意味着被朱子学家奉为神明的"理"失去了神秘性，变成了普通事物的"条理"，而作为"天理"体现的封建伦理道德也就由虚幻莫测的客观精神变成制约社会关系的普通行为规范。

在方法论上，山鹿素行反对朱子作为实践伦理道德方法的居敬以穷理，力主格物以致知。他说："致知不以格物，则知无准则，多入异端臆说。圣人大学之教，以致知在格物，是真知之极致也"；"夫知之致，唯在格物，物物事事自然贯通，则天下之物与事无不通，是知之至也"。⑦在他看来，所谓格物致知，不是宋儒所谓"理"，而是在即物，"凡穷理者，穷尽其条理也，物与事皆有道有理，不谓物与事，而惟谓穷理，则性命之说，而分殊不明"。⑧"凡圣人之道，惟在日用事物之间耳。日用事物之间格物致知，则天地自然之妙，不言而著，不求而来，故圣人不语性欲与道。"⑨因此，他批判程朱云："伊川曰'入道莫如敬，未有能致知而不在敬'，是皆持敬之说，而朱子以为程子所以有功于后学

① 井上哲次郎，蟹江義丸．日本倫理彙編：第四冊［M］．東京：育成会，1901：351.
② 井上哲次郎，蟹江義丸．日本倫理彙編：第四冊［M］．東京：育成会，1901：479.
③ 井上哲次郎，蟹江義丸．日本倫理彙編：第四冊［M］．東京：育成会，1901：20.
④ 井上哲次郎，蟹江義丸．日本倫理彙編：第四冊［M］．東京：育成会，1901：350.
⑤ 井上哲次郎，蟹江義丸．日本倫理彙編：第四冊［M］．東京：育成会，1901：153.
⑥ 井上哲次郎，蟹江義丸．日本倫理彙編：第四冊［M］．東京：育成会，1901：646.
⑦ 井上哲次郎，蟹江義丸．日本倫理彙編：第四冊［M］．東京：育成会，1901：148.
⑧ 井上哲次郎，蟹江義丸．日本倫理彙編：第四冊［M］．東京：育成会，1901：154.
⑨ 井上哲次郎，蟹江義丸．日本倫理彙編：第四冊［M］．東京：育成会，1901：656.

者，最是敬之一字，自是后学相续而唱和，圣学之徒悉陷迫切急卒也。入道在格物致知，践实在诚意正心。格致者知也，诚正者行也。知行并进则身修，专以敬论之，则迫狭而不通，敬是非不可持而必持，敬亦偏塞了。程朱之论，不得格物之极，故其说差谬也。"① 由此可见，山鹿素行已把学问的标准由空疏高远的"理"移向实际生活，转到"日用平生之间"。这一转变一方面表现出他"世事则学问"的实学立场，另一方面为重视实验的自然科学的发展另辟了新路。

在人性论上，山鹿素行对朱子学"存天理，灭人欲"的禁欲论持异议，对人的感性欲求表现了较为宽容的态度。他不像朱子学那样，将人伦、理性与感性欲求对立起来，而认为幸福与感性快乐乃是人生应有之义，因此提出"去人欲非人"的观点。他说："人物之情欲，各不得已也。若无气禀形质，则情欲无可发。先儒以无欲论之，其差谬甚矣"②；"去人欲即非人，如同瓦石，岂可谓瓦石皆明天理乎？"③ 素行非但不敌视人欲，而且把人欲作为一切行为乃至善行的基础。他说："人之知及万物，故其利心、欲心亦尽万物。故好色而求天下之美人，好声而求天下之美声，不得美之至极不止。是乃人性之本，知识秀于万物之故也。然好色、好声不可胜计。事父母、事君亦不可不尽其至极。故圣人立忠孝之说，教之臣子；立仁义之道，以为人伦之极道。美人，色之至善；八音调，声之至善；忠孝，侍君父之至善；仁义，人道之至善也。"④ 因此，他不赞同朱子学崇义绌利的观点，认为"义"和"利"并非截然对立，只要求利的人情"合于节"就是义。他说："人皆有好利恶害二心，是谓好恶之心。依此心立极，遂述圣人之极"；"果无此利害之心，乃死灰槁木，非人也"。⑤

2. 伊藤仁斋的古学思想

伊藤仁斋（1627—1705），名维桢，字源助，号仁斋。少习朱子《四书集注》，后觉宋学"专以虚无空寂为道，无形影，无条理"，非"正学"之道，乃"悉废语录注脚，直求之于《语》《孟》二书，痌瘝以求，跬步以思"，而入古学之道。讲学四十年，弟子达两千余人，著有《语孟字义》《童子问》等。

---

① 井上哲次郎，蟹江義丸. 日本倫理彙編：第四册 [M]. 東京：育成会，1901：146.
② 井上哲次郎，蟹江義丸. 日本倫理彙編：第四册 [M]. 東京：育成会，1901：167-168.
③ 丸山真男. 日本政治思想史 [M]. 王中江，译. 北京：生活·读书·新知三联书店，2000：29.
④ 丸山真男. 日本政治思想史 [M]. 王中江，译. 北京：生活·读书·新知三联书店，2000：29-30.
⑤ 永田广志. 日本哲学思想史 [M]. 版本图书馆编译室，译. 北京：商务印书馆，1978：91.

图1-5为伊藤仁斋像。

图1-5　伊藤仁斋像①

　　和山鹿素行一样，伊藤仁斋也是从否定朱子学的道统论出发，对朱子学展开批判的。他认为，朱子学不但未得"孔孟之正宗"，而且是"害于大道"的异端，因此从如下几个方面对朱子学展开批判。

　　首先，伊藤仁斋以"气"一元论排斥"理先气后"说，认为"天地之间，一元气而已"，"宋儒所谓有理而后有气，及未有天地之先，毕竟先有此理等说，皆臆度之见"。② 因此，他不仅视"理"学为佛老之学，"与圣人之旨，实天渊矣"③，而且反对以"理"总括万物生成之源。他说："宋儒以为，以一理字，可尽天下之事。殊不知天下虽无理外之物，然不可以一理字断天下之事。"④ 又说："理本死字，在物而不能宰物，在生物有生物之理，死物有死物之理，人则有人之理，物则有物之理。然一元之气为本，而理则在于气之后，故理不足以为万化之枢纽也。"⑤

　　在他看来，"理"只是"气中之条理而已"，不是圣人所不言的空玄之"理"，"理乃施于事物，非天、人"，"不可以一理字断天下事"，从而将"理"置于"气"一元论下。⑥ 他说："圣人曰天道，曰人道，未尝以理字命之。《易》

———————

　① 德斋原义. 先哲像传：第1册 [M]. 润身堂刻版，弘化元年：17.
　② 井上哲次郎，蟹江义丸. 日本伦理汇编：第五册 [M]. 东京：育成会，1902：12.
　③ 井上哲次郎，蟹江义丸. 日本伦理汇编：第五册 [M]. 东京：育成会，1902：130.
　④ 井上哲次郎，蟹江义丸. 日本伦理汇编：第五册 [M]. 东京：育成会，1902：129.
　⑤ 井上哲次郎，蟹江义丸. 日本伦理汇编：第五册 [M]. 东京：育成会，1902：131.
　⑥ 张昆将. 日本德川时代古学派之王道政论论：以伊藤仁斋、荻生徂徕为中心 [M]. 上海：华东师范大学出版社，2008：62.

曰：穷理尽性以至于命。盖穷理以物言，尽性以人言，至命以天言。自物至人而天，其措辞自有次第。可见以理字属之事物，不系之天与人。"① 仁斋以"气"反"理"，其用意显然"在截断宋儒理学的天人贯通之道，专注在形下界的人事界之'理'"②，割断了天与人的链条，将"理"限定于物理。

同时，与宋儒静态的理性自然观不同，伊藤仁斋的宇宙论带有很强的动态色彩。在他看来，由元气构成的世界并不是寂然不动的，而是生生衍变、无息无止的一大活物。他说："圣人以天地为活物，异端以天地为死物，此处一差，千里之谬。盖天之所以为活物者，以其有一元之气也。一元之气，犹人之有元阳，饮食言语，视听动作，终身无恙，正为其有元阳也。若元阳一绝，忽为异物，与木石无异。惟天地以大活物，生物而不生于物，悠久无穷，不必人物之有生死也。"③ 伊藤仁斋以"一元气"活动说明宇宙间一切事象的物活论思想，显然已从朱子学"静的、固定的合理主义羁绊中解放出来"④，"和以理为宇宙根源的朱子学之静的自然观相比较，则是一种动的、有机的、生机勃勃的自然观"⑤，蕴含有历史变革意识。因此，他说："若使圣人生于今之世，亦必因今之俗，用今之法。"⑥

其次，伊藤仁斋反对"天人合一"的世界观，把人道与天道、自然与人类社会区别开来。人类社会是自然的一部分，二者有其同一性、连续性，也有其异质性、非连续性，但朱子一股脑将它们糅为一体，不但认为自然界和人类社会是天理的体现，而且撷拾诸如天在上、地在下等自然现象比附论证封建伦理原则的合理性。这样他就把封建伦理原则普遍化、绝对化，使其上升到宇宙本体的地位，又把宇宙观伦理化，由此达到天（宇宙）人（伦理）合一。显然，这种自然与人类社会的连续性思维，不是真正科学的思维。与此相反，仁斋将天道与人道加以区别，割断了自然规律与人类社会规律范畴即宇宙观与伦理观的连续性。他说："立天之道曰阴与阳，立地之道曰柔与刚，立人之道曰仁与义，不可混而一之。其不可以阴阳为人之道，犹不可以仁义为天之道也。……

---

① 丸山真男. 日本政治思想史研究 [M]. 王中江，译. 北京：生活·读书·新知三联书店，2000：33.
② 张昆将. 日本德川时代古学派之王道政治论：以伊藤仁斋、荻生徂徕为中心 [M]. 上海：华东师范大学出版社，2008：62.
③ 井上哲次郎，蟹江義丸. 日本倫理彙編：第五册 [M]. 東京：育成会，1902：130.
④ 丸山真男. 日本政治思想史 [M]. 王中江，译. 北京：生活·读书·新知三联书店，2000：38.
⑤ 杉本勋. 日本科学史 [M]. 郑彭年，译. 北京：商务印书馆，1999：173.
⑥ 井上哲次郎，蟹江義丸. 日本倫理彙編：第五册 [M]. 東京：育成会，1902：129.

凡圣人所谓道，皆以人道而言之，至于天道，则夫子之所罕言，而子贡之所以为不可得而闻也。"① 这样，仁斋就动摇了朱子学将封建伦理道德普遍化、绝对化的依据，把自然规律与道德法则分离开来，给探索"自然科学的实学提供了能够成长的精神基础"②。因为只有讲天人相分、天人相争，即人对自然的控制、征服、斗争，才能产生近代自然科学。

最后，伊藤仁斋反对禁欲主义，对"情欲"表示宽容。他认为，"情即性之欲"，"从人情时则行，背人情时则废"，朱子学标榜的"灭人欲"本来出于老庄之意，"与圣人之道实天渊南北矣"③，"苟有礼仪裁之，情即是道，欲即是义，何恶之有？"④ 这一思想在其门徒的著述中也有反映。其子伊藤东涯（1670—1736）反对宋儒以存理灭欲为主旨的"复性"说，主张"因情知性"说，认为"情者好恶之实，人心之无伪饰者也"，"凡人之好色甘食以及欲富贵好货财等项，其性之所欲而不涉思虑安排者皆谓之情"⑤，自然而然，不足为怪。其弟子中江岷山更说："圣人之道，人情而已矣。……其御人情者，仁义礼智也，然宋儒以来，以仁义礼智为性，以性为理，故其仁义礼智之训诂，亦非孔孟之仁义礼智，而毕竟至于灭情也。"⑥ 又说："人性不能无情欲，故圣人不恶情欲，但以仁义为准则，既仁义则情欲即仁义也。……顺天性之自然者在也，所谓性善者是也，何必理乎哉！"⑦ 尽管仁斋等的"情欲"论还受礼仪的限制，但在当时仍不失为一种进步的人性论。

3. 荻生徂徕的古学思想

荻生徂徕（1666—1728），名双松，字总右卫门，号徂徕，又号萱园。初习程朱理学，五十岁后转而驳斥宋儒，诋讥思、孟，自立门户，改治"六经"，自称"复古学"，门徒众多，轰动一时。著有《辩道》《辩名》《论语征》等。图1-6为荻生徂徕像。

---

① 井上哲次郎，蟹江義丸. 日本倫理彙編：第五册 [M]. 東京：育成会，1902：18-19.
② 杉本勋. 日本科学史 [M]. 郑彭年，译. 北京：商务印书馆，1999：174.
③ 井上哲次郎，蟹江義丸. 日本倫理彙編：第五册 [M]. 東京：育成会，1902：35.
④ 丸山真男. 日本政治思想史研究 [M]. 王中江，译. 北京：生活·读书·新知三联书店，2000：36.
⑤ 朱谦之. 日本的古学及阳明学 [M]. 北京：人民出版社，2000：86-87.
⑥ 朱谦之. 日本的古学及阳明学 [M]. 北京：人民出版社，2000：106.
⑦ 朱谦之. 日本的古学及阳明学 [M]. 北京：人民出版社，2000：106-107.

图 1-6　荻生徂徕像①

　　荻生徂徕是古学思想的集大成者。他生活的时代，德川幕府统治已经出现衰落的征兆，开始由治世转入乱世。在这一现实面前，朱子学理论显得苍白无力。这是因为朱子学世界观是一种"天人合一"的世界观，其核心是依靠自然法则给特定的现实社会秩序提供存在的依据。这一理论虽具有稳定社会的作用，但同时要以社会一定的稳定性为前提。一旦"到了社会的现实秩序失掉了稳定性，以致随时可以发生变动的时候"，朱子学世界观也就逐渐失去了"作为统治的世界观的威力"②。因此，德川幕府统治由盛转衰的社会变动，本身就意味着对朱子学"天理"观的否定。有感于这一现实，为了给变动中的封建秩序提供理论依据，荻生徂徕便公然站到朱子学的对立面，大力阐发其古学思想。

　　首先，荻生徂徕否定了"理"这一命题，提倡经验论观点。"理"是儒学家长期争论不休的一个哲学范畴，朱子认为"理"是至高无上、远离人世的客观精神；王阳明认为"理"是内在于人心的主观意识，而山鹿素行、伊藤仁斋虽然否定了"理"的至上性，但仍把"理"视为事物的"条理"。荻生徂徕则认为，"理无形，故无准"③，反对以"理"作为解释世界的圭臬，主张以"物"代"理"。他说："盖先王之教，以物不以理。教以物者，必有事事焉。教以理者，言语详焉。物者众理所聚也，而必从事者，久之乃心实知之，何假言也。言所尽者，仅仅乎理之一端耳。且身不从事焉，而能了然于立谈，岂能深知之

　　①　刘岳兵. 近代以来日本的中国观：第三卷［M］. 南京：江苏人民出版社，2012：22.
　　②　近代日本思想史研究会. 近代日本思想史：第一卷［M］. 马采，译. 北京：商务印书馆，1983：7-8.
　　③　永田广志. 日本哲学思想史［M］. 版本图书馆编译室，译. 北京：商务印书馆，1978：141.

哉？……故不先以事而能有成焉者，天下鲜矣。不啻先王之道，凡百技艺皆尔。"① 显然，荻生徂徕不是站在思辨的立场，而是站在经验论的立场，来构建其理论体系的，因此，他说："学问只是广泛搜罗一切，以广自己之见闻。"② 其徒太宰春台（1680—1747）不仅否定了宋儒之"理"，而且将"理"明确定格为"物理之理"，即"自然之理"③，言称："自孔子没，而圣人之道，古今有二大厄。曰：秦皇焚书，一厄也；宋儒说理，二厄也。然秦皇之焚书也，当时天下咸知其非；宋儒之说理也，人不知其非。……宋儒之祸道，过焚书也！"④ 这不但切断了朱子学中主张的"物之理"与"心之理"相混一的"连续性思维"，而且将"物理之理"独立化。如果说过去的儒者认为佛、老之说是空理，提出伦理纲常之学的儒学才是实学的话，那么也可以说徂徕师徒在当时已初步具有了这种思想，即与其说儒学是"实学"，毋宁说关于自然和社会的经验认识才是实学。这不仅是对作为"治心"之学的儒学的否定，而且与自然科学的发展相适应。

其次，荻生徂徕摒弃了"自然秩序"论，肯定和强调人的作为。如前所述，朱子学采用"理"是天地万物的最终根据的原理，通过"天人合一"的自然法则，论证社会现实秩序的合理性，而荻生徂徕却否定了人类现实的秩序以"自然法则"为基础的想法，认为"道既不是事物当然之理，也不是天地自然之道"，而是"先王之道"⑤。他说："先王之道，先王所造也。非天地自然之道也。盖先王以聪明睿智之德，受天命王天下，其心一以安天下为务。是以尽其心力，极其智巧，作为是道，使天下后世之人由是而行之，岂天地自然有之哉！"⑥ 这样，荻生徂徕就使"封建道德学的罗山朱子学有了一百八十度的转变"⑦，即把"天地自然之道"从意味着统治术的"先王之道"中分离出来，而将儒学限于旨在安民治国兴邦的政治学范畴内。这一转变的思想精髓在于：朱

---

① 永田广志. 日本哲学思想史 [M]. 版本图书馆编译室，译. 北京：商务印书馆，1978：141-142.
② 永田广志. 日本哲学思想史 [M]. 版本图书馆编译室，译. 北京：商务印书馆，1978：142.
③ 赖惟勤. 日本思想大系：37 [M]. 東京：岩波書店，1972：22.
④ 吉川幸次郎. 日本思想大系：36 [M]. 東京：岩波書店，1973：200.
⑤ 近代日本思想史研究会. 近代日本思想史：第一卷 [M]. 马采，译. 北京：商务印书馆，1983：8.
⑥ 赖惟勤. 日本思想大系：37 [M]. 東京：岩波書店，1973：60.
⑦ 近代日本思想史研究会. 近代日本思想史：第一卷 [M]. 马采，译. 北京：商务印书馆，1983：9.

子学认为，现实的社会秩序是以"自然法则"为基础的，因此是绝对的、不可变的；而荻生徂徕则认为，社会秩序是先王、圣人创造出来的，因此是相对的。可见，荻生徂徕的理论中已包含社会变革的思想。"若将儒学的本质限定于政治学，那么不属于政治学的自然研究当然就会从意识形态的统治下解放出来，于是，自然研究的自由由于徂徕的出现才成为可能。这里便开辟了系统移植和研究西欧诸科学的道路。"①

再次，荻生徂徕排斥"人性论"，代之以"人情论"。他认为，人欲就是人的天性，不应掺入"义理"之类的道德前提加以制约，朱子所谓"人欲"有害"天理"之论牵强附会。因此，他将《诗》视为人情世态的写照，将《乐》视为人自然情感的流露，言称："诗言人情，或出田畯红女之口，岂须训诂，且无义理可言"②，"夫古之诗，犹今之诗也。其言主人情，岂有义理之可言哉。后儒以为劝善惩恶之设者，皆不得其解者之言已"③。在肯定"人情"的基础上，徂徕又认为"道"不悖人情，相反是应人情而作，"道自道，人情自人情，不可得而混焉"；"盖先王之道，缘人情以设之，苟不知人情，安能通行天下，莫有所室碍乎"。④ 因此，荻生徂徕对儒教道德否定的"逐利"思想也予以肯定，认为"逐利"即"人情"，"避害就利，凡人之心皆耳。凡人之心，即圣人之心也。义之至，利必随之"。⑤ 他嫌恶朱子学的根本原因是认为其鼓吹仁义道德、天理人欲的宋儒"虚学"，与他倡导的"实学"正好相反。⑥

荻生徂徕倡导的"人情论"为其徒太宰春台进一步发挥。太宰春台认为，人性是与人俱来的客观实在，无善恶之分，"虽人品不同而情有所异，然所谓情者，率指无伪而言者"⑦；而饮食男女为人最基本的欲望，"虽圣人凡夫也无异，一切生者皆不能离此大欲。此大欲也，止则死矣。但一息尚存，即断无止欲之理，虽释迦、达摩亦不能无此欲也。……故圣人之道，决无断人欲之事也。……若无此欲，则槁木死灰矣，与死人同"⑧。因此，他说：人欲本身无罪，只有过度追求才是罪过，"人欲者，贤人君子、愚不肖皆不可无者。故人欲

①　杉本勋：日本科学史［M］. 郑彭年，译. 北京：商务印书馆，1999：220.
②　吉川幸次郎. 日本思想大系：36［M］. 東京：岩波書店，1973：509.
③　吉川幸次郎. 日本思想大系：36［M］. 東京：岩波書店，1973：222.
④　吉川幸次郎. 日本思想大系：36［M］. 東京：岩波書店，1973：222.
⑤　吉川幸次郎. 日本思想大系：36［M］. 東京：岩波書店，1973：543.
⑥　源了圆. 近世初期实学思想的研究［M］. 東京：創文社，1980：2-3 章.
⑦　賴惟勤. 日本思想大系：37［M］. 東京：岩波書店，1973：24.
⑧　賴惟勤. 日本思想大系：37［M］. 東京：岩波書店，1973：106.

非罪，穷人欲者罪也"。①

最后，在"四民"关系问题上，荻生徂徕提出"四民"皆"役人"论，含有一定的平等意识。荻生徂徕认为，世界是由复杂多样的"活"的个体构成的，"士农工商"各自承担着自己的职责：农民耕种养活世界，工人制作家用供世界之用，商人往来于世间帮助流通，士则治乱安天下。各阶层之人各司其职，相辅相成，缺一不可，都是辅佐君主的"役人"。② 在身份等级森严的近世社会，庶民往往被视为"贱民"，受到武士阶层的歧视和欺压，而荻生徂徕的"四民"皆"役人"论却积极地肯定了庶民的存在价值，这对于当时的思想形态可以说是一个挑战。

值得注意的是，荻生徂徕不仅反对宋儒，甚至对先秦儒家也予以批判，孔子也被他视为"不合格的圣人"，其思想具有明显的"脱儒"色彩。他说："世儒醉理，而道德仁义、天理人欲，冲口而发，不佞每闻之，便生呕哕。而弹琴吹笙，否则关关雎鸠，以洗其秽。"③

综上所述，古学派的出现，堪为日本思想界一大异动。尽管古学家的思想彼此存在着差异，但均不同程度地在社会观、人生观、学术观等方面给予朱子学世界观以有力的冲击，给社会变革提供了精神资源。

首先，古学家以否定"理"的至上性为前提，把"人道"与"天道"、"社会秩序"与"自然秩序"区分开来。在他们看来，封建伦理道德并不是天道的流行，而是人道的体现，封建等级制度并不是绝对的自然法则，而是相对的人为法则。这样，古学家的社会观就和朱子学家的社会观形成鲜明对比。朱子学家认为，社会是天理的体现，因而是永恒的、绝对不变的；古学家则认为，社会是先王、圣人造出来的，是人道的实践，因而是相对的、可变的。这一理论显然包含着社会变革的思想，即"它承认以封建君主的统治为前提的社会制度的改良和发展"④。因此，我们对于江户后半期出现的"享保改革""宽政改革""天保改革"不应感到惊诧。

其次，古学家放弃了极端压抑个性自由的"天理人欲"论，公开表示对人欲的宽容，在一定程度上肯定了人的价值和尊严，冲击了封建伦理道德。人们常说西欧文艺复兴时代是"人的发现"的时代，它既创造了新的时代精神，又

---

① 頼惟勤．日本思想大系：37 ［M］．東京：岩波書店，1973：105-106.
② 韩东育．日本近世新法家研究［M］．北京：中华书局，2003：48.
③ 吉川幸次郎．日本思想大系：36 ［M］．東京：岩波書店，1973：503.
④ 近代日本思想史研究会．近代日本思想史：第一卷 ［M］．马采，译．北京：商务印书馆，1983：10.

造就了资产阶级新人。古学家的人生观虽谈不上"人的发现"，也未必能造就资产阶级新人，但不自觉地顺应了近代历史发展大潮。

最后，古学家排斥了朱子思辨性的空论，把考察世界的目光从理转到物，这不但发展了贝原益轩重视实践的"经验合理主义"，也为人们接受西方近代科学铺设了桥梁。日本移植近代科学的先驱杉田玄白在《形影夜话》中就承认自己近代医学观的形成最初受到古学家的启发。①"只要朱子学作为封建意识形态而统治思想界，西方学术的移植便停留在片断的知识上，不可能有系统的移植和研究。而造成的结果则是由于将人和自然放在同一原理上来把握的朱子学的思想构造。然而古学，特别是荻生徂徕的古学，根本上否定了这种思想，开辟了系统地移植和研究洋学的道路。"②

古学派的出现，意味着日本儒学各派已全部登场。从此，朱子学在日本度过了黄金时期，开始走向没落。一方面，朱子学的独尊局面被打破，形成了朱子学、阳明学、古学三足鼎立的儒学思想格局；另一方面，兴起了试图调和儒学内部斗争的折中学派。折中学派兴起于江户中期，其代表人物有片山兼山、井一金蛾。他们虽然对以往各学派都持批判态度，但在理论上又不可能有新发展，因而只好从儒学各流派乃至中国的朱子学派，特别是老庄思想中，来取其共同点，排斥其某些相异点，表现了折中主义的态度，这一切均说明朱子学的"官学"地位发生了动摇。然而，阳明学、古学及折中学对朱子学的批判毕竟是"从封建道德学的内部来寻找批判封建道德学的立场"，因此在他们走向繁荣的同时，也就为自己"步入穷途发出了信号"。这样，从江户下半期开始，一些学者便脱离儒学阵营，从儒学外部展开对朱子学的批判。

第二节　非儒学派对朱子学的批判

18世纪，日本兴起两个异于儒学的新学派，即国学和兰学。前者主张回归日本古典，力图从本国文化中寻觅"大和精神"，来对抗以儒学为主体的外来文化思想；后者则以经荷兰人传入的西学为研究传播对象，不仅在日本播下科学的种子，而且在文化价值观上对传统意识形态予以批判。虽然二者之为学旨趣不同，但均冲击了朱子学理论体系。

---

① 沼田次郎，松村明，佐藤昌介．日本思想大系：64［M］．東京：岩波書店，1976：256.
② 杉本勋．日本科学史［M］．郑彭年，译．北京：商务印书馆，1999：219-220.

一、国学家对朱子学的批判

摆脱儒学束缚，从儒学外部展开对朱子学批判的思想流派，首推国学派。国学兴起于江户中期，但其源头则可追溯到江户前期的僧人契冲（1640—1701）。契冲既是一位"和歌"学者，也是一位"国语学"专家。通过对日本最早的和歌集《万叶集》的研究注释，他不仅批判了以往"歌学"研究的主观臆断性，而且确立了以古书证古书的实证研究方法，开启了国学研究门径。

契冲之后，神道学家荷田春满（1669—1736）试图通过研究注释《古事记》《日本书纪》《万叶集》等日本古籍，以挖掘日本固有精神资源，排斥儒、佛等外来文化思想，将以扬"和魂"、抑"汉意"为旨趣的国学揭之于世，被后人尊为国学思想的前驱。其后经徒裔贺茂真渊、本居宣长、平田笃胤等苦心研习传授，国学最终作为一个新学派在日本得到确立，引起较大的思想震动。

贺茂真渊（1697—1769），号县居，早年醉心于老庄，后师事荷田春满，研习日本古典，著有《歌意考》《万叶考》《国意考》等五十余种。其治学理路一如其师，即试图从日本古典中抽去儒家思想，以恢复日本的天地自然之道。其弟子本居宣长认为，真渊之学问略有两大特点，一是"以古言为己物得咏出万叶风之歌"；二是"不惑于汉意"，开创了由"古言以通古意"之学问之道，并断言："廓清唐心，专攻古词心之学，以吾县居大人始。"[1] 图 1-7 为贺茂真渊像。

图1-7　贺茂真渊像[2]

①　大野晋，大久保正 . 本居宣长全集：卷一 ［M］. 東京：筑摩書房，1968：37.
②　刘岳兵 . 近代以来日本的中国观：第三卷 ［M］. 南京：江苏人民出版社，2012：24.

本居宣长（1730—1801），名荣贞，号铃之屋，早年学医，后师从贺茂真渊，研习日本古典。真渊以《万叶集》为研究中心，宣长则致力于《古事记》研究，在时代上更向远古推进，著有《排芦小船》《古事记传》等，被誉为"国学集大成者"。宣长治学亦以"清除汉意，坚固和魂"为旨趣，在治学方法上注重考证，其主要学术思想大略有二：在文学上，主张摒弃儒学道德观控制下的文学观，重视人的自然情感的流露，提出著名的"物哀"概念；在统治论上，强调日本乃天照大神之子孙，只要遵守神道，即使没有佛教和儒学，日本也可保持天下太平，皇统无穷，提出日本皇国"优越论"，并借以贬低其他国家。宣长门徒众多，入室弟子近五百人，在日本学术界影响甚大。图 1-8 为本居宣长像。

图 1-8 本居宣长像①

平田笃胤（1776—1843），本姓和田，通称正吉、半兵卫。本居宣长之再传弟子，著有《古史征》《古道大意》《神字日文传》等。平田笃胤虽然继承了宣长的学统，但其学术思想不尽同于祖师。如宣长排儒多、斥佛少，而平田笃胤则排佛多、斥儒少；本居宣长一生注释以《古事记》为主，而平田笃胤则兼以《日本书纪》为主，认为《古事记》为最上史书。平田笃胤的主要国学观点是，日本是"神国"，日本民族是天照大神的后裔，《古事记》《日本书纪》蕴含的古代精神为至善至美的"神道"，而一切外来思想则有损神道的纯洁性。

由上可见，由契冲、荷田春满开创，经贺茂真渊、本居宣长、平田笃胤发展而建立的国学宣扬的是日本固有精神，批判的是以儒、佛为核心的外来思想。

---

① 刘岳兵．近代以来日本的中国观：第三卷［M］．南京：江苏人民出版社，2012：25.

和古学家一样，国学家也是打着"复古"的旗帜，穿着古人的服装，说着古人的语言，来演出反对朱子学的新局面。如果说古学家是试图通过中国的古文辞学，就"六经"来阐明先王之道的，那么国学家则是试图通过日本的古文辞学，就古典来阐明"古道"的；如果说古学家认为朱子学和阳明学歪曲了"六经"的"真理"而将它们摒弃，那么国学家则认为后世的思想——儒、佛遮蔽了"古道"的真情而将它们排斥。"古学者和国学者的主要区别在于，前者摆脱了朱子学的思辨合理主义，希望回归到孔子本身，或者孔子以前的先王之道……后者则从儒教、佛教等外来思想中解放出来，如实地认识日本古代。"① 由于国学以"商业资本家阶层为背景"，主要是以"城市知识分子为代表的封建制下的改良主义思想体系的产物"②，因此其对朱子学的批判也富有鲜明的"町人阶级"特色。

首先，国学家认为，包括儒、佛在内的一切外来思想都是"祸乱"之源，不但扭曲了威武雄壮的"大和心"，而且使人丧失了符合"天地自然"的古代生活和精神，因此对其大加挞伐。

贺茂真渊认为，儒道有三大"弊害"。

第一，空虚无用，其所谓"道"或"理"空洞无物，即便是被人尊奉的孔子之教"实际上中国各时代都没有用过"，言其"如何有治世之效，都只是胡说八道罢了"。③ 因此，他排斥抽象的理学之"理"，主张发扬反映人心所欲的"歌道"。他说，"一切物事要强安上道理，便成死的没有生命的东西"，只有歌道才能"如实表现着真实之心，使物物和畅，万事流通"。④

第二，违背自然之道，败坏日本道德人心。贺茂真渊说："中国之教违背天地自然……因有仁义礼智信之名，把事物都给束缚了。完全没有这些名字，一任天地自然之心，岂不更好？"⑤又说："上古时代，遵循在天祖神之道，天皇以庄严雄壮为表，臣下以武勇正直是专，治理天下。中古以后，采纳宣传外国人制定之许多烦琐政令，臣下亦分为文司、武司，贵文而贱武，于是吾皇神之道衰微，人心不直矣。"⑥

---

① 源了圆. 德川思想小史［M］. 郭连友，译. 北京：外语教学与研究出版社，2009：151.
② 近代日本思想史研究会. 近代日本思想史：第一卷［M］. 马采，译. 北京：商务印书馆，1983：13.
③ 平重道. 阿部秋生. 日本思想大系：39［M］. 東京：岩波书店，1972：376.
④ 平重道. 阿部秋生. 日本思想大系：39［M］. 東京：岩波书店，1972：377-378.
⑤ 平重道. 阿部秋生. 日本思想大系：39［M］. 東京：岩波书店，1972：383-384.
⑥ 平重道. 阿部秋生. 日本思想大系：39［M］. 東京：岩波书店，1972：369.

第三，引起社会动乱。贺茂真渊认为，儒教未传入之前，日本太平无事，"儒教一旦渡国以来，在天武天皇之时便起了大骚动。其后奈良时期，宫殿与礼服、冠帽、工具之类，皆模仿中华。万事表面装得风雅了，却带来不少内部之争与恶逆之心"。因此，"儒教之道不但把中华乱了，且波及于日本国"，"大凡儒道，使人心日趋慧黠……只能乱国"。①

本居宣长从"神道"本位论出发，极端排斥儒道。他认为，只有神道才是真实之道，"外国之道皆务末的枝叶之道，非古来真实之道"，儒教所谓"圣人之道"，实际只是圣人之教，全属虚伪造作之物，虽为"治国而作，却反而为乱国之基"，如果"一味尊信圣人之言，认为其所说任何均为道理之最上乘，实可谓愚哉"。② 只有以"神之道"而不是"圣人之道"为基准，才能确立日本优于万国、为世界之宗主国的地位。平田笃胤也认为，日本古道乃真实之道，儒道、佛道均非正道，儒道所言"殷汤周武出世为王，以臣伐君，君臣之义理乃绝……因此其国无代代永续之理"，而佛道"无上下尊卑之别，离衣食住生活，而好子孙灭亡之道，是为人者所决不能皈依之道"。③

国学家一味排斥外来思想，自有其非理性的一面，但它以"大和心"对抗"唐心"（儒家思想），必然包含着对抗封建道德观念的精神，在"思想上完成了解放日本人感性的任务"④。

其次，国学家从町人思想意识出发，反对朱子学的"天理人欲"论，提倡带有"人文主义"色彩的人性论，宣扬"人欲即是天理"⑤，主张人生在世就应"自我享乐"。本居宣长说："今之吾人，无须治国，无须安民"，因此不必从"圣人之道"，"圣人之道乃治国理天下之道，非自我享乐者所有"。⑥ 显然，在处理人与"圣人之道"的关系上，本居宣长抛弃了桎梏个性自由的伦理道德，把满足人的自然欲求看作头等大事。正是从这一理念出发，他提倡"个性解放"，强调文学应从政治和道学的统治下解放出来。他认为，"和歌的本质，不

---

① 平重道．阿部秋生．日本思想大系：39［M］．東京：岩波書店，1972：337.
② 朱谦之．日本哲学史［M］．北京：人民出版社，2002：103-104.
③ 朱谦之．日本哲学史［M］．北京：人民出版社，2002：111-112.
④ 永田广志．日本哲学思想史［M］．版本图书馆编译室，译．北京：商务印书馆，1978：14.
⑤ 永田广志．日本哲学思想史［M］．版本图书馆编译室，译．北京：商务印书馆，1978：158.
⑥ 吉川幸次郎，佐竹昭广，日野龍夫．日本思想大系：40［M］．東京：岩波書店，1978：568.

在于辅助政治，不是为了修身，皆出自其人之心"①；《源氏物语》一书，并不像佛教徒说的是"悟道机缘"，也不像儒学家说的是"劝善憎恶"的经典，而是描写"人的真心"的文学作品。他认为，真情是放弃善恶、智愚、巧拙之论而不加掩饰、自然流露出的情感，"一切当喜之事而不喜，当哀之事而不哀，当惊之事而不惊，以不为诸事所动为善而尊之，此皆异国式的虚伪，非人之实情也"②。这一认识具有"排儒反佛的意识形态性"，反映了在封建制度压迫下的町人阶级迫切要求打破封建枷锁的愿望。

同时，本居宣长对色欲等自然情感也给予充分的肯定。他认为，"见月花亦感叹，见美女亦不能调头不顾"③，是正常现象，儒者"以不忧身之贫贱，不愿富荣，不求快乐为佳事"，"非人之实情"④，"不欲金银者，照例汉之伪也"⑤。因此，他针对朱子学的"存天理，灭人欲"，提出"勿谓背道之心为人欲而憎之……人欲即是天理矣!"⑥ 可见，宣长的思想已闪现"人文主义"的思想因素。他提倡以人性的自然要求取代儒学的修身洁行，以人的世俗生活取代空洞的说教，以个性解放、世俗享乐取代禁欲主义，在一定程度上冲击了封建道德规范。

最后，国学家批判了朱子学鼓吹的尊卑思想，提倡社会平等。贺茂真渊把天下一切有生之物统统视为平等的"虫类"。他说："所谓人异于禽兽，是人自夸而侮其他，亦唐人之癖也。……凡天地间一切生物，非皆虫类乎?"⑦ 正是以这一论断为依据，贺茂真渊积极主张男女平等。他说，古代女子并不劣于男子，"此大和魂，女子何劣之有?"，"皇朝古昔，万事以母为本而尊贵之"。⑧ 平等思想是近代精神的重要内容，贺茂真渊虽是以一种特殊的方式表达其平等观，但流露出了新生的町人阶级要求打破封建等级关系，争取阶级解放的意向。

由此可见，国学的兴起在一定意义上含有"文艺复兴"的味道。其思想虽

---

① 吉川幸次郎，佐竹昭广，日野龍夫．日本思想大系：40 ［M］．東京：岩波書店，1978：568.

② 大野晉，大久保正．本居宣長全集：卷八 ［M］．東京：筑摩書房，1968：316.

③ 大野晉，大久保正．本居宣長全集：卷一 ［M］．東京：筑摩書房，1968：145.

④ 大野晉，大久保正．本居宣長全集：卷一 ［M］．東京：筑摩書房，1968：100.

⑤ 大野晉，大久保正．本居宣長全集：卷一 ［M］．東京：筑摩書房，1968：371.

⑥ 大野晉，大久保正．本居宣長全集：卷九 ［M］．東京：筑摩書房，1968：60.

⑦ 永田广志．日本哲学思想史 ［M］．版本图书馆编译室，译．北京：商务印书馆，1978：154.

⑧ 永田广志．日本哲学思想史 ［M］．版本图书馆编译室，译．北京：商务印书馆，1978：154.

然不如明治启蒙运动深刻，但体现了工商业经济成长背景下町人阶级的精神追求。一方面，国学家以自我中心主义对抗"唯天理主义"，以"大和心"对抗"唐心"。这不但把作为社会主体的人从"理"的奴役下解放出来，而且在一定程度上把日本民族从外来思想的束缚下解放出来，完成了解放"日本人感性的任务"。江户时代，日本民族之所以能较为顺利地摆脱盲目崇拜中国文化的观念，把学习的目标转向西方，在一定程度上与国学家鼓吹的这种"大和心"思想的发展有关。正如丸山真男所言："国学从儒教范畴的束缚下谋求民族思想解放的努力，促进了日本对洋学的自由接近。"① 另一方面，国学家否定了"朱子学的以理来抑制人欲的理性的人生观"，"采取重视情感和情绪的重情主人人生观"②，主张自我享乐，提倡"平等"，多少冲击了封建统治者的伪善性，维护了市民阶级要求享受生活中一切娱乐的权利。自由、平等、人权等近代思想在这里开始发芽，从某种意义上讲，明治初年的"四民平等"正是国学家万物皆为"虫类"平等意识的演进。

二、兰学家对朱子学的批判

18 世纪下半叶，"兰学"在日本诞生。所谓"兰学"，是指日本江户时代经由荷兰、通过荷兰语传播到日本的所有西洋学术的总称，代表人物有杉田玄白、前野良泽、司马江汉、本多利明等，其情详见本书第三章。如果说国学家对朱子学的批判主要立足于日本固有文化，从而表现为中日文化的对立，那么兰学家对朱子学的批判则立足于西方文化，带有东西方文化、"封资文化"之争的特色。因此，兰学家对朱子学的批判更有说服力。

首先，兰学家否定了儒学宇宙观。"五行说"是儒学世界观的理论基础，其基本观点是，木、火、土、金、水是构成世界万物的基本元素，而各种自然、社会现象，诸如"五方"（东南中西北）、"五德"（仁义礼智信）、"五应"（生长化收藏）、"五脏"（肝心脾肺肾）、"五色"（青赤黄白黑）等的存在变化皆为"五行"的体现。前野良泽在《管蠡秘言》中作《戏论五行》，支持西学倡导的物质"四元说"③，排斥"五行说"，认为"五行说"将本来只不过是单纯物质的木、火、土、金、水作为解释天地万物、人伦法则的依据于理不通，而

---

① 丸山真男 . 福泽谕吉与日本近代化 [M]. 区建英，译 . 北京：北京师范大学出版社，2018：146.
② 源了圆 . 德川思想小史 [M]. 郭连友，译 . 北京：外语教学与研究出版社，2009：151.
③ 所谓"四元说"，是指欧洲流行于整个古代、中世纪的物质理论，认为万物由土、水、空气、火四种元素组成，看似与"五行说"相似，但与天理、人道无关。

以"四元说"解释物质世界的构成才更具有普遍性,"五行之说,仅中国一区之私言,四元说则不同,乃浑天浑地之公言"①。司马江汉认为,自然界的一切现象是从水与火的和合中产生的,其消亡仍然还原为水火,"众星及此地球围绕太阳旋转,此天之大机为水、火两者也"。② 这些认识尽管有很大局限性,但"在从正面否定儒学的自然哲学这点上"自有其积极意义。③

其次,兰学家萌发了平等意识,对封建尊卑观念提出疑问。杉田玄白说:"古今不论任何国家,其所谓人,上自天子,下至于万民,男女之外不应另有差别。然分上下,各立其阶,各命其名,以定四民之目。但其为人则同样皆为人是也。"④ 司马江汉说:"上从天子将军,下至农、工、商、贱人、乞食,皆人类也……凡地球上生长之水陆万物均各有心……贵贱上下皆同。"⑤ 海保青陵也说:"下愚亦罢,上智亦罢,凡人皆同格也。上人亦人,下人亦人也";"民虽愚亦人也,吏人智亦人也,人人同格也"。⑥ 这些认识超出国学家的万物"虫类"论,而与明治时代福泽谕吉提出的"天不造人上人,亦不造人下人"的思想相类似,具有"潜在的近代性"。从这一理念出发,海保青陵将当时以"义"维系的君臣主从关系看作以"利"维系的平等的契约关系,认为"自古君臣可谓市道"。他说:"自古君臣,市道云也。君役臣以知行,臣卖力而得米,君买臣,臣卖力,是买卖也。买卖者善也,非恶也。凡言君子不行买卖者,均生吞孔子厌利之说,以至于损。君臣不行买卖,则坐吃山空与徒劳无获者多矣。坐吃山空者,君之损也,徒劳无获者,臣之失也。此不知计算之甚,悖乎天地之理者也。"⑦ 平贺源内更怀着对封建等级制的强烈不满,对不劳而获、高高在上的武士嘲笑道:"初春的鲛鲢鱼和世代荣耀的武士渐渐地跌价,让人觉得好似被农工商三民养活的饭桶!"⑧ 海保青陵的"人人同格"论是否受到卢梭"天赋人权"说的影响虽然有待考证,但"他的平等观是彻底的,在商卖关系上,海保青陵的理论体系中,是不存在不等式的"。⑨ 在"四民"身份等级森严的社会背景下,公然倡言"平等",无疑具有投石惊波之用。到了幕府末期,在西学的浸润

---

① 沼田次郎,松村明,佐藤昌介 . 日本思想大系:64 [M]. 東京:岩波書店,1976:135.
② 沼田次郎,松村明,佐藤昌介 . 日本思想大系:64 [M]. 東京:岩波書店,1976:469.
③ 杉本勋 . 日本科学史 [M]. 郑彭年,译 . 北京:商务印书馆,1999:238.
④ 沼田次郎,松村明,佐藤昌介 . 日本思想大系:64 [M]. 東京:岩波書店,1976:262.
⑤ 朱谦之 . 日本哲学史 [M]. 北京:人民出版社,2002:146.
⑥ 韩东育 . 日本近世新法家研究 [M]. 北京:中华书局,2003:273.
⑦ 藏並省自 . 海保青陵全集 [M]. 東京:八千代出版株式会社,1976:8.
⑧ 松本三之介 . 现代日本思想大系:1 [M]. 東京:筑摩書房,1966:78.
⑨ 韩东育 . 日本近世新法家研究 [M]. 北京:中华书局,2003:274.

下，兰学家更加明确地肯定了平等观念。如福泽谕吉在《西洋事情》中一再提到"平等"为西洋"文明政治"的基本理念，认为"贵贱之别仅当公务而尊朝廷之位，其他四民无别"。

最后，兰学家站在"学以致用"的实学立场，对儒学空疏的泥古学风展开批判。平贺源内是一位杰出的"自然研究家"，对西欧科学怀有浓厚兴趣。他十分蔑视那些只知空谈性理，不知躬身实践的儒学家，并将他们斥为纸上谈兵的"腐儒"和不值一钱的"狗屁儒者"。兰医桂川甫周认为，儒言儒行华而不实，言称："儒者尽蠹物也！"①　海保青陵更从"天理活物也，圣语死物也，死物活用之"②　的见解出发，攻击了儒者的公式主义，强调结合实际，因时制宜。他说，"先王之礼乐刑政，美则美矣，而于今无用，不啻闲余之谈，童子玩具也"③；"汉之时，以儒不可以治，故用黄老之术；唐宋诸朝，儒者只堪为文，而政事自政事也。文章非儒不可，政事则非儒者居多"④，"今日言天下国家之政，动辄引用孔孟，多方稽考古道，却丝毫不顾及孔孟时之土地与今日之土地有无平与不平"，其结果必然导致以儒乱政。因此，他断言："孔孟之论不适于治世"⑤，"使天下人愚蠢，其罪莫大于儒者"⑥，"纵孔子之言，倘与理相悖，亦仅值二百匹；凡夫之语，倘不悖其理，乃值千匹"⑦。

那么，什么才是学者应遵循的为学准则呢？林子平提出："做学问并不需要朱子派、阳明派、仁斋派或徂徕派，只要博览群书，通晓和汉古今的治乱兴亡，损益得失，就自然会产生才智。"⑧　这种认识显然已突破学派之间的门户之见，把为学原则建立在只要有益于世，就应兼收并蓄的"拿来主义"的学术观和方法论基础之上。正因为兰学者具有这种新的观念，他们才可能亲自从事为正统儒学者所不屑的西学研究。正因为兰学者从事西学研究，他们才切身感受到西学的优长，意识到儒学乃至东方文化的不足。山片蟠桃说："奇哉！西洋之说，

---

①　藏並省自. 海保青陵全集［M］. 東京：八千代出版株式会社，1976：511.
②　永田广志. 日本哲学思想史［M］. 版本图书馆编译室，译. 商务印书馆，1978：216.
③　藏並省自. 海保青陵全集［M］. 東京：八千代出版株式会社，1976：395.
④　藏並省自. 海保青陵全集［M］. 東京：八千代出版株式会社，1976：3.
⑤　塚谷晃弘，藏並省自. 日本思想大系：44［M］. 東京：岩波书店，1970：216-217.
⑥　相良亨，松本三之介，源了圆. 江户の思想家たち：下［M］. 東京：研究社，1979：41.
⑦　藏並省自. 海保青陵全集［M］. 東京：八千代出版株式会社，1976：511-512.
⑧　永田广志. 日本哲学思想史［M］. 版本图书馆编译室，译. 北京：商务印书馆，1978：216.

天地之大论尽于此，非梵、汉、和之管见所能及，应拳拳服膺而善思之。"① 司马江汉也说："我日本开化甚近，故人智肤浅，思虑尤其不深……故技术不及欧罗巴人也。"② 到了幕府末期，兰学者更加意识到朱子学之不足，建议借资西学。如横井小楠说：

> 宋之大儒，发明天人一体之理，持其论说。然而专说性、命、道理之上，对天人现实之形体似欠思惟。其所谓天，多称理，所云敬天也云保持此心。格物云知在物之理，总之专为理之上、心之上，与尧舜三代之工夫意味似自然有别……近世西洋开辟航海之路，四海百货交通日至。经纶之道将是对照宋儒之说，所有可符合者丝毫也无……然而对照尧舜三代，一切符合之事如书所载。若尧舜生于当世，对西洋之炮舰、器械、百工之精、技术之功早已尽其功用，经纶当世、扩大天工，非西洋之可及。是似为尧舜三代之畏天经国与宋儒之性、命、道德，意味自有所别也。③

对西学的肯定，既意味着兰学者的西洋观发生了较大变化，也开拓了日本人"脱儒入西"的治学之路。当然，兰学家对西学的赞美还主要停留在科技层面，他们虽批判儒学，但仍未摆脱儒学的羁绊。海保青陵即说："师孟子之言者，谬也。师孔子之言者，谬也。然若师孟子之意与孔子之意，则非谬也"；"孟子之意，天理也，孔子之意，天理也，师天理而谬者，古今无有"。④ 山片蟠桃也说："在所有人的德行性质方面，主要应取之古圣贤，而天文、地理、医术方面，主张尊古，取之于古者，可谓愚也。"⑤ 因此，兰学家的思想是一种"二元文化观"，既承认西方科学技术的优越性，又以儒家文化作为形而上学的基础。这一思想在幕末被佐久间象山归纳为"东洋道德，西洋艺术"。毋庸赘言，在儒学风行的文化环境中，"二元文化论"的提出自有其合理的一面。它把政治伦理原则与科学分离开来，在思想上为科学移植清理了障碍；同时，江户

① 永田广志. 日本哲学思想史 [M]. 版本图书馆编译室，译. 北京：商务印书馆，1978：222.

② 永田广志. 日本哲学思想史 [M]. 版本图书馆编译室，译. 北京：商务印书馆，1978：227.

③ 佐藤昌介，植手通有，山口宗之. 日本思想大系：55 [M]. 東京：岩波書店，1971：513.

④ 塚谷晃弘，蔵並省自. 日本思想大系：44 [M]. 東京：岩波書店，1970：420.

⑤ 永田广志. 日本哲学思想史 [M]. 版本图书馆编译室，译. 北京：商务印书馆，1978：222.

时代的知识分子，其基本教养无一不受到作为统治思想的儒学的熏陶，因此"二元文化论"的产生，既有其必然性，又在儒学伦理和科学实证之间找到了最佳的适应点，即把近代科学置于较多人能接受的范围内。

兰学家所持学问观自然会遭到朱子学家的责难。如水户藩儒官会泽正志斋（1781—1863）虽然认为兰学者"言万国之形势，谈武器、战舰之利，无不对国家有益"，但又力责兰学家的"穷理"与朱子学的"穷理"大异其趣。他说：兰学者"大多假宋儒穷理之名，以欺世俗，一草一木皆穷其理，遂言天有几层，日月之形状云云，列星之形状云云，而无一关于人事者。专视天地为死物，徒知有其形状，不知有精神。天地之理唯谓如此，而未尝知有阴阳、鬼神、变化莫测者"。因此，他认为兰学的实证性研究最终会破坏封建人伦秩序："其所谓穷理者，正好足以使人亵神慢天。此言其天乎，不仅于人无益，反为其害，实有不胜言者。及至言其人事，既不知阳一阴二之义，又不知重祖胤、广继嗣之事，而乱夫妇之伦。以兼爱之说为主，谓天下之人皆为友，兄弟为路人，乱长幼、朋友之伦。"①这段议论比较典型地反映了朱子学与兰学的内在矛盾。

兰学的诞生把日本人的认识从狭小的东亚文化圈推向更广阔的世界。《共产党宣言》说："资产阶级在它已经取得了统治的地方把一切封建的、宗法的和田园诗般的关系都破坏了。它无情地斩断了把人们束缚于天然尊长的形形色色的封建羁绊，它使人和人之间除了赤裸裸的利害关系，除了冷酷无情的'现金交易'，就再也没有任何别的联系了。……资产阶级抹去了一切向来受人尊崇和令人敬畏的职业的神圣光环。它把医生、律师、教士、诗人和学者变成了它出钱招雇的雇佣劳动者。"兰学家的"人人同格"论抹去等级秩序的"光环"，把君臣关系视为赤裸裸的雇佣关系，虽然未必代表新兴的资产阶级意识，但其精神与近代平等观念是相通的。同时，兰学家克服了空疏的儒学学风，继承和发展了贝原益轩的"经验合理主义"和古学家"世事则学问"的实学思想，提出"兼容并蓄"的为学原则，形成"二元文化观"，为西学的传入开辟了道路。"二元文化论"是东方民族向西方学习过程中普遍经历的一个阶段，日本民族之所以在明治时代就能推行全方位"西化"政策，在很大程度上导源于这一思想。假如日本连西方的科学技术也难以认可，那么就很难想象它会采取西方的制度文化。可以这样说，明治维新既是"二元文化论"发展的产物，又是"二元文化论"经验的总结。19世纪60年代，中国之所以发生意在师夷长技的洋务运动，其中一个重要的原因就是在此之前中国没有出现"二元文化"思想。

---

① 杉本勋.日本科学史［M］.郑彭年，译.北京：商务印书馆，1999：281.

第三节　朱子学世界观的解体

上述各学派对朱子学的批判，撼动了朱子学的"正学"地位。为了挽回颓势，朱子学卫道者挺身加以反击。朱子学家赖春水作《学统辩》，主张治学"独取程朱"，摒弃其他学问，言称："学不可无统也，各学其学而张惶之非古也。……本天道，主人伦，本末兼备，传之无弊，唯程朱为然。是非程朱之学，乃古圣贤之学，其或陷于卑近，或骛高远，皆害其政者，是之谓异学，不可不斥。"① 那波鲁堂也著有《学问源流》《道统问答》，以"正学"自居，指伊藤仁斋、荻生徂徕等为异端之魁。其徒西山拙斋致信昌平黉教官柴野栗山，力劝禁止异学，其中云：

> 方今海内之学，四分五裂，各自建门户，胥失统归久矣。有黜六经、废学庸、歧尧舜孔子为二致者；有外性理、混王霸，蔑视思孟程朱者；有阳儒阴佛，妄唱心学者；有称神道而薄汤武者。或枯单说道，或杂博论学，或抵掌谈经济，或抗颜骋词坛，惟新奇是竞，异言百出，跌相驱扇，动辄著书炫世，以此自欺欺人，钓名罔利，遗毒后昆，实繁有徒。青衿子弟，侭侭乎无所适从，逐臭吠声，不陷于此，必陷于彼，滔滔者天下皆是。噫！学之失统，未有甚于此时也！孟子曰："生于其心，害于其政；发于其政，害于其事。"异学之害如此可畏且戒哉！故孟子又曰："君子反经而已矣，经正则庶民兴，庶民兴，斯无邪慝矣。"又曰："能言距杨墨者，圣人之徒也。"今欲修学政，整学统，宜先申伦理，刮靡节行，以抑奔竞，警浮华，虽然不塞不流，不止不行，又宜建白于朝，严禁异学，峻绝邪说，著之令，行之郡国，则海内从学者必将幡然改图，翕然向方矣。而后建学立师，作新斯民，博约培达以成其材，庶乎圣学可复兴也，真儒订继出也，举以从政，亦可以赞善治之化，可以鸣泰运之盛矣。况今贤相秉钧于庙堂，真儒振铎于黉宫，其辟异也如拉朽，其反正也如运掌，莫之能御，惟此时为然。盖朝廷之所以求先生者，先生之所以报朝廷，其唯在于斯乎！其唯在于斯乎！②

---

① 朱谦之. 日本的朱子学［M］. 北京：人民出版社，2000：405.

② 朱谦之. 日本的朱子学［M］. 北京：人民出版社，2000：388-389.

柴野栗山也作文力辟古学之"谬"：

> 庆长之间，天下初定，惺窝、罗山诸先生以博洽精识为一时唱，首诵宋学，赞成一代太平之治，但时犹草昧，人文未开，故其于文辞颇有未餍人意者焉。继而山崎、木下二氏兴焉，皆豪杰之士也，并研究正学，成就人材，其门称为多士，出焉则有所建，处焉则有所守，皆有可观者也。……中世伊藤源助者出，其性恶高远微妙之言，其所好则平实卑近……凡古书说天道性命者，自《易》《中庸》举而斥之，以为非孔氏之书。夫己之所不知，不能反复而验之于天理人情古道而直以非圣斥之，其骄傲不逊，其谓之何？……继而物茂卿者出，其所悟入则舌人译学之绪余矣，其所安身立命，则王（世贞）、李（于鳞）古文辞之遗窝矣。其性倨傲好胜，既被源助先著，谓循守古说，尊奉宋儒，乃似愚腐无能不可为一家法而出于源助下者，遂牵强附会，凿空撰出，其缪戾乖刺无稽之言，大祸天下。其徒太宰纯者，反噬其师，又自成说，自此其后虚骄成风，天下如狂，甚者至于有谓圣经不足敬，古人博物文章德行皆不足信者，彦也大惧焉。夫圣经何物也？将以此修己治人平天下国家也。故一家误解，动贻天下万世之祸者，历历于史书矣，故古大贤以其精识博闻，而一字训传用数十年功夫改窜不舍，其畏而慎如之。今以狭陋卑俗之学，秽污轻浮之行，慢圣侮贤之心，欲一旦易古贤人成说，以己之胸臆，其将如何？①

这些言论大体揭示了当时日本学术界的基本状况："正学"不张，异言百出，"学之失统，未有甚于此时也"。朱子学的衰微意味着官方意识形态的动摇，因此德川幕府于1790年令大学头林信敬取缔朱子学之外任何学术流派，以复兴"圣学"。其令略云："德川幕府从庆长以来，信赖朱子学为家学……但是近顷世间出了许多新奇之说，异学流行，破坏风俗者有之，这是正学衰微的不好现象。即在林家门人之中，也听说时有学术不纯正的人，今后为使圣堂的取缔严重起见……林家门人不消说，即其他外人之门也坚决禁止异学，研究正学，以造就人才云云。"② 这就是"宽政异学之禁"。

"宽政三博士"柴野栗山、古贺精里、尾藤二洲是"异学之禁"的主要实施者。柴野栗山建议幕府严禁讲授古学，"非其讲经依濂洛关闽者，不得作用。

---

① 朱谦之. 日本的朱子学［M］. 北京：人民出版社，2000：391-392.
② 朱谦之. 日本的朱子学［M］. 北京：人民出版社，2000：387.

故不论汉唐文明，及我伊藤崛河（仁斋）、物赤城（徂徕），尽目称异学"①。古贺精里在《泣血录稿》中，批评新井白石"流于浮泛，慕虚名而远实用"，批评熊泽蕃山之学"如捕风捉影，无所持守，惟敢吐无顾忌大语，以竦动众听耳"②。尾藤二洲作《正学说》，将朱子学作为绝对标准，抨击其他学说，言称"探隐求僻、矜奇夸博、曾不明义理者，今之所谓古学也。剽窃缀拾、断烂成篇、傲然炫耀后生者，今之所谓古学也"③；认为"仁斋之说性，可谓知流而不知源"④，"仁斋端本之说，可谓不识字矣"⑤，"徂徕功利为学，其说及圣贤之道者，所谓缘饰而已。行弑逆者以汤武为口实，挟霸术者以仁义为奇货，其术亦旧矣"⑥。

"异学之禁"说明朱子学已衰微到不能自立的地步，不得不靠政权的力量为它输血打气，但因其自身缺乏思想生命力，不能适应近代历史的发展潮流，故终难改变其颓势，"日本儒学的全盛期一去不复返了"⑦。

首先，朱子学虽因"宽政异学之禁"而"回光返照"，但作为统治理论，已失去创造力。当时所说的朱子学者，既无远大的政治抱负，也无精彩的政治理论，充其量不过是一些通晓程朱理论的教育家，即使是"宽政三博士"，也显得十分浅薄。因此，井上哲次郎在《日本朱子学派之哲学》中评价说：柴野栗山之学说没有一点价值，尾藤二洲虽长于文章技巧，但于程朱见解之外，别无发明，而古贺精里简直可以略去不提。古贺精里之子古贺侗庵在《辟异》中曾提及当时朱子学面临的困境："今之尊信程朱而排异学者，其才学文章，往往不及彼甚。且行谊鄙秽，言之污口，反为彼所揶揄。徒瞋目张胆，大号呼众曰：吾学正矣，吾道大矣，岂足以服彼之心哉！"⑧

到了"宽政三博士"以后的年代，朱子学在理论上更加分崩离析。这主要表现在，不少朱子学家虽然表面上信奉朱子，但实际上在口喊阳明，从事折中，

---

① 张昆将．日本德川时代古学派之王道政治论：以伊藤仁斋、荻生徂徕为中心［M］．上海：华东师范大学出版社，2008：170.
② 朱谦之．日本的朱子学［M］．北京：人民出版社，2000：396-397.
③ 井上哲次郎，蟹江義丸．日本倫理彙編：第八冊［M］．東京：育成会，1901：363.
④ 井上哲次郎，蟹江義丸．日本倫理彙編：第八冊［M］．東京：育成会，1901：354.
⑤ 井上哲次郎，蟹江義丸．日本倫理彙編：第八冊［M］．東京：育成会，1901：362.
⑥ 井上哲次郎，蟹江義丸．日本倫理彙編：第八冊［M］．東京：育成会，1901：362.
⑦ 王家骅．儒家思想与日本文化［M］．杭州：浙江人民出版社，1990：151.
⑧ 朱谦之．日本的朱子学［M］．北京：人民出版社，2000：398.

出现"学派的混杂、学统的模糊"倾向。① 如身为昌平校教官的安积艮斋，不顾舆论压力，公然进行学派的调和。他说："道者天下之公道也，学者天下之公学也，非孔子孟子所得私，当博取天下之善……非是守一家者所可及。程朱诸贤勿论矣，陆象山、王阳明诸公之言，其善者皆可从。汉唐诸儒之说可取，老庄申韩氏之言善者皆可取，愚夫愚妇之言亦可取。如是可称胸襟豁大，包括古今之势，而志亦高大。"② 更有甚者，一些朱子学者还公开指责程朱。如古贺侗庵批评程朱道："程朱二子性命理气之论，发千古不传之秘，而其谈天地，则穿凿太甚，不免差谬。"③ 朱子学内部这一分离倾向，说明该理论已失去吸引力，于是不得不从其他学派那里摄取营养，以维持自己的生命。但是，朱子学一旦和其他学派进行调和，就意味着它已失去"官学"的独尊地位，而降为一般学说了，就意味着它由官方意识形态降为"学校式的学问了"。至明治之初，尽管有人企图振兴儒学，但遭到众多学者批驳。如思想家大井宪太郎（1843—1922）曰："以儒教改良社会之论，始终不能同意之。……儒教设人意故造之阶级，严贵贱之差、上下之别，作为原本平等之人类，一边掌握尊严无限之权，一边被立于可比家畜之地位。呜呼！儒教主义邪！有悖天地之公道，违反自由平等之大理。若此，如何以此可能建造完美之新社会耶？"④ 小野梓也曰："宋儒之学问，迟钝我邦与中国元气，因此意味着给予压制政事家以专制之便。彼宋儒不希望人类精神发达，宁可将之局限于狭隘范围，压抑其自主，限制其独立，岂非仅使少年弟子徒增依赖之心耶？"⑤

其次，"异学之禁"虽然一时阻遏了异学的发展，但因朱子学自身疲软无力，所以异学不但没有绝迹，反而乘"官学"之危，超乎寻常地发展起来，大有控制整个日本思想界之势。一方面，宽政以后，兰学取得长足的进步。当时，不仅民间兴起了研究西学的热潮，就连幕府自己也组织了专门的机构，进行西学的研究和引进。因此，有人说，幕府末期"与儒学相比，在幕府内部倒是洋

---

① 据考察，从宽政改元到文政十二年（1789—1829 年），日本诸藩藩儒总数中属于朱子学的各派儒者相继减少，唯有折中学派人数倍增，从前期的 27 名增加到 63 名（刘岳兵. 日本近代儒学研究［D］. 北京：中国社会科学院研究生院，2001：7-8）。

② 朱谦之. 日本的朱子学［M］. 北京：人民出版社，2000：412-413.

③ 朱谦之. 日本的朱子学［M］. 北京：人民出版社，2000：398.

④ 平野義太郎. 馬城大井憲太郎傳［M］. 東京：大井馬城傳編纂部，1938：400.

⑤ 早稻田大学大学史編集所. 小野梓全集：第 3 卷［M］. 東京：早稻田大学出版部，1980：199.

学起了更大的历史作用"。① 据统计，1774—1854 年，日本刊行的西学著译达200 多种，堪称移植研究的丰硕之秋。② 在这一时期，日本还兴起了一批兰学塾，如大槻玄泽之芝兰堂、伊东玄朴的象先堂，都是当时名扬列岛的科学教育研究中心。不仅如此，日本的兰学者还组织了早期的科学沙龙，定期切磋研究所得，互递学术信息，如新元会、尚齿会、同志会等。另一方面，宽政以后，阳明学、古学的影响也很大。特别是阳明学，在江户末期异常兴盛。幕末明初的政治家、思想家几乎都受到阳明学的熏陶。佐久间象山、横井小楠姑且不论，攘夷倒幕运动家吉田松阴、胜海舟，以及他们的门徒高杉晋作、伊藤博文、木户孝允、山县有朋、井上馨、久阪玄瑞等，无一不受阳明学影响。至于古学，据说"享保中年以后，实乃风靡一世……世人喜其说，习而信之如狂……中叶以来多少考索之书，经书、语录、诗文之类，徂徕一言其非，无人再看，如同烂堆古纸"。③ 兰学家西周即承认受到徂徕学的影响。他说："他从徂徕的著作中首次发现了一个与朱子学完全不同的世界，令他倾倒。正是这种倾倒，才使他开始确立'空理于日用无益'和'穷理非学者之务'的治学原则。"④

由此可见，江户末期，朱子学独领风骚的局面已告结束，代之而起的是异学诸派。这既是江户二百多年发展的结果，又是世界历史大势所趋。日本思想家冈仓天心（1863—1913）在考察明治维新的内在成因时说："日本之所以能够获得新生，其因在于三个相互独立的思想流派的汇合，其中第一个流派教人以探究，第二个流派教人以行动，第三个流派使人明确行动的目的。"⑤ 这三个思想流派分别指古学派、阳明学派和以国学为主体的历史学派。他认为，古学派抨击了作为"官学"的朱子学"教义"，将人们的思想从"虚礼主义"的网罗中解放出来，阳明学派强调人的主观能动性，鼓起人们行动的勇气，而历史学派则培育了忠于天皇而不是主君的"勤王精神"。三者融汇成一种精神动力，推动了明治维新。上述日本思想界分流变迁的历史过程或可为这一认识的注脚。

行文至此，人们也许会问：中国朱子学是日本朱子学的母体，"德川时代的日本儒学史，可以看作是带有相应的变形而压缩地重复了从朱子学到考证学的

---

① 信夫清三郎 . 日本政治史：第 2 卷 ［M］. 周启乾，译 . 上海：上海译文出版社，1988：11.

② 中山茂 . 幕末の洋学 ［M］. 東京：ミネルヴァ書房，1986：292-302 .

③ 丸山真男 . 日本政治思想史研究 ［M］. 王中江，译 . 北京：生活·读书·新知三联书店，2000：90.

④ 韩东育 . 日本近世新法家研究 ［M］. 北京：中华书局，2003：373.

⑤ 冈仓天心 . 日本的觉醒 ［M］. 郝秉键，译 . 香港：中国国际文化艺术出版社，2019：38-39.

中国儒学史"①，但是为什么在 18 世纪末日本朱子学已走向衰微，而中国的朱子学依然把持思坛呢？我们认为这是由中日朱子学的差异性和两国政治体制的相异性造成的。

首先，从两国朱子学的差异性来看，中国朱子学重视抽象的世界观的思考，轻视感觉经验，而日本朱子学则恰好相反。在朱子学中，"理"是一个最富思辨的抽象的理论范畴，它不仅指形而上的世界的本体性，而且指与经验事物相联系的自然规律与道德标准。日本朱子学者虽然接受了这一逻辑范畴，但他们更多地将其理解为自然规律和道德准则，而不大将其理解为抽象的世界的本体存在。例如，藤原惺窝常把"理"解释为伦理道德性质的"道理"或"义理"。他说："人事亦不可忽诸，是人事即天理。"② 林罗山也认为，天下无物外之理，理乃事物之理，并认同王阳明的说法："理者气之条理，气者理之运用。"③ 即使是山崎暗斋，也经常把性理问题作为与日常生活密切相关的伦理修养问题或人生道路问题来对待，不大将其视为形而上学的问题。具有"气"一元论思想的贝原益轩更认为"穷理"不是体认形而上的"理"，而是探求高于客观事物内部的规律。

正因为日本朱子学者重视"人伦日用"之道，少谈抽象的本体论，所以他们很容易对"民生日用之学"产生兴趣。结果，日本朱子学中就出现了以贝原益轩为首的"经验合理主义"派别。这一学派不但强调经验知识，而且主张躬身实践，正如中井履轩所说："格物谓躬往实践其地，莅其事，执其劳也。譬如欲知稼穑之理，必先执耒耜，亲耕耘，然后其理可得而知也……若夫暝搜妄求，徒费精神而已矣。"④ 因此，贝原益轩派学者往往是实行家。如贝原益轩亲自从事医药学、博物学、音乐学研究，新井白石则亲自同洋人接触，了解西方情况。"经验合理主义"不但克服了朱子学的空洞性，为西学的传入准备了条件，而且作为朱子学内部的离心力分化瓦解了朱子学。可以这样说，幕末一大批兰学者本身就是朱子学者，如司马江汉、平贺源内等。在近代历史发展的大潮中，他们不自觉地充当了朱子学的掘墓人。源了圆说："日本的儒教文明，其学问之表现虽然经历了不同的过程，但最终结晶为实学这一点是不容否定的。"⑤ 但是在中国，朱子学内部始终没有分化形成像"经验合理主义"这样一个派别。尽管

① 永田广志 . 日本哲学思想史［M］. 版本图书馆编译室，译 . 北京：商务印书馆，1978：61.
② 石田一良，金毅治 . 日本思想大系：28［M］. 東京：岩波書店，1975：461.
③ 朱谦之 . 日本的朱子学［M］. 北京：人民出版社，2000：185.
④ 朱谦之 . 日本的朱子学［M］. 北京：人民出版社，2000：369-370.
⑤ 源了圆 . 近世初期实学思想の研究［M］. 東京：創文社，1980：9.

中国也出现过李时珍、徐光启这样的实行家，但毕竟是沧海一粟，没有在思想界引起轰动效应。因此，直到鸦片战争，中国的朱子学者仍恪守朱训，在性理问题上兜圈子。龚自珍、魏源虽然一再高喊经世致用，但并未亲为"经世之术"，结果还是未脱腐儒之气，到头来只是经世致用的空谈家。可见，日本朱子学的解体与重视实践的思想有很大关系。

其次，朱子学是否解体与中日两国有无科举制度和儒学者的社会职业不同有关。中国的科举取士固然具有打破品级身份制而选拔贤才的积极作用，但因考试的内容以朱子的《四书集注》为标准，这就使醉心于功名利禄的士子只顾闭门读经、墨守朱说，不敢也不想标新立异，问津其他学问。这种唯朱学是好的学风不但使思想界死气沉沉，难于分化，而且造就了一大批朱子学卫道士，一旦有异说兴起必将其扼杀在摇篮之中。日本的情形却不同。江户时代，幕后实行士农工商"四民"等级身份制，无科举取士制度，各等级身份均世袭，任官是武士阶级的特权。武士虽习儒学，但目的在于经世。武士官职的升黜，主要取决于身份与事功，与是否遵循朱子经说无涉。武士既不必为科举登第而终日捧读圣书，那么他们就可以相对自由地从事其他学术研究，成为朱子学的异己力量。可以这样说，科举制是朱子学坚硬的保护壳，没有科举制的加持，独尊朱子学的局面就难以持久。

由此可见，日本朱子学的解体有其必然性。那么，朱子学的解体对日本历史的发展产生了怎样的影响呢？

第一，朱子学世界观的解体，意味着传统社会观的幻灭，为日本的社会变革准备了条件。在朱子学理论的支配下，封建等级观念成为永恒的道德原则，封建等级秩序成为万古不易的"自然秩序"，于是整个社会就化为"寂然不动"的死物，一切有关变易的理论都是有违天理的。这种社会观显然与以变革为主题的江户时代精神格格不入。一方面，它抑制了新生的町人阶级要求打破封建秩序，发展资本主义的愿望；另一方面，它钝化了日本民族在西势东渐大潮中锐意变革的反应能力。如果不打碎它，日本民族就难以摆脱闭关锁国的封建主义，就难以走向世界，走向资本主义。值得庆幸的是，经过阳明学家"时处位"论和古学家"作为"理论的冲击，朱子学的这一保守的社会观基本被克服。可以这样说，江户后半期，社会变革理论在日本已不是骇人的东西，即使是德川幕府也对此坦然认可。正因为如此，日本才连续发生"享保改革""宽政改革""天保改革"，而明治维新正是这些改革的继续和发展，同时，也是朱子学保守的社会观解体的产物。但是，在中国由于朱子学社会观没有变动，直到鸦片战争，清政府尚未进行过任何重大改革，结果在戊戌变法时期，还有人声言："天不变，道也不变，祖宗之法不能变。"

第二，朱子学世界观的解体，意味着封建统治者一再鼓吹的"天理人欲"论破产，为明治时代的"四民平等"原则和启蒙运动提供了思想营养。在朱子学"天理"观下，作为社会主体的人，成为"天理"的附属物，一定意义上讲，失去了主观能动性。对他们来说，清心寡欲是第一修身准则，服从天理是至高无上的生活目标，喜、怒、哀、乐等自然情感是洪水猛兽。这一生活哲学无非是要把人们引入封建统治秩序的轨道，服服帖帖地听受统治者摆布。显然，朱子学的人生观与真性活泼的近代精神不相符合。一方面，它限制人的自然欲求，和新兴资产阶级自我享乐的原则发生抵牾；另一方面，它给人套上等级观念的枷锁，剥夺了人的自然权利，和资产阶级自由、平等思想发生矛盾。因此，在近代化道路上，一个重要的任务就是打碎这一保守的人生观，把人从封建道德的束缚下解放出来，而日本在这方面又可谓捷足先登了。阳明学家主张，良知面前人人平等，首先从人性上倡言人人平等原则；古学家提出"去人欲非人"，首先肯定了人的基本权利；而国学家、洋学家则把批判的基点从道德领域转向政治领域，分别从不同角度对封建伦理观念展开批判，既肯定了人的价值和尊严，又提出具有近代意义的平等思想。可以这样说，明治时代的"四民平等"原则、启蒙思想家的"人权"观及自由民权运动都从江户时代产生的"人权"思想中汲取了养分。相反，中国在人权道路上却迟迟未进。有清一代，中国人的主流意识始终被"存天理，灭人欲"所禁锢，他们既不能喊"自我享乐"，也不敢言君臣平等，直到戊戌变法时期，才有人提出"人人有自主之权"，但又很快淹没在专制主义的汪洋大海中，正如张之洞等所言，"民权之说一倡，愚民必喜，乱民必作，纲纪不行，大乱四起"，因此"民主万不可设，民权万不可重，议院万不可变通"。这样，我们不难理解，为什么日本于1889年就颁布了《大日本帝国宪法》，而中国则迟至1908年才拟定立宪性文件《钦定宪法大纲》；为什么日本在明治之初就宣布"四民平等"，而中国直至中华民国成立后才肯定了人人平等的原则。

第三，朱子学世界观的解体，为西学的传入开辟了道路。作为官方意识形态，朱子学具有极强的排他性，不但反对佛教、道教、天主教，以及其他儒学派，而且反对科学技术。如林罗山把西方先进的棱镜、透镜等物，责之为眩惑众人的"奇技奇器"，反对人们模仿创作。安积艮斋更把西学视为"妖学"而加以驳斥。因此，朱子学的学术观是近代科学产生的一大障碍。在日本，这一观念首先由于"经验合理主义"的发展而淡化，其次经古学家、国学家、洋学家的批判而趋于解体。这样，在明治维新之前，日本人已养成贵实证、轻性理的社会风气。兰学者群体的产生就是明证。兰学者是日本向西方学习的先行者。他们比较彻底地摆脱了朱子学保守的学术观，成为一支有力的科技队伍。据统计，1840年以前，日本科技人员中前近代型的比例尚占53%，但到1855年，近代型科技人员则上升为82%，居压倒多数。① 这样丰硕的成果，不能不与朱子学重性理、轻技艺的学术观崩溃有关。可是在中国，直到洋务运动前，根本不存在近代科技队伍，更谈不上多少近代科学技术。当时轻视科技的风气依然十分浓重，正如顽固派人士所言"立国之道尚礼仪不尚权谋，根本之图在人心不在技艺"，反对引进科学技术。

① 湯淺光朝. 日本の科学技術100年史：上［M］. 東京：中央公論社，1980：15.

第二章

华夷观的破灭

> 天处乎上，地处乎下。居天地之中者曰中国，居天地之偏者曰四
> 夷。四夷外也，中国内也。天地为之乎内外，所以限也。……四夷处
> 四夷，中国处中国，各不相乱，如斯而已矣，则中国中国也，四夷四
> 夷也。
>
> ——石介

华夷观是儒教世界传统的国际秩序观念。它以"孔孟之道"为价值标准，将整个世界划为华夷两极，"内夏外夷"为其文化分界，"贵华贱夷"为其基本精神，"用夏变夷"为其终极目的。千百年来，这一观念虽然屡受挑战，但直至西势东渐之前，不但没有发生大的波折，反而逐渐形成一种十分沉重的心理积淀，渗透于社会，弥漫于世间，左右着统治者的外交政策，影响着国民的文化心态。因此，研究近世日本社会思想的变迁，很有必要对华夷观问题进行单独探讨。这样既可厘清日本对外文化观的发展脉络，又可探究日本近代化的思想动因。

第一节　日本华夷观的特点

华夷观虽为儒教世界共同信守，但由于国情的差异，其表现形式有所不同。如果说中国人的华夷观主要以"贵华贱夷"为中心内容，那么日本人的华夷观则主要以"慕华贱夷"为基本特点。

一、慕华观念

"慕华"是日本民族在日中交通过程中形成的一种极端迷恋中华文物制度的社会心态，其形成当与日本特殊的文化生长环境有关。众所周知，中国是儒教

世界的文化中心。当华夏先民已创造了高度发达的商周文明时，周边许多国家尚处于洪荒时代，当秦灭六国、雄踞东亚时，大和民族尚不知国家为何物①。这一巨大的发展势差，导致中国文化长期出超，结果形成中华文教声被四海，"海外诸国，皆奉正朔"的文化格局。史称："支那五岳之域、八区之营，圣贤垂训，乃教法、礼乐之所兴。故万方则之，四夷宗之，称其谓中华，职此故也。"② 日本民族正是在这一历史环境中，通过不断摄取中国文化发展起来的，因此羡慕中国自在情理之中。毫不夸张，上自日本民族国家的形成，下迄江户时代，日本人始终向往中国。公元607年，大隋使者裴世清赴日。面对这位来自文明国度的鸿使，以"岛夷"自居的日本天皇激动不已，以至于在接见时这样说道："我闻海西有大隋，礼义之国，故遣朝贡。我夷人，僻在海隅，不闻礼仪，是以稽留境内，不即相见。今故清道饰宫，以待大使，冀闻大国维新之化。"③ 寥寥几语，道出了日本统治者对中华文化的艳羡之情。此后，正是在"冀闻大国维新之化"动机的诱导下，日本开始了大规模的汉文化移植，从制度到文字，从服饰到器物，应有尽有。"大化改新"就是一次以唐朝律令制度为蓝本而进行的重大政治、经济改革。有人指出，"日本明治以前的主要历史，都是用汉字写的，作史的体例，记史的方法，修史的精神乃至修史的宗旨，也都仿效中国"。④ 至于礼乐风俗，更是"衣冠唐制度，礼乐汉君臣"⑤，呈现出一派华化景象。

长期师法中国不但强化了慕华意识，而且促进了日本文化的发展。对于日本人，特别是日本文人，在引进、钻研中国文化的过程中，清楚地认识到中国在日本社会发展中的重要作用，切身感悟到中国文化的博大精深，因此怀有更强烈的慕华意识，直到江户时代，仍然如此。例如，藤原惺窝久慕中华文化，"欲见其文物"而不得，自叹"不生于中国，亦不生于我国之上代，而生于当代，可谓生不逢时"。⑥ 大学头林罗山对中国文化推崇备至，终其一生，精心研习，欣羡之心溢于言表，其诗《大成殿樱花赞》云："草木欣荣绕圣宫，白樱独秀一春中。中华礼乐花开遍，元气吹嘘日本樱。"他认可中岩圆月提出的日本

---

① 学术界一般认为，日本国家始自建于公元1世纪末或公元2世纪初的邪马台国。
② 沼田次郎，松村明，佐藤昌介. 日本思想大系：64［M］. 東京：岩波書店，1976：138.
③ 魏徵，等. 隋书：卷81：倭国传［M］. 北京：中华书局，1973：1827.
④ 梁容若. 中日文化交流史论［M］. 北京：商务印书馆，1985：9.
⑤ 《明诗综》里录有日本使者答里麻的《答大明皇帝问日本风俗诗》，诗云："国比中原国，人同上古人。衣冠唐制度，礼乐汉君臣。银瓮储清酒，金刀脍素鳞。年年二三月，桃李自阳春。"
⑥ 石田一良，金谷治. 日本思想大系：28［M］. 東京：岩波書店，1975：198.

"皇祖太伯说"①，在奉命编纂《本朝通鉴》时明确指出："大和民族者，吴太伯末裔也。"其子林鹅峰在《拟对策文》中更对"皇祖太伯说"予以详细阐述，充分表露了其崇拜中华情结。贝原益轩虽是一位带有浓重"神国"思想色彩的儒者，但在中华文教的熏陶下，也不自觉地流露出欣羡之情："本朝古来虽独立不臣服于中华，然资用于中华之风教者多矣，可谓师国，不可不知。其所本可贵，不可轻慢。"②佐藤直方（1650—1719）更驳斥了"以日本为世界中之最上国"的观点，认为"孔子业已不生于日本而生于中国，固当从其教，以中国为中国，以夷狄为夷狄"。③

当然，慕华不是朱子学家特有的思想情感，而是日本社会普遍的心理反映。阳明学家熊泽蕃山虽然倡导"日本主义"，但仍然认为"中夏为圣贤之国，文明之邦"，"中夏为四海之师国"④；"中夏为天地之中国，位于四海之中心"⑤；"中国乃大国，天地之中国也，故天气明、地气厚，五行至宝聚集，故人情厚"⑥。中江藤树亦赞同"皇祖太伯说"，并谓中国是"圣人之国"，其武士文武兼备，而"日本诸士，大都为无艺文盲者"。⑦古学家山鹿素行认为，"羡慕并学习中国"，"此等情况不仅限于我等，古今之学者亦复如此"。⑧连"脱亚论"的鼓吹者福泽谕吉也认可中国"乃亚洲一大国，人民众多，国土辽阔"，"自往古陶（唐）虞时代以来，历经四千年，重仁义五常，人情风俗淳厚，闻名于世"。⑨中村敬宇（1832—1891）更说："吾邦之于支那，为邻国，人种亦同，文字亦同。自千有余年以来，至于中古，礼乐文物、工艺器具，大抵无不从支那、朝鲜输入。……今清朝继承康熙乾隆之深仁厚泽，久养人民之力，政府虽贫，人民富，可谓藏天下于天下之景况。"⑩日本学者日比野丈夫曾这样概括日本人的中国观："江户时代的知识阶层对中国的尊敬是不同寻常的，他们关心的

① 中岩圆月（1300—1375），日本南北朝时期临济宗僧人。曾私撰《日本纪》，谓吴太伯是日本皇室始祖，六世孙移往筑紫成为神武天皇。书成，朝议令焚其书不传于世。
② 井上哲次郎，蟹江义丸.日本伦理汇编：第八册［M］.東京：育成会，1903：75.
③ 日本古典学会.佐藤直方全集：卷一［M］.東京：ぺりかん社，1979：553.
④ 後藤陽一，友枝龍太郎.日本思想大系：30［M］.東京：岩波书店，1971：445，449.
⑤ 後藤陽一，友枝龍太郎.日本思想大系：30［M］.東京：岩波书店，1971：148.
⑥ 井上哲次郎，蟹江义丸.日本伦理汇编：第二册［M］.東京：育成会，1901：316.
⑦ 山井湧，山下龍二，加地伸行，等.日本思想大系：29［M］.東京：岩波书店，1974：91.
⑧ 田原嗣郎，守本順一郎.日本思想大系：32［M］.東京：岩波书店，1970：333.
⑨ 北京大学日本中心.日本学：第三辑［M］.北京：北京大学出版社，1991：81.
⑩ 刘岳兵.近代以来日本的中国观：第三卷［M］.南京：江苏人民出版社，2012：48-49.

对象虽然从儒教逐渐转向文人墨客的趣味，但热情丝毫没有改变。能够去有机会直接接触到中国人和中国文化的长崎游学，是他们一生的梦想。许多日本的文化人虽然无缘直接见到中国人，却渴望结识离中国更近且同样拥有中国文化的朝鲜人，因而总是翘首企盼十几年才赴日本一次的朝鲜使节的到来。"①

不仅如此，由于日本人极端崇拜中国，他们还产生了与慕华观念相表里的民族自卑情结。1223 年，镰仓名僧道元入宋留学。置身中华文明之土，这位来自荒僻岛国的僧人眼界大开，不由感叹道："西天（印度）及神丹（中国）人本质直，盖为中华。教化佛法则迅即领会……我国之人，仁智未开，人又迂曲，即使教以正直之法，则甘露反成毒汁"；"可悲！边鄙之小邦，佛法未弘远，正师未出世，若欲学无上之佛道，遥可访宋土之知识"。② 在他看来，日本的出家人，不如中国的在家人，"举世愚笨，心量狭小"，即使教以正直之法，"甘露反成毒汁"，似有"素质太差"之嫌！荻生徂徕有感到中华文化的博大精深，也惭愧地论道："吾小学国，且不文之国，较之异国，殊难治也。"③ 正是由于自卑情结作祟，日本人形成了"万事不如异朝（中国）"的心理定式。中江藤树说："圣人非唐土不能诞生。"④ 三宅尚斋认为：日本之"道"虽有优长，但也只是一种"狐能使己神，萤能自照"的偏长⑤，决不能与中国的"中和之道"相提并论。更有人认为，"倭国圣人不作"，国贫民愚，"凡资民生而不可无者，亦莫不待中国圣人之法"。⑥ 首位造访日本的葡萄牙人沙勿略也道："每当日本人进行激烈辩论时，他们总是诉之于中国人的权威。这很符合如下事实，即在涉及宗教崇拜的问题以及关系到行政方面的事情上，他们也乞灵于中国人的智慧。"⑦

二、贱夷观念

"贱夷"是日本人在慕华过程中产生的一种观察其他民族的畸形的文化心

① 日比野丈夫. 幕末日本における邑中国観の変化［C］//大手前女子大学論集，1986（20）：14.

② 武安隆. 日本人涉外文化心理的史学考察［J］. 世界历史，1989（5）：80-88.

③ 佐藤誠三郎. 近代日本の対外態度［M］. 東京：東京大学出版会，1974：5.

④ 永田广志. 日本哲学思想史［M］. 版本图书馆编译室，译. 北京：商务印书馆，1978：81.

⑤ 井上哲次郎，蟹江義丸. 日本倫理彙編：第七册［M］. 東京：育成会，1903：506.

⑥ 朱谦之. 日本的朱子学［M］. 北京：人民出版社，2000：223.

⑦ 利马窦，金尼阁. 利马窦中国札记［M］. 何高济，王遵仲，李申，译. 北京：中华书局，1983：127.

态。按照华夷理论，日本被列入夷狄行列，对此就连日本人自己也坦然认可。熊泽蕃山在《集义和书》中把日本与朝鲜、琉球放在一起，列为"九夷"，木下顺庵自称"东夷小子"，荻生徂徕也以"夷人物茂卿"自居。这样说来，日本人不应有贱夷的意念。但是，在慕华观念的驱使下，日本人的夷狄观发生变异。因为慕华，所以日本人产生了"脱夷入华"的愿望。当这一愿望与现实发生矛盾时，他们便虚拟了一个以日本为中心的"华夷秩序"，以取得心理平衡。在这一秩序中，日本是"华夏"，中国以外的国家是"夷狄"。因此，日本虽在中国面前自称"夷狄"，但在其他国家面前俨然以"中华"自居。《续日本纪》载：某年元旦，唐朝举行各藩朝贺大礼，将日本使节的位置排在西畔第二位，在吐蕃之下，而把新罗使节置于东畔第一位，在大食国之上。为此日本使臣提出抗议说："自古至今，新罗为对日朝贡国，而置日本于新罗之下，于义不合。"① 结果改置新罗使于西畔第二位，置日本使于东畔第一位。这一简单的礼仪之争，在一定程度上反映出日本人试图跃居"众夷之首"的夷狄观。

江户时代，随着"神国"思想的发展，这一独特的夷狄观又被罩上了神秘主义的外衣。此时，日本人不但以"中华"标榜，而且用"神国"的权威号令天下，贱夷情绪十分强烈。例如，山鹿素行在《中朝事实》一书里把中国看作日本唯一的邻国，而将其他国家一概视为"蛮夷"大加贬责。他说："海外诸藩皆属中央之国（日本），唯以信通于外朝（中国），而诸藩则不足称临。"在他看来，"朝鲜、新罗、百济皆为本朝之藩臣"，"高丽为我之属国"，如果不向日本经常朝贡，"即征伐以惩其不庭"。② 本居宣长也认为，"追思往昔，此朝鲜与今之琉球等相同，乃向我皇国称臣而事奉我朝之国"。③ 对待西方国家，日本人更极尽其蔑视态度。他们蔑称荷兰人为"南蛮"，英国人为"红毛"，甚者视其为不知人伦的"禽兽"。据当时目击荷兰人相貌者描述："他们脸色焦黄灰暗，黄头发，绿眼睛，不知道从哪里冒出来，长得跟妖精似的。所有见到的人都会因害怕而跑掉。"④ "彼等目色似犬，小便时抬一足，与人类不同，皆近于兽，彼等淫乱嗜酒，无长寿者。"⑤ 直到1807年，还有人认为，西方人是"不知古

---

① 木宫太彦. 日中文化交流史论［M］. 胡锡年，译. 北京：商务印书馆，1980：101.

② 信夫清三郎. 日本政治史：第1卷［M］. 周启乾，译. 上海：上海译文出版社，1982：50—51.

③ 信夫清三郎. 日本政治史：第1卷［M］. 周启乾，译. 上海：上海译文出版社，1982：53.

④ 金. 日本发现欧洲（1720—1830）［M］. 孙建军，译. 南京：江苏人民出版社，2018：17.

⑤ 田毅鹏. 中日两国对近代西方认识的比较研究［J］. 历史教学，1989（3）：6-10.

圣帝王所立之道的夷狄，虽形状类人而亦禽兽也"①。

以"慕华贱夷"为特点的华夷观，对日本历史的发展影响很大。当中华文化名震四海、独领风骚时，慕华不但是一种十分正常的心理，而且是促进日本社会发展的重要杠杆。多少年来，日本民族就是在慕华观念的诱导下，孜孜不倦地学习中国文化，日本封建制的确立，民族文化的形成，在很大程度上，就是慕华的产物。在日本，"一直到明治维新，中国都被当作'圣人君子之国'。孔孟之学即儒学奠定了日本政治思想史的基础"。② 日本著名汉学家内藤湖南曾经说道："日本民族未与中国文化接触以前是一锅豆浆，中国文化就像碱水一样，日本民族和中国文化一接触就成了豆腐。"③ 这一比喻虽然未必恰当，但形象地道出了中国文化对日本的贡献，也道出了"慕华"在日本社会发展中的作用。

贱夷是一种畸形的文化心态，当"蛮貊夷狄"尚未开化时，还不至于影响社会的发展，日本民族尚可继续在虚拟的"中华"世界中自我陶醉。然而"慕华贱夷"观念毕竟植根于华强夷弱的国际文化环境中，一旦形势发生扭转，如果继续贱视"夷狄"，迷恋中华文物制度，必然钝化进取意识，阻塞外来文明的传入。具有讽刺意味的是，江户时代正是"华夷"力量对比发生急剧变化的时代，"西夷"逐渐跃居世界前列，成为引导时代潮流的主力，中华帝国则犹如"一艘破败不堪的旧船"停滞不前，失去文化吸引力。不言而喻，在此情势下，日本民族应该及时抛弃陈腐的华夷理论，重新认识中国与西方，以便树立新的文化建设目标。事实证明，明治维新之前，日本民族已基本摒弃了华夷观，实现了从以华为师到以欧美为师的文化战略的转变。

第二节　中国观的演变

从"慕华"到"蔑华"，大体反映了江户时代日本人"中国观"的演变历程。江户以前，由于中国在世界上处于领先地位，日本人形成了以"慕华"为特点的中国观；江户以后，随着中国国际地位的下降，日本人的中国观也相应发生了变化——由羡慕逐渐转为蔑视。

---

① 田毅鹏．中日两国对近代西方认识的比较研究［J］．历史教学，1989（3）：6-10.

② 长谷川庆太郎．さよならアジア［M］．東京：文芸春秋社，1986：58.

③ 林林．中日文学因缘杂记［N］．光明日报，1963-03-16（4）.

一、慕华观念的动摇

江户时代，日本国内外发生了亘古未有的社会变革。就国外而言，西方列强先后完成了资产阶级政治、经济革命，将扩张之剑伸向东方；古老的中华帝国逐渐失去往日的荣光，被强行纳入西方体系。就国内而言，日本封建自然经济走向穷途末路，资本主义萌芽破土而出；以朱子学为主体的封建统治思想趋于解体，国学、兰学等新兴学派应运而生。在此社会变革激流的荡涤下，统治日本达千余年的慕华观念始则受到怀疑，继而受到批判，终难以为继。这一重大的思想变革是在儒学家、国学家、兰学家重新认识自己、认识中国、认识西方的过程中完成的。

1. 儒学家对中国的再认识

儒学家是中国文化的信徒，理当是十足的慕华者，然在神道教的影响下，景仰之余，仍不免怀有几分"不敬"。"神道"是日本原始宗教，因其极端美化大和民族，宣扬日本至上主义，故与"万事不如异朝"的文化心理相抵牾。但在江户以前，由于神道"不是完全摆脱了佛教观念，而是特别明显地采取了道教和儒教的思想"，因此其理论不够完善，难以撼动慕华观念。到了江户时代，随着佛教的衰落，神道教才逐渐走向成熟，并产生了广泛的社会影响。综观当时日本儒学界，我们发现大多数儒学者虽仍一如既往地醉心于中国文化，但也本能地继承了这一民族文化传统，结果在其脑海里形成了"慕华"与"尊日"两种矛盾思绪，从而不自觉地冲淡了慕华观念。

首先，一些儒学家开始扭转"万事不如异朝"的传统思维定式，提出了日本胜于中国的观点。林罗山终生向往中国，但也颇具民族自尊意识。他首创"神儒合一论"，力图以儒道附会神道，抬高日本国的地位。他认为，神道与儒道，"理一而已"，"本朝神道是王道，王道是儒道，故无差等"。因此，特作《倭赋》，赞美日本之"灵秀"，"惟我邦之灵秀兮，神圣之所诞生。环以太平海兮，耀旸谷之明明。名兹曰日本兮，固自然之佳名"；又作《神祇宝典序》，宣扬日本的"神性"，"夫本朝者，神灵之所挺生而栖舍也，故推称神国，其号神器，守其大宝则曰神皇，其征伐则曰神兵，其所由行则曰神道"。① 雨森芳洲（1668—1755）也以神道为依据，批驳了"唐土是世界中仁义礼乐兴盛的圣人之国"之观点，论证日本优于中国："天下人心惟我国为淳厚近古，以今日视之，

---

① 朱谦之．日本的朱子学［M］．北京：人民出版社，2000：188．

唐之与韩有所不如，岂非神圣之遗泽也哉?"① 贝原益轩认为，"本邦风俗，本自淳美，超轶华夏者亦多矣。如节义、骁勇、谦耻之类是也"②，因此作《本邦七美说》赞美日本文化。山鹿素行则把中、日、朝三国加以比较，认为唯有日本"才确实可称为中国之地"，"即使大唐，亦不如本朝之完美"。③

其次，一些儒学家否定了"内夏外夷"理论，重新解释了华夷关系。山崎暗斋以神道思想为依据，推翻了慕华者的"皇祖太伯说"，将日本从"夷狄"世界中划出，冠以"中国"之名。他说："中国之名，各国自言，则我是中而四外夷也，是故我曰丰苇原中国，亦非有我之得私也。"④ 五井兰洲（1697—1762）认为"中国""中夏""中华"等只不过是华人自我褒扬的称号，而非举世公认的"通称"，天下万国"何知土地、风俗，不有胜汉者乎? 儒者多党于汉，不可信矣!"⑤ 熊泽蕃山不仅尊日本为"中夏"，而且贬清朝为"北狄"⑥。《春秋》云："诸侯用夷礼则夷之，夷而进于中国则中国之。"其意是华夷关系不是固定不变的，而是因文化高低、风俗优劣而相互转移的。在审视华夷关系时，日本儒者即试图以此为据，论证日本为"华夏"而非"夷狄"。太宰春台说："中国名四夷为夷狄，较中华为贱，乃无礼仪故也。然若中华之人无礼仪，也必与夷狄同。反之，四夷之人若备礼仪，则必与中华之人无异。"⑦ 栗山潜锋（1671—1706）在《保建大记》中写道：

> 华夏何常之有? 华而用夷礼则夷也，夷而进华之，古之制也。尝试论之，夫地之凝聚于地根之中，天乃游环于地气之外，天地之间，何往非中? 又何往而非天下? 故彼此皆自称中国。……近顷学坠市井，文缙绅不振，懵于旧典而不顾，或以元明为中华，自称东夷，殆外视万世父母之邦，几于无蔑百王宪令之著。⑧

荻生徂徕虽然自称"幼耽典籍，景慕华风"，但又认为区别华夷的前提是礼

① 朱谦之. 日本的朱子学 [M]. 北京：人民出版社，2000：209.
② 朱谦之. 日本的朱子学 [M]. 北京：人民出版社，2000：272.
③ 信夫清三郎. 日本政治史：第1卷 [M]. 周启乾，译. 上海：上海译文出版社，1982：49.
④ 朱谦之. 日本的朱子学 [M]. 北京：人民出版社，2000：309.
⑤ 関儀一郎. 日本儒林叢書：第一卷 [M]. 東京：東洋圖書刊行会，1927：11.
⑥ 蒋春红. 日本近世国学思想：以本居宣长研究为中心 [M]. 北京：学苑出版社，2008：61.
⑦ 滝本誠一. 日本经济大典：第九卷 [M]. 東京：啓明社，1928：432.
⑧ 朱谦之. 日本的朱子学 [M]. 北京：人民出版社，2000：461-462.

乐风俗而非地域人种，"夷如进夏则为夏，夏若退夷则为夷"，中国早在三代之后已失去"先王之道"，而重新获得此道的"日本的德川王朝，要优越于中国"①。

浅见絅斋（1652—1711）更作《中国辩》，批评了"内夏外夷，贵华贱夷"思想：

> 中国夷狄之名，儒书中由来久矣。其故于吾国儒书中盛行，读儒书者，以唐为中国，以吾国为夷狄，甚者悔叹吾生为夷狄之徒亦有之。甚哉！读儒书者失读书之样而不知名分大义之实，可悲之至也。夫天外包地，无地不戴天者，然各其土地风俗之限，各一分之天下，互无尊卑贵贱之倾向。……不知此而读儒书，云外国为夷狄，则思所有万国皆为夷狄，不知吾国原本与天地共生，不待他国之国体，甚过也。②

谷秦山（1663—1718）不仅尊日本为"中国"，更因中国历史上多"弑君"现象而斥其违背儒家伦理道德，所作《书元亨释书后》云：

> 以天为天，以地为地，日月终古照临不坠者，我苇原中国矣。是以君则日神之嗣，臣则兴台产灵之儿，亘乎亿万载如一日矣。隆美哉！西土之建国以篡弑为基业，尧舜之圣，虽尽禅让之美，然实非天地之常经，是以伏羲以来，更姓者三十氏，以弑书者二百事，其余放废纷纷，不可疏举，风俗之薄恶为何如哉！释教指天竺为阎浮之本邦，而其教出教；儒者推西土为中华礼仪之国，而其俗弑君。孟子曰："无父无君，是禽兽也"；信可哀也。③

新井白石（1657—1725）虽然崇信朱子学，但不认同以中国为中心的"华夷秩序"观念，认为"华夷之辨"不是普遍有效的规范，所谓"中国""中华"等词只是华人对自己国家的称呼，并不代表日本人对中国的认识，"彼方之人以夷而贱我，自以为华，而此方之人背叛本朝，尊奉外国为华，实有悖于古圣贤之道"④。

古贺侗庵（1788—1847）对中国文化的批判最为激烈。在《殷鉴论》中，他不仅言称中国"人心世道，污下溷浊，远不及外国"，而且力批儒家推崇的"三代之治"云："其在三代，业已民风浇漓，谲诈滋生，治之非易易，观于春

---

①　吉川幸次郎. 仁齋・徂徠・宣長［M］. 東京：岩波書店，1975：235.
②　西順藏，阿部隆一，丸山真男. 日本思想大系：31［M］. 東京：岩波書店，1980：416.
③　朱谦之. 日本的朱子学［M］. 北京：人民出版社，2000：340.
④　岩橋小彌太. 新井白石の詩論［J］. 歴史と地理，1925（15）：26–37.

秋战国可见已……夫风俗之薄恶，加之施设之乖方，无惑乎其乱之坏极矣。唐人称颂三代不容口，非独佞谀所生之邦，亦其泥于古而然也。"① 同时，他还认为，华夏、戎狄都是平等的人类，不可以"自尊而相卑"，"唐人识见窄狭、夜郎自大，以为宇宙之际，决无强大富赡若我齐州（中国——引者注）者；又未始知圣人夷夏之辨因时而发，是以抑外国太过，不比为人类，多见其自陷于夏虫坎蛙之见也"。② 因此，他斥日本慕华风气云："予所最虑者，世之儒先，自幼迄老，沉酣唐人之书，阿其所好而不觉其弊。政出于此，卑以为不足视。事出于此，则叹以为不可及，幸不遭时耳。使之异日得志，以平日所学所志，施于有政，不审时势，不审事宜，欲以唐人文具无实之治，治当今浮薄之俗，是以水济水，助桀为虐也。即不得志，播扬其说，以诲人道世，其流祸何所不至，此可惧也。"③《殷鉴论》可谓"日本将中国从作为仰慕、学习的对象到作为反面教材而加以批判、警示的对象的转变过程中的一个重要标志"。④

儒学家极力美化日本，只不过是一种空幻的民族自尊意识的冲动，但在理念上已初步跳出"中国中心论"的樊篱，拔高了日本国的地位，开启了日本人重新评估自己、评估中国的思想马达，初步刷新了日本人的中国观。

2. 国学家对中国文化的批判

18世纪上半叶，随着商品经济的发展，日本封建社会内部出现了资本主义因素。与这一新的经济关系相适应，日本兴起了代表"商业资本家阶层"的国学思潮。为了宣扬所谓"日本古道"，国学家对中国文化进行了检讨。

首先，国学家站在神道教的立场，极力美化日本，宣扬其优越性。本居宣长说：日本为"天照大神之御国，俊迈嘉秀，优于他邦"⑤；"世界有许多国，但由祖神直接所生出的，只有我日本国"；"我国是日之大神的本国，即在世界万国之中最优秀的国，那可以说是祖国的国"⑥。其徒平田笃胤进一步发展了神道思想中的宗教成分，一再强调日本国的"神"性，放言日本乃"万国的本国、祖国"，"皇国即天地根源，所有事物较万国为优"。⑦ 他认为，日本不仅地处西方地理学著作提到的最佳纬度，物产丰饶，而且四面环海，形势险要，易于御

① 竹中邦香. 天香樓叢書：四：殷鑒論 [M]. 1882：9.
② 竹中邦香. 天香樓叢書：四：殷鑒論 [M]. 1882：2.
③ 竹中邦香. 天香樓叢書：四：殷鑒論·序 [M]. 1882：1.
④ 刘岳兵. 近代以来日本的中国观：第三卷 [M]. 南京：江苏人民出版社，2012：31.
⑤ 大野晋，大久保正. 本居宣长全集：卷二 [M]. 東京：筑摩書房，1968：154.
⑥ 朱谦之. 日本哲学史 [M]. 北京：人民出版社，2002：107.
⑦ 西順蔵，阿部隆一，丸山真男. 日本思想大系：31 [M]. 東京：岩波書店，1980：416.

敌，远比唐土、天竺、俄罗斯、荷兰等国"尊贵和优秀"。①

其次，在宣扬日本至上论基础上，国学家对中国文化及"华夷秩序"展开严厉的批判。贺茂真渊认为，唐人"卑四方之国为夷戎……其言之不通也"②，日本社会之种种积弊皆由"忘却我国之道"而盲目模仿中国所致③；"唐国因为是心地丑恶的国家，即便深入教化，也只是表面上好看，终究是大大的坏事，使得社会秩序混乱。我国本来是很单纯的国家，即便只有很少的教化，都能够很好地遵守。而且因为是随天地而行，不行教化也可以"④。因此，他建议杜绝"慕华"之习，发扬"大和魂"。

本居宣长认为，中国国无定主，人心险恶，习俗混乱，"在上者须防在下者篡位，在下者则伺机谋篡，上下交争，互相仇视，自古国家难得安治"⑤，"由皇国观之，无论蒙古或明朝，不过同为戎狄耳，有何差别？"⑥ 在他看来，"华夷秩序"是"盲目傲慢，一似天地间无可与相比者"的中国人凭借其国土广阔、势力强大而强行建立起来的国际秩序，不足为信："观唐土之国后世之书，彼国之内，大凡南方万事优胜，北方极端拙劣。然自夸中国之北方者，卑称南方为蛮夷之地。以此观之，华夷之事，虚而不实也。"⑦ 因此，他主张作为"神国"的日本不但不应崇拜中国，不应"为其表面美好与词句之华丽所欺骗"，反而应对其加以征伐。同时，本居宣长还认为，"儒者心目中，无他国能超越唐土，推崇其王为天子，视如天地自然之理，此最最不可理解"；"称其国为中华、中国、上国等，一味尊崇；相反，对于我皇国却有意称为东夷，此种行为乃与叛逆之罪人同"。⑧ 不仅如此，本居宣长还在《驭戎概言》中，设想了以日本为中心的"华夷秩序"，企图把周边国家置于日本之下。这一思想既包含摆脱慕华观念束缚的自立倾向，也"隐秘着向国外扩张的冲动"。

平田笃胤批评儒学者曰："首先要指出的是信佛的人们，他们只知赞美天竺，喧嚷什么彼国是佛教的本国，是尊贵的国度，我国不过是东海散栗之国，就像漂放在东海的一颗板栗一样微不足道。再说那些儒学家，他们称颂汉土，

---

① 平田笃胤全集刊行会. 新修平田笃胤全集：第 8 卷［M］. 東京：名著出版，1976：29.

② 永田广志. 日本哲学思想史［M］. 版本图书馆编译室，译. 北京：商务印书馆，1978：154.

③ 朱谦之. 日本哲学史［M］. 北京：人民出版社，2002：101.

④ 平重道. 阿部秋生. 日本思想大系：39［M］. 東京：岩波书店，1972：383.

⑤ 大野晋，大久保正. 本居宣长全集：卷九［M］. 東京：筑摩书房，1968：51.

⑥ 大野晋，大久保正. 本居宣长全集：卷八［M］. 東京：筑摩书房，1968：77.

⑦ 大野晋，大久保正. 本居宣长全集：卷一［M］. 東京：筑摩书房，1968：433.

⑧ 大野晋，大久保正. 本居宣长全集：卷八［M］. 東京：筑摩书房，1968：66-67.

说什么彼国是圣人之国，是中华，我国乃小国，且为夷狄、虾夷之国。都在贬低我国。"①

　　国学家以"神"的灵性维护日本的尊严，以"神国"完美思想对抗崇外观念，在一定程度上激发了日本民族自尊自立意识，动摇了"慕华"观念，推动了日本重新审视华夷关系的思想进程。但国学家对"慕华"观念的批判毕竟是以宗教思想为精神支柱的，带有极大的空幻性，难以激起巨大的社会反响。同时，国学家在批判慕华观念时，不但没有"放弃把国际关系作为上下关系来对待的华夷观念"，相反是"想要描绘以日本为中心的华夷秩序"②，因此他们在推倒了"崇拜的神"之后，又被"神的崇拜"所束缚，其结果只能在虚拟的"神国"世界中自我陶醉。

　　3. 兰学家对中国的再认识

　　18世纪下半叶，由于西方文化的长期渗透，日本兴起了一个新的学派——兰学。从此，日本人初步摆脱了传统文化的束缚，开始从西学的角度来观察世界，从而把对中国的认识推向新的阶段。

　　首先，兰学者以新的地理观为武器，驳斥了"中国中心论"。长期以来，日本人一直为"天圆地方说"所支配，认为中国居于大地的中心，其他国家处在大地的边缘③。这不但反映了日本人地理知识的贫乏，而且助长了盲目慕华的风气。但是，随着西学的传播，兰学者逐步接受了"地圆说"，晓得"大地是一个球，在天空中间悬着，是没有上下的"④，并由此向"中国中心论"发出诘问。

　　杉田玄白说："地者，一大球，万国分布，所居皆中，任何一国皆可为中土，中国亦东海一隅之小国也。"⑤ 前野良泽说："支那自古不知地之本形，称地方如棋局，或云地之下有四柱等虚说，至后世传欧罗巴天地之学，始称地球。"⑥ 朽木昌纲说："夫天地人才，谁穷其至，谁定其地乎？支那僻在一边，

---

①　平田篤胤全集刊行会．新修平田篤胤全集：第8卷［M］．東京：名著出版，1976：60.
②　信夫清三郎．日本政治史：第1卷［M］．周启乾，译．上海：上海译文出版社，1982：55.
③　据传教士葡萄牙沙勿略观察说："日本人不知道地球是圆的，也不知何为太阳轨道，他们对流星、闪电、雨雪等自然现象提出种种疑问。由于我们作出使其满意的说明，才得到他们的信任。"（村上阳一郎．日本近代科学の步み—西欧と日本の接点［M］．東京：三省堂，1977：51.）
④　芳賀徹．日本の名著：22［M］．東京：中央公论社，1984：469.
⑤　沼田次郎，松村明，佐藤昌介．日本思想大系：64［M］．東京：岩波书店，1976：230.
⑥　沼田次郎，松村明，佐藤昌介．日本思想大系：64［M］．東京：岩波书店，1976：142.

独称中国，骄傲自限耳。"① 本多利明指出"天圆地方说"之误，并说："地体也如天体，呈椭圆状，如球形，正如从中央切开，则成两个半球。"② 司马江汉也认为，"如称支那为中国，吾邦为苇原中津，似无不为中央之邦矣……若由天定之，则应称赤道下之邦为中央"。③ 图2-1为山片蟠桃所绘一幅从极天向下俯视的圆形地球图，虽然不够精准，但已认可"地圆说"。大槻玄泽更以其比较丰富的地理知识进一步阐述了这一认识：

图2-1　地球图

资料来源：钱国红.走进"西洋"和"东洋" [M].北京：商务印书馆，2009：165.

腐儒庸医，不知天地世界之大，迷惑于中国诸说，效彼而称之为中国，或称中华之道，殊属错误。舆地为一大球，各国分布于上，皆居其中，虽自然划分区域，但均尊称自己所处之地，中国自称为中土、中原、中华、中国，或称华洛、神州。荷兰称本国为日耳曼、为中土，我邦亦自称为中国，英吉利以其都邑为经纬度之起点，等等，称本国时盖有此种情况。以坤舆方域之大而言，惟非洲之埃及可谓世界之中央。中国、日本地处东隅，荷兰等国位于西北。然我国以对中国之傲称，尊之为中华之国，并以华人、华舶、华物等相称，又何故耶?④

① 沼田次郎，松村明，佐藤昌介.日本思想大系：64 [M].東京：岩波書店，1976：318.
② 沼田次郎，松村明，佐藤昌介.日本思想大系：64 [M].東京：岩波書店，1976：91.
③ 转引自王家骅.幕末日本人西洋观的变迁 [J].历史研究，1980 (6)：135-149.
④ 信夫清三郎.日本政治史：第1卷 [M].周启乾，译.上海：上海译文出版社，1982：60.

从"天圆地方说"到"地圆说"的转变，不仅意味着日本人地理知识的进步，而且撼动了慕华观念。因为"地圆说"根本不承认各国间地理上的不平等关系，不承认世界地理中心，所以日本人不必因地处偏远而感到自卑，也不必以中国为"中心"而倾慕向往。这样，兰学者就从地理观上刷新了日本人对中国的认识。

其次，在驳斥中国地理"中心"论的同时，兰学者对中国文化也展开批判。按照华夷理论，区分华夷的标准在于是否懂得"圣人之道"。朱子学家中井竹山说："吾儒之道，圣人之道也，圣人之道，人之道也，人之道即天地之道也。四海万国将不可一日离，无此道则国恒亡。"① 因此，欲要根除慕华观念，需从批判中国文化的内核"圣人之道"入手。本书第一章已介绍了兰学者对"圣人之道"的批判，兹需说明的是，因兰学者认识到"孔孟之论不适于治世"，故对慕华观念加以批判。杉田玄白认为，"道者，不在支那圣人之处"②，大可不必醉心于中国文化。因此，他从医学角度否认了中国文化的权威性，认为《神农本草经》《黄帝内经》《伤寒论》等圣贤之书皆"欺人之书"，而荷兰医书才是"其本明，其法正"的医学要典：

> 近世所行有《神农本草经》者，上品之药计一百二十种，皆说久服轻身延年，未闻一人服之有效者，则可谓欺人之书也。黄帝亦圣人，传云《灵素》者，黄帝与岐伯辈问答之书也。上自五运六气，下至经脉、骨度、脏腑、关节、疾病、针灸等无一不辩也。然今剖刑尸观其脏，则其位置、脏象与之异也。质之物与之异，则亦欺人之书也。千古以来不闻有欺人之圣人也，此不为圣人书明矣。……腐儒庸医，不知天地世界之大，稍闻东洋二三国之事，以中国为万国之冠。又稍读其书则漫然自称曰："夷狄其俗，固无礼乐也。"夫礼乐文物，以分尊卑之分。何国无尊卑，无礼乐？孔子曰："夷狄之有君，有君尊之则礼也。"衣冠文物，明尊卑之分，不必以为是，以从风土之宜为是也。③

渡边华山也指出："在此地球内，诸如唐土之类，视一国为天下；诸如印度之类，视地球之外尚有三千世界，毕竟皆为空疏无稽之谈，只知炫耀上古圣人

---

① 朱谦之. 日本的朱子学 ［M］. 北京：人民出版社，2000：356.
② 植手通有. 日本近代思想の形成 ［M］. 東京：岩波書店，1974：46.
③ 沼田次郎，松村明，佐藤昌介. 日本思想大系：64 ［M］. 東京：岩波書店，1976：592.

之德，不察古今之变化。"①

在批判儒道的同时，洋学家还评判了汉字的缺点。森岛中良在《红毛杂话》中抨击用汉字表达日语的发音，认为汉字数量多达数万，"中国人夜以继日、废寝忘食地学习，但一辈子也不能完全记住本国的文字，不能通晓其意义。结果，只有少数人能轻松读懂书本"。司马江汉认为，"日本人把学习复杂的（而且对日本人来说并没有必要的）汉字作为从事学问的第一步是一种桎梏，阻碍了日本学问的发展"。本多利明认为，学习汉字浪费了太多时光，很不经济，"与靠通晓中国文字而获取博学之名相比，使用我们日本的假名文字表达意义更合情合理"，如果采用西洋字母的话则更有利。② 对汉字的批评，或多或少反映出洋学家"抵抗中国的态度"。日本之议"废汉字"或自司马江汉、本多利明等始。

诚然，兰学者对中国文化的批判还缺乏系统性。他们虽然力责儒学的空疏，但还没有从政治、道德领域彻底清除"圣人之道"，没有扭转"对中华文明充满敬意"的总体趋势，直到鸦片战争以后，随着中国的沉沦，日本人的中国观才发生根本改变。即便如此，如上认识毕竟"将中国文明的绝对权威相对化了"。

二、从批判到蔑视

19 世纪中叶，中国先后爆发两次鸦片战争。这虽然是"外国之事"，却在日本引起了强烈反响。一方面，它使日本民族从锁国的睡梦中惊醒，产生了更紧迫的危机感，发出"今清国大乱，难保何时波及日本"的警声；另一方面，它重创了日本人崇拜已久的偶像，促使其对传统中国观进行检讨。

有感于"周公孔子之国"败于"英夷"的严酷现实，佐久间象山不仅指出儒学"溺于高远空萍之谈，流于训古考证之末"，不能匡救时弊，倘若日本遭到西方欺凌，"吾恐世之儒者，终亦不能逃其罪也"③；而且批评了清政府昏庸无能，不知"通达时变"，"唯知本国之善，视外国为贱物，侮为夷狄蛮貊，而不知彼之熟练于实事，兴国利，盛兵力，妙火技，巧航海，遥出己国之上"④。古贺侗庵也认为，中国之战败可归因于腐儒自大，"不通外国事情"，并谓"支那

---

① 佐藤昌介，植手通有，山口宗之．日本思想大系：55 ［M］．東京：岩波书店，1971：51．

② 金．日本发现欧洲（1720—1830）［M］．孙建军，译．南京：江苏人民出版社，2018：75-78．

③ 王晓秋．近代中日启示录［M］．北京：北京出版社，1987：22-23．

④ 佐藤昌介，植手通有，山口宗之．日本思想大系：55 ［M］．東京：岩波书店，1971：284．

人惟其夸诩自大，故见闻日狭。见闻日狭，故夸诩自大甚滋，理势之必至也"。①

斋藤竹堂（1815—1852）在总结了鸦片战争的教训之后，批判中国因循守旧："支那人动辄以'中华'自高，矜夸太过，视诸蕃如禽兽。殊不知天地之气运愈久愈开……天地之气运益开而万国局面益变。宇内形势业已割一大鸿沟，殆有出千古圣人意料之外者……支那人眼孔如豆。"②

盐谷宕阴（1806—1867）更力指清廷愚昧无知的情态：只知"夷狄禽兽，心在贪货"，"不知禽兽有知其深情而不可测也"；只知夷狄长于火攻，"中国有仁义节制之师"，不知"其仁义节制与昔异也"；只知"西洋去中国六七万里，不必来寇也"，不知"其床簧波涛，与属洲在比邻也"。③ 加藤弘之（1836—1916）也说：清朝"自夸为中华、中国云云，鄙视异邦之人，以其皆为无智浅虑之夷狄禽兽，殊不知中华已非古之中华，而夷狄已非古之夷狄"。④

后藤象二郎（1838—1897）嘲笑清政府为"殉俗尼姑，慢自尊大，曾无取长补短之心，是以一旦与之角，望风骇走，不得一措手"⑤。佐藤信渊（1769—1850）则指出，中国已从昔日之强国变成不堪英夷打击的弱国，其失败的一个重要原因是妄自尊大："唯顾己国之物为优，言外国则轻视之，贱之为夷狄蛮貊。"⑥ 梁川星岩（1789—1858）的《咏鸦片战争史》云："赤县神州殆一空，可怜无半个英雄。台湾流鬼无人岛，窃恐余波及大东。"诗中除了担忧战祸可能波及日本外，也讽刺了清政府的无能。

显而易见，由于鸦片战争的冲击，"周公孔子之国"的社会弊病已经曝光。曾几何时，日本士人还在交口称赞"中夏""唐土"，此刻已将它变成考察批评的对象。由于这些批评不是建立在以往那种虚幻的认识体系之上，而是立足于"华夷秩序"大变动的客观现实之上的，因此其对中国的批判更有说服力。从此，中国在日本人心目中的地位陡转直下，批评之声纷至沓来。

福泽谕吉曾忆及 1855 年他在大阪绪方学塾求学时塾生对中国文化的态度："当时的敌人只是中医。我不仅讨厌中医，就连儒家也很憎恶，总认为中国派的东西都应该打倒，这好像是注定了的。即便当时有儒家来讲经史，我塾同学也

① 刘岳兵．近代以来日本的中国观：第三卷［M］．南京：江苏人民出版社，2012：58.
② 武安隆．日本人涉外文化心理的史学考察［J］．世界历史，1989（5）：80-88.
③ 王晓秋．近代中日启示录［M］．北京：北京出版社，1987：21.
④ 信夫清三郎．日本政治史：第2卷［M］．周启乾，译．上海：上海译文出版社，1988：13.
⑤ 大町桂月．伯爵後藤象二郎［M］．東京：富山房，1914：212.
⑥ 佐藤昌介，植手通有，山口宗之．日本思想大系：55［M］．東京：岩波書店，1971：284.

没人去听，而且一看到汉学学生就觉得可笑。尤其对那些学中医的学生，不仅笑话他们，甚至还要辱骂他们，对他们毫不客气。"①

1860 年，横井小楠（1809—1869）在《国是三论》中批评了清政府庸愚懦弱，支那"自称华域，待万国以蛮夷……蔑视等于禽兽，终于道光年间，因鸦片之乱而为英国所挫，不得已而立和亲条约。然朝野之习气，骄傲侮慢，守约不坚，条约数变。咸以彼屈大义怖威，折良港沃土偿其违约之罪，屈辱至极，而朝廷无人，优柔寡断，不曾有惩前毖后之念，又不决和战之议，唯苟且偷安而已。……国体陨坠如此，后不得专帝号矣"③。1865 年，福泽谕吉作《唐人往来》，其中总结了两次鸦片战争之惨痛教训，将中国列为居于上国与下国之间的

图 2-2　横井小楠像②

亚流国家，并力指中国是一个"不善于变革之国，一两千年来只知固守古人之言，根本不知随机应变，妄自尊大之风强劲……此次祸端即起于视其国为天下最尊贵之物，甚至不知仿照他国改革之事"。（图 2-2 为横井小楠像。）

如果说上述认识只是基于"华夷秩序"变动而做出的理性反思，那么 1862 年幕府"千岁丸"的上海之行则从感性上进一步刷新了日本人的中国观。

1862 年，德川幕府派遣"千岁丸"到上海贸易、考察。这是锁国以来幕府首次派遣官方船只赴华，同时，也是"开国"后幕府企图打开与中国交往关系的一次尝试。使团成员总计 67 名，其中，日本人 51 名，内有幕吏、藩士、译员、医生、商人等。此行日本藩士写下 16 篇"上海纪行"④，记下其所见所闻所想。目睹上海情势，藩士感到中国"没有一样是值得日本学习的。祖祖辈辈憧憬的偶像中国，如今展现在眼前的是一幅如此凄凉的景象"⑤。

峰源藏在考察了中国兵营后写道：中国士兵，服装破旧，衰弱无力"如同

①　福泽谕吉. 福泽谕吉自传［M］. 马斌，译. 北京：商务印书馆，1995：78.
②　陈杰. 明治维新：下［M］. 西安：陕西人民出版社，2011：196.
③　横井小楠. 国是三论［M］. 熊达云，管宁，译. 北京：中国物资出版社，2000：43-44.
④　冯天瑜. "千岁丸"上海行：日本人 1862 年的中国观察［M］. 北京：商务印书馆，2001：59.
⑤　日比野丈夫. 幕末日本における邑中国観の变化［C］//大手前女子大学論集. 1986（20）：15.

乞丐一样，没有一个人看上去像英勇的士兵"，"像这种模样，我一个人可胜他五人。如果率领骑兵一万人来征伐，将能横行于清朝全国"。纳富介次郎在考察了上海后也写道：上海市道路污秽，令人难以下足，"出了市街则是野外，荒草丛生，棺椁纵横……从此可知清国的乱政"。① 中牟田仓之助目睹洋人把持上海的情形后，不无感慨地写道："上海城门为西洋人把守，自国人却不能自由出入，这固然是乱贼所致，但何以让西洋人如此势盛。我可怜唐人。支那的衰微可见也！"② 日比野辉宽则赋诗记其对上海市郊的观感："民家才五六，壁落伍完墙。……屋多为灰烬，人又倒挽枪。野草含腥气，白骨积作冈。寇气犹末已，征鼓响镗镗。"③

总之，通过此番考察，日本人已认识到广土众民、历史悠久的"清国确乎已经国势衰微、民气低迷。而这个泱泱大国之所以褪尽昔日辉煌，败落如此，以致被西方列强凌辱、宰割，皆因于闭关锁国，民风否塞，政治腐败"④。

1868 年，日本开始了具有划时代意义的伟大历史变革——明治维新。从此，日本结束了以华为师的历程而走上了以欧美为师的道路。为了给日本造就"文明文化"的思想环境，以福泽谕吉、津田真道、西周为代表的启蒙思想家以资产阶级政治学说为武器，对以儒学为主体的中国文化展开围攻，从而进一步清算了日本人传统的中国观。

西周（1829—1897）是一位功利主义思想家。他以孔德、穆勒等的学说为理论依据，无情鞭挞了儒学伦理道德。他认为，儒学是一门"十分虚妄"的学问，其价值观念实际上是"桎梏性情而求人道于穷苦贫寒之中"，不但有违学理，而且严重扼杀了人性，"今世所谓温柔、敦厚、恭谦、寡欲、无欲等为入门第一义"，"是率天下为盗贼也"。⑤ 津田真道更从实学论出发，批判了儒学的空疏："所谓学问，大别之有两种。高谈空洞理论的虚无寂灭、五行性理、良知良能等说的是'虚学'；根据实象，专论实理，如近代西洋的物理、化学、医学、

① 北京大学日本学研究中心. 日本学：第 1 辑 ［M］. 北京：北京大学出版社，1989：150-152.

② 冯天瑜. "千岁丸"上海行：日本人 1862 年的中国观察 ［M］. 北京：商务印书馆，2001：115.

③ 冯天瑜. "千岁丸"上海行：日本人 1862 年的中国观察 ［M］. 北京：商务印书馆，2001：298.

④ 冯天瑜. "千岁丸"上海行：日本人 1862 年的中国观察 ［M］. 北京：商务印书馆，2001：299-300.

⑤ 渡邊和靖. 明治思想史：儒教の伝統と近代認識論 ［M］. 東京：ぺりかん社，1978：77.

经济、哲学等是'实学'。此种学说如能普遍流传国内，明达各种道理，就可以说是真正文明。"① 显而易见，通过"虚""实"之别，津田真道击中了儒学致命的弱点，其认识亦可谓比较深刻。

号称"东方卢梭"的中江兆民（1847—1901）也揭橥"文化创新说"的旗帜，对中国文化进行了检讨。他说："我常常觉得中国的诗文，到了宋朝以后，不值读。毕竟脱不掉古人的窠臼……生在古人以后，就要在古人开拓的田地以外，另行播种，另行收获……假使沿袭古人的思想，也就是如果在古人的田地里播种和收获，那就只是剽窃，又有什么值得尊重的呢！"② 可见，在中江兆民眼里，中国文化已变成不值一学的过时文化。植木枝盛（1857—1892）在其《男女及其夫妇论》中谴责儒学倡导的男尊女卑思想："妇女们，抛弃儒学，撕毁四书五经及小学之类。它们都是你们的仇敌。"③（图2-3为中江兆民像。）

图2-3　中江兆民像④

然而，在启蒙思想家中，对中国及其文化给予最严厉批判的还要数福泽谕吉。1869年，他在《世界国尽》中指出：中国"文明开化日益落后，风俗日趋衰败，不修德，不修身，目中无人，对天下事置若罔闻，却高枕无忧。暴君污吏，恣意欺下，其恶政难逃天罚。……而且，这些不知天高地厚的无知之民，恣意无理挑起事端的弱兵，一败再败，如今落得如此下场，实在令人可怜"。⑤

①　哈利戴. 日本资本主义政治史［M］. 吴忆萱，等译. 北京：商务印书馆，1980：37.
②　中江兆民. 一年有半，续一年有半［M］. 吴藻溪，译. 北京：商务印书馆，1979：49.
③　家永三郎. 近代日本思想史研究［M］. 東京：東京大学出版会，1953：120.
④　陈杰. 明治维新：下［M］. 西安：陕西人民出版社，2011：285.
⑤　山室信一. 思想課題としてのアヅア［M］. 東京：岩波書店，2002：43.

1872 年，他又在《劝学篇》中批评中国人不识时务："支那人似乎以为除了自己的国家之外别无他国，一看到外国人便脱口齐称之为夷狄，把外国人看作四脚走路的禽兽，妄加侮辱和嫌弃，并且不自量力地一味要驱逐外国人，到头来反落得个被夷狄所窘困的下场。"1875 年，福泽谕吉出版《文明论概略》一书。《文明论概略》以西方"单线式文明发展理论"为指导，将世界划分为"野蛮""半开化""文明"三个国家序列，并将中国置入"半开化"甚至"野蛮"国家序列，按照"儒教＝中国文明"的逻辑，对中国文化展开批判。他认为，中国人拥戴绝对专制君主的观念使人陷于愚昧，儒教"把君臣之伦称为人的天性"的思想蒙蔽了人心，"中国自古以来称为礼仪之邦，这句话好像是中国人的自夸，但如无其实，也不会有其名……不过从全国的情况看，杀人盗窃案件层出不穷，刑罚虽极严厉，但犯罪人数并未减少。其人情风俗的卑鄙低贱，可以说彻底暴露了亚洲国家的原型。所以，中国不能叫作礼仪之邦，而只能说是礼仪人士所居住的国家"。① 他还认为，儒学教人发愤图强，立志前进，"只是要成为数千年前的虞舜"，这实在是"好像没有出息的孩子，从老师那里领来字帖，拼命照样摹仿一样"；"如此迷信古代崇拜古代，而自己丝毫不动脑筋，真是所谓精神奴隶"，"生在今天的世界而甘受古人的支配，并且还迭相传衍，使今天的社会也受到这种支配，造成了社会停滞不前的一种因素，这可以说是儒学的罪过。……从前用儒学来教化日本人，如同把乡下姑娘送到府第里服务一样。她们在府第里必然学会举止文雅，聪明才智也可能有所增长，但活泼的精神完全消失，而变成一个不会管家务的无用妇女"。② 因此，他认定儒学已经过时，不能用以治国理政："事实证明数千年来一直到今天，从没有过由于遵行孔孟之道而天下大治的事例。……理论家的学说（哲学）和政治家的事业（政治）是有很大区别的。后世的学者，切不可根据孔孟之道寻求政治途径。"③

《文明论概略》的出版，"标志着日本近代知识阶层突破了此前传统的儒学华夷观而开始以新的世界观——资产阶级文明史观来观察和认识世界"。④ 此后，福泽谕吉即以"文明史观"为理论依托，以"文明的日本—未开化的中国、朝鲜"为认识基点，横观纵论，肆意挥洒，不仅宣扬日本为"东洋文明之魁"的论调，而且将中国、朝鲜作为文明的对立物大加挞伐。在《支那人民的前途

---

① 福泽谕吉. 文明论概略［M］. 北京编译社，译. 北京：商务印书馆，2007：43.
② 福泽谕吉. 文明论概略［M］. 北京编译社，译. 北京：商务印书馆，2007：148-149.
③ 福泽谕吉. 文明论概略［M］. 北京编译社，译. 北京：商务印书馆，2007：53.
④ 吴怀中. "文明史观"在近代日本对华认识及关系中的影响：从思想史与国际关系的接点出发［J］. 日本学刊，1998（5）：91-106.

甚多事》一文中，福泽谕吉把中国社会比作"一潭死水"，"没有新水注入，也没有水流出，有风吹来的时候，整个的池水被吹得浑浊，风止的时候池水又复归平静"，看不到文明的希望。在《儒教主义之害在其腐败》一文中，他又力主排斥儒教："我辈只管要排斥儒教的理由，决非因为其主义有害。……作为周公孔子的教导，儒教主义原本纯洁无垢，但如今已经腐败了。不，其腐败已是几百年前之事，本来之真全不可见。总之，虽然流毒甚深而其毒非主义之罪，只可认为是腐败之结果……虽说不见儒教本来之主义纯粹无垢毫无可以非难之点，但其腐败之流毒以至于危害国家则决不可饶恕。我辈所以极力排斥而毫不假贷也。"①（图 2-4 为福泽谕吉像。）

图 2-4　福泽谕吉像②

启蒙思想家怀着文明开化的迫切心情，从不同角度对儒学进行抨击，其中不乏偏颇甚至谬误之处，但毕竟是日本思想发展史上一次深刻的文化反思，其意义在于：破坏了儒学的"完美"印象，拆掉了封建专制制度的精神支柱——"孔孟之道"，进一步抹掉了日本人的"慕华"意念，为西学的引进清理了场地。

如果说启蒙思想家对中国文化的批判尚乏力度，那么明治中后期日本人在中国的实地考察则以"现实"证明了中国的衰微。

1876 年 5 月，汉学家竹添光鸿（1842—1917）从北京出发，对河北、河南、陕西、四川、湖北、江苏等地进行了为期四个月的考察，1879 年刊出《栈云峡雨日记》。他把中国现实譬喻为一个患了"寒疾"的病人，而清政府却是一个"庸医"，一误再误，以致"荏苒弥日，色瘁而形槁"。1884—1885 年，汉学家

---

① 慶應義塾．福澤諭吉全集：第 16 卷［M］．東京：岩波書店，1961：276-277.
② 福泽谕吉．福泽谕吉自传［M］．马斌，译．北京：商务印书馆，1995：插图 1.

冈千仞（1833—1914）对中国做了为期十个半月的考察，回国后写成《观光记游》。《观光记游》集中记叙了中国社会的三大弊害——"烟毒""经毒""贪毒"，反映了作者对中国政治和文化观念近乎绝望的心理。1884 年夏，政治活动家尾崎行雄（1858—1954）来华考察，其基本观感："仔细观察其形势，感到茫然若失。盖事实的支那与曾经在史书上所见闻的支那，完全不同。假使我对汉籍一无所知，见到事实的支那的惊愕决不会如此之深。不幸我多少读过这些汉籍，由此而知道书上的支那，然书上的支那非实际的支那，发现了二者性质完全不同。……汉籍读得越多，距离支那的实况就越远。因为我多少知道些书上的支那，见到实际的支那大为吃惊。纪纲之颓废、道德之腐朽，已经达到极致。书中所记论的事项，没有一样在现实中实行。"①

值得注意的是，随着日本人对中国文化批判的展开，其中国观迅速由羡慕转为蔑视。蔑华观念不仅表现为对中国人、中国文化的蔑视和诋毁，而且表现为吞并中国的野心和冲动。它既是中国国际地位下降在日本人心理上的反映，也是日本"国权意识"膨胀的结果。早在 1823 年，思想家佐藤信渊就写成《宇内混同秘策》。该书竭力鼓吹日本国的"神性"，攻击中国人"懦弱不堪""卑鄙无耻"，同时，设计了一套征服朝鲜、中国的侵略方案，赤裸裸地暴露了作者民族扩张主义的野心。他说："于世界万国之中，皇国易为攻取之地，莫过于支那国满洲……"，再"以支那为枢轴统一世界，令西域、暹罗、印度等臣属，渐次展羽翼于整个世界"。②

1853 年，吉田松阴（1830—1859）更提出"失之于欧美，取之于邻国"的扩张战略，把侵略的矛头直指中国，诸如："垦虾夷，收琉球，取朝鲜，拉满洲，压支那，临印度，以张进取之势，以固退守之基。遂神功之所未遂，果丰国之所未果"；"收满洲逼俄国，并朝鲜窥清国，取南洲袭印度。宜择三者之中易为者而先为之，此乃天下万世、代代相承之大业矣"③；"为今之计，如能以和好牵制二虏（美俄），乘隙实行富国强兵，开垦虾夷，夺取满洲、朝鲜，吞并南方，然后挫败美国，制服欧洲，就将无往而不胜"。④　（图 2-5 为吉田松阴像。）

---

① 刘岳兵. 近代以来日本的中国观：第三卷［M］. 南京：江苏人民出版社，2012：369.

② 尾藤正英，岛崎隆夫. 日本思想大系：45［M］. 东京：岩波书店，1978：428-430.

③ 王向远. 日本对中国的文化侵略［M］. 北京：昆仑出版社，2005：39.

④ 万峰. 日本近代史［M］. 北京：中国社会科学出版社，1978：279.

图 2-5　吉田松阴像①

到了明治时代，在"开拓万里波涛，布国威于四方"政策的驱动下，日本政府一方面全力开展侵华政治、军事活动，另一方面在国内大肆推行军国主义教育，煽动仇华情绪。因此，日本人的蔑华观念表现得异常强烈。1880 年，福泽谕吉发表《时事小言》一文，提出"东洋盟主论"，宣称中国为"数千年来沉溺于阴阳五行胡言""文明元素难以进入"的国度，无可救药，而作为"文明国"的日本应当充当东亚盟主，承担起"保护"东亚国的责任，"用武力保护他们，用文明诱导他们，使他们迅速仿效我国进入近代文明，在不得已的情况下，可以用武力迫使其进步"。② 1882 年，福泽谕吉又发表《东洋政略果真如何》一文，指责"支那人忘了整体的利害而谋求自己一国的私利"，敦促日本政府"应该领导临国脱离固陋之习，以文为先，继之以武，将东洋波涛在未起之时平息下去"。③ 1885 年，福泽谕吉在《时事新报》上发表了《脱亚论》一文。这是一篇从传统到现实全部针对中国的政治宣言，字里行间虽不乏一定的合理思想成分，但也充满极端蔑华情绪。在这篇文章中，他一方面猛烈抨击儒学，言称：中朝两国"学校教育的内容无非是仁义礼智，处处都注重外在的虚实的东西，对于实际的真理原则不去探求，道德沦丧，极端残忍，不知廉耻，却骄傲自大，目空一切"，"儒学在后世愈传愈坏，逐渐降低了人的智德，恶人和愚者愈来愈多，一代一代相传到末世的今天，简直要变成禽兽的世界"；另一方面

---

① 佐佐木克. 从幕末到明治［M］. 孙晓宁，译. 北京：北京联合出版公司，2017：43.
② 慶應義塾. 福澤諭吉全集：第 5 卷［M］. 東京：岩波書店，1959.
③ 慶應義塾. 福澤諭吉全集：第 7 卷［M］. 東京：岩波書店，1960.

将中国视为"傲然而不自省"的落后国家和"文明的对立物"加以抨击。他说：中朝两国"在今天文明东渐的风潮中，要想保持自己的独立是不可能的……不出数年，就会亡国，其国土被世界文明诸国所瓜分，这一点是毫无疑问的"；"与其待邻国开明而兴亚洲之不可得，则宁可脱其伍而与西洋文明国共进退。亲恶友者不能免其恶名，吾之心则谢绝亚细亚之恶友"。①在此，福泽谕吉表达了对中国的强烈轻视和厌憎，称中国"极不廉耻"，视中国为"恶邻"，以与中国为邻为其大不幸。"脱亚论"的思想代表了日本知识界中一种极端主义的看法，表达了日本急于摆脱亚洲弱小国家地位，与东亚文明圈决裂，"与西洋文明国共进退"的强烈愿望，其社会影响巨大。这一思想仅为精神层面的，但它与日本统治者的"国权扩张"理论相契合，遂由精神领域进入政治领域，成为日本对外扩张的重要理论基础。此等蔑华意识在甲午战争中进一步发露。

1894 年，福泽谕吉发表《支那庞大，但不足惧》一文，为日本发动侵华战争呐喊鼓气。他说："中国虽号称大国，但其政治组织已从根本上腐败，国民之团结不巩固，表面上属于大清帝国皇帝治下的大部分版图，其实处于半独立状态……从一般的地理书上看，那个国家地广人多，但由此判断他们拥有几倍于日本的兵源，那就大错特错了。支那军队号称百万，实不足信。支那人的毛病是喜欢虚张声势，不过是出动一两万兵力就声称几十万，古来笔法如此。"在同年发表的《有支那色彩的东西应当摒弃》一文中，福泽谕吉再指中国前途之无望："中国人和日本同属东洋国家，但其心情风俗不同，这是世界上众所周知的事实。要说最显著的不同，就是中国开国已经百余年，日本开国只有三十年，尽管有前后七十年的差别，但由于中国的迟钝，对文明为何物一无所知。据说近年来采纳了西洋的一些东西，但却止于器的层面，没有人关心文明的主义如何。不究其主义而单采用其器，认识只限于表面，就没有进步的希望。"② 同年，福泽谕吉又发表《日清战争乃文明野蛮之战》一文，把侵略战争美化为谋求文明开化者与试图妨碍进步者之间的战争，声称，"这次战争虽是日清两国的争斗，实际是文明与野蛮、光明与黑暗的战斗，其胜败关系到文明日新的气运"③，为整个战争涂抹上一层浓重的"文明"色彩。

甲午战争彻底改变了中日两国在亚洲舞台上的角色。借战争胜利之威，日本蔑华情绪空前膨胀起来，以致连孩童都在吟唱轻侮性歌谣。日本学者安藤彦

① 慶應義塾．福澤諭吉全集：第 7 卷 ［M］．東京：岩波書店，1960.
② 慶應義塾．福澤諭吉全集：第 10 卷 ［M］．東京：岩波書店，1961.
③ 慶應義塾．福澤諭吉全集：第 14 卷 ［M］．東京：岩波書店，1961.

太郎指出:"打败了老大国家清国的日清战争,可谓大大改变日本人的中国观的转机。敌忾心变成污蔑感并广泛地渗透到大众当中。"① 如果说甲午战争前日本只是批评中国政治守旧、贫弱不堪、腐败无能、学术空疏、不知自省,那么在甲午战争后则几乎将中国要素全面否定。1895 年,尾崎行雄出版《支那处分案》一书。他认为,中国是一个不仁不义、混乱暴虐、保守压抑、专制封闭的国家,"国家思想、忠义心、爱国人、团结力,皆为保国之要素,支那人无一具备",其国不久将灭亡。② 1900 年,内村鉴三(1861—1930)发表《支那主义》一文,言称:"在 20 世纪的竞争场内,支那式的东西总是呈现出败北的征兆。支那的政治、支那的教育、支那的道德皆是会招致国家灭亡的要素。"③

长期以来,日本人通常称中国为 Morokoshi、Tohn 等。这些均为日本人对汉字"唐"的读音,其中,蕴含着日本人对唐文化的景仰意味。1713 年,新井白石奉幕府之命编纂了世界地理书《采览异言》。他把 chi-na 的读音,用片假名来表示,并附以"支那"字样,从此"支那"作为中国的另一个称呼经常出现在日本书籍中。"支那"本为一个单纯的地理名词,但至 19 世纪末、20 世纪上半叶竟演变为中国的蔑称,一旦"出自日本人口中则比欧洲人称犹太人还要下作"④,"每逢形容不正当之行为,则必曰'支那式',借以取笑。……虽三尺童子,一见华人,亦出其一种丑态曰:'支那人''支那人'。恍若以'支那'二字,代表华人之万恶也者"⑤。"这'支那人'三字,在日本,比我们骂人的'贱贼'还更难听。"⑥ 因此,民国政府于 1930 年曾训令外交部"从速要求日本政府,今后称呼中国,英文须写 National Repblic of China,中文须写'大中华民国'。倘若日方公文使用'支那'之类的文字,中国外交部可断然拒绝接受"⑦。自是日本政府的公文虽然改"支那共和国"为"中华民国",但社会上一般书面语及日语,仍然沿用"支那"名称。直到 1946 年,在国民政府代表一再要求下,日本政府发布《关于避用支那称呼事宜》的通知,才算正式放弃"素为中

① 安藤彦太郎 . 日本人の中国観 [M]. 東京:劲草书房,1971:48.
② 刘岳兵 . 近代以来日本的中国观:第三卷 [M]. 南京:江苏人民出版社,2012:366-369.
③ 内村鉴三 . 内村鉴三全集:第 8 卷 [M]. 東京:岩波书店,1981:238.
④ 郭沫若 . 关于日本人对于中国人的态度 [J]. 宇宙风,1936(25):19-20.
⑤ 王拱璧 . 东游挥汗录 [M]. 石印本,1919:35-36.
⑥ 吴秀明 . 郁达夫全集:第一卷 [M]. 杭州:浙江大学出版社,2007:70.
⑦ 实藤惠秀 . 中国人留学日本史 [M]. 谭汝谦,林启彦,译 . 北京:北京大学出版社,2012:157.

华民国所极度厌恶"的"支那"称呼。①

当然，日本也有像藤野先生这样的对华友好人士，但在军国主义思想的浸润下，蔑华渐成一种社会风气，日本"举国上下都轻视中国人。即使拉黄包车走路的车夫，也常常回头与坐车的留学生聊几句"，言语间充满轻侮之词。试看鲁迅周围的日本同学，他们认为"中国是弱国，所以中国人当然是低能儿，分数在六十分以上，便不是自己的能力了"。② 以"文明"自居的福泽谕吉在批评中国时也不惜恶语相加："自开辟几千年间"，中国"上上下下栖息于腐败之中，其状况如沉浮水沟中的孑孓……唯一朝死灭而已"。③ 而日本黑龙会干将内田良平更将其"彻头彻尾的中国污蔑观"表露无遗："世界之国民中，其性情之恶劣，如支那之国民者稀也。彼等非以自家为中心以逞其政权欲之凶汉，则为自家私利私福不辞忍受羞耻之险民。彼等无政治之机能，彼等无国民之精神，彼等无敌忾自强之志气。主义、主张、人道、名分，于彼等之间，固无任何之意义。"④ 显而易见，在内田良平眼里，中国人不是"凶汉"就是"险民"，而中国则是一个国民性极其恶劣的"畸形之国"，无机能、无精神、无志气、无主义、无主张、无人道。其对中国的污蔑可谓达到登峰造极的地步！汉学家内藤湖南虽然一再赞美中华文化，但言辞间也有轻侮之语："纵使支那国家灭亡，窃以为亦无过分悲哀之理由。若于支那民族之大局观之，所言支那灭亡，绝非侮辱支那之语。"⑤ 中国革命的支持者宫崎滔天曾在《寄自东京》中严厉批评了日本人的蔑华态度："彼等通常以毛唐呼白人，称支那人为'腔阔罗'，其面对白人，则鞠躬如也，唯恐失其欢心；其对支那人，恰如对待奴婢一般，开口便是'腔阔罗'。此乃通例也。总之，对弱者则逞强，对强者则示弱。……每思此事，则痛叹不堪忍也！"⑥

日本人中国观的变化也使其自古热衷于中国文化的热度冷淡下来。据统计，

---

① 实藤惠秀. 中国人留学日本史 ［M］. 谭汝谦，林启彦，译. 北京：北京大学出版社，2012：166.

② 鲁迅. 藤野先生 ［J］. 莽原，1926（23）：935-944.

③ 实藤惠秀. 中国人留学日本史 ［M］. 谭汝谦，等译. 北京：生活·读书·新知三联书店，1983：19.

④ 野村浩一. 近代日本的中国认识 ［M］. 张学锋，译. 北京：中央编译出版社，1999：53-54.

⑤ 野村浩一. 近代日本的中国认识 ［M］. 张学锋，译. 北京：中央编译出版社，1999：63.

⑥ 野村浩一. 近代日本的中国认识 ［M］. 张学锋，译. 北京：中央编译出版社，1999：150.

1660—1895 年，日译汉书的数量只有 1 本，1895—1937 年，日本没有翻译任何中国书籍；而 1900 年后，中国从日本转口引进的西方科学技术文献数量则急剧增长，"成为引进西学的主要部分"。①

不言而喻，蔑华观念隐含着日本民族扩张主义的冲动，是一种十分偏狭的心理形态，必须予以批判。但是，从慕华到蔑华这一思想转换过程给人以重要启示。其一，日本民族是一个富有活力的民族。在江户、明治时代几百年的历史巨变中，它并未囿于传统的慕华思维定式，在中国古老的文化中去探求近代历史发展的动力，而是在不断认识中国、认识自己、认识西方的过程中，不失时机地甩掉了"中夏为四海之师"的思想包袱，把学习的目标由中国转向西方，从而为日本近代化的启动创造了条件。其二，蔑华观念虽极度损伤了中国人的自尊心，但从反面告诉我们，一个国家的国际地位取决于它的文化和国力的强盛程度。在风高浪险的近代社会，中国之所以被列强贱视、宰割，关键是因为我们愚昧落后。因此，要想在国际上树立伟大形象，就必须顺应历史发展大势，努力推动文化创新，增强综合国力。

第三节　西洋观的演变

以欧美的冲击为契机，日本人的西洋观——夷狄观逐渐由贱夷向师夷演变。1543 年，葡萄牙人到日本达种子岛，这是日本人与西方人的首次接触。由于地理知识的贫乏和"华夷"思想作祟，日本人对这些红发碧珠的"蛮夷"，既感到陌生，又十分蔑视，只知其为"南蛮异种贾胡"，不知其来自何国。但是，随着日西交通的扩大，其对西方的认识逐渐深化。按照汤因比的"文化反射"理论，当两种层次不同的异质文化相撞时，低级文化体对高级文化体的认同，总是从物质技术层面开始，然后才上升到宗教政治层面的。同样地，日本人对西方的认识也经历了一个从物质文化到制度文化不断深化的过程。

一、物质文化观的演进
从文化形态来看，日本文化属并存型而非单一型。这种文化形态一般表现

---

① 渡边与五郎，等．西学东渐：中日近代化比较研究［M］．北京：中国社会科学出版社，2008：22—23.

为"什么都可以"而不是"非什么不可"①。因此，日本人虽对西方人持鄙夷态度，但对其科学技术并不是绝对排斥的。当葡萄牙人把火药枪传到日本后，日本人立刻产生了浓厚的兴趣②，诸大名竞相仿制，至1556年日本全国大约已有三十万支步枪。其传播之快，令葡萄牙旅行家平托（Fernad Mendez Pinto）大为惊讶③。德川家康对西方科技器物倍加珍视，在日常生活中经常使用进口产品，如手枪、钟表、铅笔等④。但是，在日西交通的最初年代，日本人对西方科技成果的认同，尚处于自发接受阶段，也就是说，他们虽然在利用"夷狄"的科技产品，但并未自觉到"夷狄"至少在科技领域已超过"中华"，因此也没有提出师夷的主张。直到18世纪，日本人的西洋观才发生大的转机。

1706年，贝原益轩在《红毛外科宗传》序文中写道："和兰国，又名红夷，其国僻远在极西，然近古以来，彼土之商船，每岁来凑于长崎港，寄客络绎不绝。其国俗穷理，往往善外治，治疗有神效。其术可为师法，邦人学之者不鲜矣。其法比并诸夏，为端的快捷方式要约而多效。"⑤ 1715年，新井白石在《西洋纪闻》中也对西方科学技术给予肯定：西人"其字母仅二十余个，贯通一切发音，文简而义广，其妙天下无遗音……自天文、地理直至方术、技艺之小者，无不悉皆有学"，"似有不可企及者"。⑥ 1716年，历学家中根元圭（1664—1739）上书幕府云："凡历术，唐土之法皆疏漏难用，明时西洋历学始入唐土之后，弄清的事情不少。本邦严禁耶稣教，有天主及利玛窦等文字之书，悉在长崎烧毁，有助于历学研究之书甚少，若欲使本邦历学精确，可先缓和严禁。"⑦ 这表明贝原益轩、新井白石等已开始跳出"用夏变夷"的思想樊篱，萌生了师夷的意念。日本学者永田广志曾这样评论道：《西洋纪闻》"不仅是禁教以后第一部研究西方的著作，更因为它是姑且把承认欧洲的科学和技术的优越，同基督教区别开来而把握的，所以它还是一部饶有兴趣的文献，它启发了后来的文

① 依田熹家.日本的近代化：与中国的比较［M］.上海：上海远东出版社，2004：332-334.
② 《种子岛时尧谱》载："天文十二年癸卯八月廿五日，南蛮人来。时尧见所持之铁炮，其用奇，学之。然言语不通。幸客中有明儒者，以文字通之，时尧大悦。由是闻之，熟悉之，得百发百中之功。群臣亦多效之。且令笹川小四郎习制其药之法。"（大槻如電.日本洋学编年史［M］.東京：錦正社，1964：3.）
③ 杉本勋.日本科学史［M］.郑彭年，译.北京：商务印书馆，1999：123.
④ 信夫清三郎.日本政治史：第1卷［M］.周启乾，译.上海：上海译文出版社，1982：4.
⑤ 佐藤昌介.洋学史研究序说：洋学と封建権力［M］.東京：岩波書店，1964：31.
⑥ 永田广志.日本哲学思想史［M］.版本图书馆编译室，译.北京：商务印书馆，1978：121-122.
⑦ 郑彭年.日本西方文化摄取史［M］.杭州：杭州大学出版社，1996：81.

化政策：主张虽然禁止基督教，但是还应移植西方自然科学和技术"。① 当然，对西方科技的认可绝非他们二人，而是"邦人学之者不鲜矣"。就连幕府老中松平定信也承认"蛮国懂理，天文地理、武器或内外科治疗等格外有不少益处"。② 有据可查，18 世纪初以前，日本就出现了不少师夷著作，如《红毛火术录》《南蛮天文书》《华夷通商考》《采览异言》等。在此气氛的熏陶下，德川统治者逐渐意识到绝对排斥西方文化之弊，因此于 1720 年颁布了具有划时代意义的解禁令，允许输入与天主教没有直接关系的汉译西洋科技书籍。这不但创造了对西方文化初步开放的条件，而且表明日本政府已认可了贝原益轩提出的"其术可为师法"的思想。从此，日本人在科技领域加速向师夷迈进。

兰学者可谓日本第一代师夷活动家。他们敏锐地看到，西方各国长于"格物穷理"，"万巧精妙，为其所不及"③，因此一方面致力于西学的研译传播，另一方面向其国人盛赞"西艺"的精妙。山片蟠桃（1746—1821）说："奇哉！西洋之说，天地之大论尽于此，非梵、汉、和之管见所能及，当拳拳服膺而善思之。虽于德行质量应主要取之于古代圣贤，但主张从古代吸取有关天文、地理、医术之说则十分荒谬"④；"西洋欧罗巴人渡天下万国，明天文察地理，辨世界之全体大局，专心致志于忠孝仁义之学和格知致物之学，不费时日于无用的诸艺诸术……故巡回万国，往来于万里大洋之间，无论遇见任何魔鬼也毫不动摇"⑤。本多利明也对西方的"长器"予以肯定，并谓天文、历数、算法乃欧罗巴"国王之功课，通晓天地之义理，以教导庶民"。⑥ 大槻玄泽在《兰学阶梯》中盛赞荷兰等西方科学技术：

> 人之知巧所及，潜心竭力，千绪万端，无不究其理之奥妙。……不惟医事，即天文、地理、测量、历算等诸术，其法其说亦不乏精详、简便、微妙之要论。……是不独因其土俗之机智、精巧本胜于他者使然，且皆为聚万邦之美而成者。职由彼俗以四大洲之互市为常，不惟寻求产物、器械以图射利，且凡相关天地、人物、事物之善法良术，可取为世之裨益者，亦皆搜集以编书造器，欲穷其理、竭其巧。是与

① 永田广志．日本哲学思想史［M］．版本图书馆编译室，译．北京：商务印书馆，1978：108．
② 杉本勋．日本科学史［M］．郑彭年，译．北京：商务印书馆，1999：273-274．
③ 沼田次郎，松村明，佐藤昌介．日本思想大系：64［M］．東京：岩波書店，1976：447．
④ 滝本诚一．日本经济大典：第37卷［M］．東京：啓明社，1929：112．
⑤ 滝本诚一．日本经济大典：第37卷［M］．東京：啓明社，1929：181．
⑥ 塚谷晃弘，蔵並省自．日本思想大系：44［M］．東京：岩波書店，1970：30．

和汉同其趣者也。①

《兰学阶梯》之一位作序者朽木昌纲说：荷兰"天地人才，果什百于支那诸说"。② 另一位作序者荻野信敏则说："兰书万册，精详无比，大异乎诸邦无文，盖荷兰质而不野，文而不史，不复彼文质彬彬乎？""文质彬彬者，独殊庭与荷兰耳，……殊庭与荷兰耳，……殊庭日史而文质亡，荷兰世继而两存。"③ 为该书作跋者桂川甫周则说："荷兰之学……究物理之精妙，极实际至赜，不厌精、不厌深，必归之于至当而止矣，所谓开辟所未有，有用之学莫如焉。……亦何西夷视乎哉？"④ 司马江汉说："远西诸洲，学格物穷理，天性不为空言、虚谈、妄说，必取近不虑远，不言目前之利，且万巧精妙，他洲不及之。"⑤ 图 2-6 为《兰学阶梯》书影。

图 2-6 《兰学阶梯》书影

因对"西艺"已予以充分肯定，日本对西学的移译与日俱增。据不完全统计，1774—1852 年，日本翻译西书的学者共有 117 人，译书约 500 部，如杉田玄白等翻译的《解体新书》、本木良永翻译的《天地二球用法》、志筑忠雄翻译的《泰西本草名疏》等。⑥ 另据统计，18 世纪末，江户有"兰学四大家"，其

---

① 沼田次郎，松村明，佐藤昌介.日本思想大系：64［M］.東京：岩波書店，1976：332-333.

② 沼田次郎，松村明，佐藤昌介.日本思想大系：64［M］.東京：岩波書店，1976：319.

③ 沼田次郎，松村明，佐藤昌介.日本思想大系：64［M］.東京：岩波書店，1976：323-325.

④ 沼田次郎，松村明，佐藤昌介.日本思想大系：64［M］.東京：岩波書店，1976：372.

⑤ 沼田次郎，松村明，佐藤昌介.日本思想大系：64［M］.東京：岩波書店，1976：447.

⑥ 吕万和，罗澍伟.西学在封建末期的中国和日本［J］.历史研究，1983（3）：19-31.

中，大槻玄泽开设的芝兰堂从 1789 年到 1826 年，以指血署名的门徒就有 94 人。[①] 按 1796 年、1798 年江户兰学者两次集会的名单，当时从事兰学研究的人有官医、藩医、町医、藩主、幕臣、藩士、庶民、翻译等。[②] 这表明 19 世纪以前兰学已渗透到日本社会各阶层，一支相当可观的师夷队伍已形成。兰学如此兴盛足以说明日本人已萌生了比较强烈的师夷意识，并试图把"西方当作理想世界"来"探寻改革日本的方向"[③]。

1786 年，兰学者林子平写成《海国兵谈》。全书以防海御侮为主旨，以师夷长技为精神，朦胧地显现出"师夷长技以制夷"的思想。他认为，"荷兰与欧洲各国之船，牢固而巨大，如非优势之火炮，则难以挫败之"。[④] 因此，为了确保海国的安全，必须师法西方，制造大炮。林子平还十分崇拜叶卡捷琳娜二世，称此"女皇有志成为一统五洲之皇帝，布德张威，于今虽经数代而其今不弛，可谓文武双全之栋梁"。[⑤] 本多利明同样也对西方国家投下欣羡的目光。他把英国作为理想国家加以描述，热切希望日本富强起来，以实现"东洋有大日本岛，西洋有英吉利岛，在全世界两者并列为大富大强之国"的目标。[⑥] 在他看来，欧洲的各种制度都包含了六千年的经验，而中国与之相比，进化还很不够，因此日本应该学习的榜样不是中国而是欧洲；西方的文字、建筑、历法较之于日本更有效、便利，应该取法，所谓"取西域之善美以为我国之助，乃吾本意"。[⑦]

总之，"到了 18 世纪的最后十年，一些兰学家认为欧洲才应该是日本全面学习的楷模，对他们来说，欧洲是这样一个世界：传承多年的文明已经教育人们战争何等愚昧；欧洲人住在豪华的房子里，没有火灾的危险，没有强盗的威

---

① 沼田次郎，松村明，佐藤昌介 . 日本思想大系：64［M］. 東京：岩波書店，1976：594.

② 杉本勋 . 日本科学史［M］. 郑彭年，译 . 北京：商务印书馆，1999：240-242.

③ 信夫清三郎 . 日本政治史：第 1 卷［M］. 周启乾，译 . 上海：上海译文出版社，1982：77.

④ 信夫清三郎 . 日本政治史：第 1 卷［M］. 周启乾，译 . 上海：上海译文出版社，1982：73-74.

⑤ 信夫清三郎 . 日本政治史：第 1 卷［M］. 周启乾，译 . 上海：上海译文出版社，1982：74.

⑥ 信夫清三郎 . 日本政治史：第 1 卷［M］. 周启乾，译 . 上海：上海译文出版社，1982：77.

⑦ 李少军 . 国门打开前夜中日"经世"内涵之比较［J］. 人文论丛，2002：293-321；王青 . 从"支那"到"西洋"的转折点：试论日本近世思想家本多利明［J］. 北京大学学报（社会科学版），1999（6）：108-115；陈秀武 . 幕末日本的海洋国家论［J］. 日本学论坛，2007（4）：44-49.

胁；统治者爱护百姓，为人民谋取福利"。①

师夷意念一旦萌生，必然推动日本人的师夷行动。1803 年，幕府为了组织翻译荷兰天文及测量方面的书籍，在江户天文台内成立了一个专门机构；1811 年，又组建洋学研究翻译机构"蕃书和解方"。此举结束了"漫无计划的翻译时代"，使师夷长技组织化、制度化。此后"各种科学书籍被有计划地收集到一起，有组织地翻译成日语"，所译书籍渐由荷兰语扩展到法语、英语、俄语等。

1824 年，德国人西保尔德（Philipp Franz von Siebold，1796—1866）在长崎开设诊所兼学塾（鸣泷塾），讲授西洋医学和一般自然科学，大批兰学者、医生前往受教。这无论如何也称得上是一种"用夷变夏"的举动。西保尔德是将西方临床医学引进日本的第一人，被誉为日本"科学教育的新光源""日本科学史上的大恩人"，先后培养学生百余名，"成为兰学界的主导力量"；1879 年，长崎树立西保尔德纪念碑，碑铭有曰："致今日之文化者，其功竟不得不分诸施（西保尔德）君也。"② 同时，日本兰学者也开设私塾，传授西学知识。如 1831 年，伊东玄朴在肥前设立象先堂；1838 年，绪方洪庵在大阪开办适塾。二者见于名册的生徒分别为 406 名和 437 名。③ 这一时期，日本还兴起一批早期师夷学术组织，如 1832 年渡边华山、高野长英等组织的"尚齿会"，1850 年箕作阮甫组织的欧洲史学会等。这些学术组织定期切磋研究所得，互递学术信息，有力促进了师夷活动的发展。侨居日本的荷兰人西赛尔曾这样评价道："日本人治西洋之学，较之本国之学更易为力，故读西洋之书在他们当不觉其难。其大都江都之地，有众多洋学者通荷兰语，以常读荷兰之书为业，其最嗜而讲求者，尤为内外医术、分析学、星学、六合穷理之学及药材之学。"④

1826 年，近藤守重编纂出日本收藏的所有外国书籍的书目。该书目不仅开列了此前 50 年日本收集的科学、历史、文学等书目，还列出英语或荷兰语之外欧洲语言的许多语法书籍和辞典类书目。"这份让人印象颇深的书目证明了一些历史学家严重低估了美国佩里来航之前日本人的西方知识。"⑤ 据统计，幕末日本 240 所藩校中有 77 所开设了天文、地理、化学、物理、数学等洋学课程。⑥

---

① 金. 日本发现欧洲（1720—1830）[M]. 孙建军，译. 南京：江苏人民出版社，2018：64.

② 杨晓峰. 西保尔德：西方科学的传播者 [C] //日本研究论集. 天津：天津人民出版社，2003：341-353.

③ 愛知大学綜合鄉土研究所. 近世の地方文化 [M]. 東京：名著出版，1991：40.

④ 李少军. 甲午战争前中日西学比较研究 [M]. 武汉：湖北人民出版社，2007：59.

⑤ 金. 日本发现欧洲（1720—1830）[M]. 孙建军，译. 南京：江苏人民出版社，2018：86.

⑥ 赵德宇. 中日早期西学差异论析 [J]. 世界近现代史研究，2006（3）：236-248.

另据 1862 年福泽谕吉在伦敦与某华人交谈时透露的信息，其时日本能读洋书兼教他人者约计 500 人，而中国只有 11 人。对于此情形，福泽谕吉兴叹曰："清国难望进步矣。"①

随着师夷长技活动的展开，师夷思想进一步理论化。1858 年，洋学家佐久间象山在《致梁川星岩的信》中曾这样写道：

> 方今之世，仅以和汉之学识，远为不足，非有总括五大洲之大经纶不可。全世界之形势，自哥伦布以穷理之力发现新世界、哥白尼提出地动说、牛顿阐明重力引力之实理等三大发明以来，万般学术皆得其根底，毫无虚诞之处，尽皆踏踏实实。欧罗巴、亚美利加诸洲逐渐改变面貌，及至蒸汽船、电磁体、电报机等之创制，实属巧夺造化之工，情况变得惊人。②

在《赠小林炳文》中又写道：

> 宇宙实理无二。斯理所在，天地不能异此，鬼神不能异此，百世圣人不能异此。近来西洋所发明许多学术，要皆实理，只足以资吾圣学。而世之儒者，类皆凡夫庸人，不知穷理，视为别物。不啻不好，动辄比之为寇仇。宜乎，彼之所知，莫之所能，莫之此辈惟可哀愍，不足以为商较。③

这两则史料透露出这样一个信息，即象山已充分认识到"西艺"已成不可或缺之学，在进行文化建设时，不可拘于"和汉"之学，"非有总括五大洲之大经纶不可"。

因此，他提出以"西艺"佐资"圣学"的文化建设思路。与此同时，桥本左内、横井小楠、中村正直、阪谷素等也分别提出类似的观点，如"器械艺术取于彼，仁义忠孝存于我"，"明尧舜孔子之道，尽西洋器械之术"，等等。这一思路被佐久间象山概括为"东洋道德，西洋艺术"："只以汉土之学不免空疏之议，而仅以西学之学则无道德义理之研究"，唯以西洋艺术辅之以东洋道德，方

---

① 赵德宇 . 中日早期西学差异论析［J］. 世界近现代史研究，2006（3）：236-248.
② 佐藤昌介，植手通有，山口宗之 . 日本思想大系：55［M］. 東京：岩波書店，1971：377-378.
③ 佐藤昌介，植手通有，山口宗之 . 日本思想大系：55［M］. 東京：岩波書店，1971：421.

可达到"精粗不遗，表里兼赅"。①

"东洋道德，西洋艺术"是一种"华夷调和"论，与同一时期中国出现的"中体西用"论、朝鲜出现的"东道西器"论相似。其旨趣在于试图将日本传统的社会伦理与"古圣贤未识"之"西洋艺术"融为一体，用西洋之长，补东洋之短，并以此来回应来自西方的历史性挑战。佐久间象山说："人谓泰西之学行，孔子之教必衰；予谓泰西之学行，孔子之教滋得其资。夫泰西之学，艺术也；孔子之教，道德也。道德譬则食也，艺术譬则菜肉也。菜肉可以助食气，孰谓可以菜肉而损其味也。""以汉土圣贤道德仁义之教为经，以西洋艺术诸科之学为纬，兴皇国之威，实为良策也。"②

"东德西艺"论一方面突破了"华夷之辩"的古训，对夷狄文化给予部分肯定，另一方面说明日本人物质文化观趋于成熟，在科学技术层面冲垮了华夷思想堡垒。以此为指导，日本人开始移植西方科学技术。1851年，萨摩藩设立精炼所制造理化诸器，1854年，又设立了造船所；1855年，幕府在长崎设立海军传习所，不久又订购了第一艘军舰威宁丸；1857年，萨摩藩建立起包括熔矿炉、玻璃厂、陶瓷厂等在内的"集成馆"；1851—1862年，萨摩、佐贺、长州等藩共建造反射炉25座，制炮约350门③；1862年，幕府派出第一批留学生……曾几何时，日本还是一个古色苍然的"华夏"社会，而此时却呈现出一派"夷"化景象。

二、制度文化观的演进

与对西方物质文化认同过程相随，日本人对西方社会制度的认识也逐渐深化。18世纪初，西川如见④在《百姓囊》中就对西方的一夫一妻制表示肯定："唐土、本朝的作法，士庶之人正妻之外爱妾很多。据传红毛国作法，一切男子

①　永田广志．日本哲学思想史［M］．版本图书馆编译室，译．北京：商务印书馆，1978：261.

②　佐藤昌介，植手通有，山口宗之．日本思想大系：55［M］．東京：岩波书店，1971：421，340.

③　中山茂．幕末の洋学［M］．東京：ミネルヴァ书房，1984：129.

④　西川如见（1648—1724），名忠英，号求林斋、如见，日本天文学家、地理学家。著有《华夷通商考》《天文义论》《天文精要》《两仪集说》《长崎夜话草》等有关天文、历学、地理等书籍。

若有二妻必科罪。"① 农民思想家安藤昌益②既抨击了中、印、日三国的一夫多妻制，又肯定了荷兰的一夫一妻制，在他眼中荷兰"人人直耕直织，各安其分，没有男尊女卑，也没有森严的复杂等级"。③在《自然真营道》中，安藤昌益如是赞美了荷兰社会：

> （荷兰）国分为七……七国之七主，同心同德，并无因私欲而相互争夺之战乱。主从有序，并无相互嫉妒之情。自古以来，遭他国来攻时，则七国勠力同心，以胜工奇术巧妙防守，即使大国强敌亦难取胜。荷兰全国同心同德，自建国以来未有兵乱纷争，更未曾攻伐他国，乃太平无事之国也……实为世界最光明纯洁之国也。……汉土（中国）、天竺（印度）、日本虽鄙视之为西戎，然其自建国以来，永无兵乱与争夺之事，实非妄欲、盗乱、争战不已之汉、竺、和三国所能及。④

诚然，这两位学者的认识还停留在社会表层，没有对西方政治体制做深入分析，但在一定程度上改变了人们长期以来形成的"无父无君"、不知"礼仪"的"夷狄"形象，仍不失为日本思想史上一个亮点。

兰学诞生后，由于介绍西方的书籍不断增多，日本对西方社会制度的观察逐渐向微观领域发展。前野良泽在《管蠡秘言》（1777）中介绍荷兰政教社会情况，并对其"教化"予以肯定："荷兰郡有诸学校，其中别有名穷理学校者，其立教也，即三才万物而穷其本源固有之理，名曰本然学也。是以敬天尊神，秉政修行，明事理，精术艺，正物品，利器用，而帝王布德教、公侯保社稷，四民安业，百工尽巧。盖其教化所至，实为远大矣。"⑤

本多利明更将欧洲视为一个理想的世界，认为那里的各种制度都包含了六千年的经验，即使中国也远远不及。因此，他不仅推崇欧洲国家"以航海、运输、交易为国之首务"的经济政策，明言"取西域之善美以为我国之助，乃吾

---

① 依田熹家. 日本的近代化：与中国的比较［M］. 卞立强，等译. 上海：上海远东出版社，2003：370-371.

② 安藤昌益（1703—1762），名正信，号昌益，日本思想家。著有《自然真营道》《统道真传》等。

③ 蒋洪生. 作为异托邦的"万国中胜清国"：日本近世思想家安藤昌益的荷兰（阿兰陀）论述［J］. 比较文学与世界文学，2013（3）：96-108.

④ 信夫清三郎. 日本政治史：第1卷［M］. 周启乾，译. 上海：上海译文出版社，1982：65.

⑤ 沼田次郎，松村明，佐藤昌介. 日本思想大系：64［M］. 東京：岩波書店，1976：130.

本意"①；而且认为西方"不以武治，只以德治"②，礼让甚厚，而其精神支柱则是"以慈悲为根本"的基督教。在他看来，英国虽处孤岛，气候寒冷，物产匮乏，但终能成为强国，"世界海洋上无处无英国领地"，其原因在于大力发展生产与推进海外贸易的"劝业制度"和"海洋海渡制度"。③

渡边华山则认为，西洋诸国之所以"掌有全球之权"，既是因为"物理之精确"，"不惟于万物以图穷理，且于万事议论皆专务穷理"，又是因为"学校之盛行"，因此建议破除旧习，引进西方新式教育制度。④ 同时，他将基督教视为世界五种"圣人之教"之一，赞赏俄国"政教文物臻于极盛"⑤，英国"最长于机巧，勉于工艺"⑥，认为西方国家以"造士开物之学校"为政事之本，人们的"穷理"精神不仅投向对于自然的研究，而且贯穿于对人世间"事理"的把握，导致"今之地球上无一地不属于欧罗巴所有"⑦。基于这些认识，他批评固守锁国政策的幕府流于"井蛙之见而不自知"，"以三代绥服之制与秦汉御戎之论论今，亦如胶柱鼓瑟"。⑧

司马江汉先后撰写《和兰天说》《和兰通舶》，视欧洲为"天下第一大洲"，"首开圣贤之道之乡"，其地之人"学格物穷理，不为天性空言、虚谈妄说，……万巧精妙，为他洲不及"，"欧罗巴诸国皆尚文学，国王设学校于一国一郡，试优者于数千人之内，以之为师……其国内悉有养鳏寡孤独之院"。⑨ 他还赞赏西洋社会不分贵贱上下，差别小、人人平等，认为日本社会也应如此："上自天子、将军，下迄士农工商、非人、乞丐，皆为人也。"⑩ 这些认识虽然只是些片段的感觉，但表明日本有识之士已开始从文化制度层面审视西方的长处。

---

① 塚谷晃弘，藏並省自. 日本思想大系：44［M］. 東京：岩波書店，1970：103，106.
② 塚谷晃弘，藏並省自. 日本思想大系：44［M］. 東京：岩波書店，1970：169.
③ 塚谷晃弘，藏並省自. 日本思想大系：44［M］. 東京：岩波書店，1970：140-141.
④ 赵德宇. 渡边华山兰学探析［J］. 世界历史，2006（2）：80-86；赵德宇. 林则徐和渡边华山的西洋研究［J］书屋，2007（4）：14-20.
⑤ 佐藤昌介，植手通有，山口宗之. 日本思想大系：55［M］. 東京：岩波書店，1971：46.
⑥ 佐藤昌介，植手通有，山口宗之. 日本思想大系：55［M］. 東京：岩波書店，1971：34.
⑦ 佐藤昌介，植手通有，山口宗之. 日本思想大系：55［M］. 東京：岩波書店，1971：47-49.
⑧ 佐藤昌介，植手通有，山口宗之. 日本思想大系：55［M］. 東京：岩波書店，1971：69.
⑨ 沼田次郎，松村明，佐藤昌介. 日本思想大系：64［M］. 東京：岩波書店，1976：501，447，504.
⑩ 李少军. 甲午战争前中日西学比较研究［M］. 武汉：湖北人民出版社，2007：38.

值得一提的是，从 18 世纪末到开国前，日本出版的西学著述还零星地介绍了西方的"议会"。如朽木昌纲的《泰西舆地图说》（1789）云：英国国会乃"国中诸官人集中议论政事之衙门"。吉雄宜所译《暗厄利亚人性志》（1825）将国会译为"大会"，并注释说：大会乃"遇有大事时，国中人集聚评决"之会。青地林宗的《舆地志略》（1827）将国会译为"政府"，并说"分为上下二厅"，"为使国王之威福不致误用，创立新法与征敛租税二事委交政府"。箕作省吾的《坤舆图识补》（1846）云："阖州之政治，于上厅、下厅二处判决"，"上厅处理贵官、亲族、寺院法教之事，其官职大小分三百余级"，"下厅使令市街村落之百事，其职领分为六百五十八级"。箕作阮甫的《八纮通志》（1851）将国会称作"政廷"，上院称作"上政省"，下院称作"下政省"，议员称作"官员"，并说："上政省由国之名族任之，即高僧官及亲王"，"下政省有五百九十八员，由士民身份中选举贡上任官"。①

显而易见，上述关于"国会"的描述还很粗疏甚至错误，如将国会当作衙门、把议员视为"官人"，将上下院的组成及议员人数看成所管事项和官职等级，把"选举"理解为"任官"等皆属误解，但将"议会"作为一项有别于幕藩政治的制度专门介绍给国人的行为似可说明洋学者已朦胧地意识到"议会"有着某种不同寻常的价值，值得介绍。

如果说书本知识尚不足以打消日本人对西方文明的疑虑，那么实地考察则全然改变了日本人的"恶彼之心"。19 世纪 50—60 年代，随着开国进程的推进，日本使节、留学生纷纷前赴欧美考察、学习。目睹西方政经情势，莫不感到无比新奇，并形诸笔墨之中。赴法使臣栗本锄云对巴黎的印象："我在巴黎自秋经冬涉夏，有九个月之久，其间房屋里无蚤蚊鼠啮之患，马路上无醉酗、盗偷、争斗之喧，且无火灾、地震，真可称乐土乐邦。"② 遣美使节福岛义言在其《航海日记》中写道：

> 我国人中将欧洲人视若犬马者十有八九，然而西洋人并非如此。彼等视外邦人如若兄弟，……彼国为官者亦无侮下人或炫耀权力之事，国泰民安，和平富庶。然此行我朝来者共 77 人，盖半数皆怀有恶彼之心。虽如此，但待知其实质，人们皆要如梦初醒，痛改前非也。③

---

① 依田憙家. 中日两国近代化比较研究 [M]. 卞立强，译. 上海：上海远东出版社，2004：56-57.

② 沼田次郎. 日本と西洋 [M]. 東京：平凡社，1971：352-353.

③ 家永三郎. 外来文化摄取史论 [M]. 靳丛林，等译. 长春：吉林教育出版社，1990：76.

遣欧使团医生高岛佑启在其《欧西纪行》中谈到英国国会情况：

> 如此方正之场所，其权虽国帝亦莫可如何。故论理无一定时，将其议论登上报纸，以国民之评论见诸报端，以是复提上议事堂，将诸官之评论决议，奏闻国帝，然后号令国人。以是巴力门之政治诚公平也，国人亦无不心服。①

赴欧使员冈田摄在其《航西小纪》中也谈到英国议会：

> 议事堂分为二院，一曰上院，一曰下院。上院由宰相等重臣相聚议事，女王亦不时来临。下院由平民相聚议事。出席其议事之人为国民之代表，议事时来此堂。如全村之人民以某人为代表，某人则去议事堂参与有关议事。②

赴法使节筑后守池田归国后上书幕府云：

> 西洋各国之风习，本来与我国不同。尤其君民同权之政治，上下两议院之不一致时，虽政府也不能制服，故除向政府交涉外，重要的还在于争取国民之心。③

百闻不如一见。这些实际见闻进一步刷新了日本人的西政观，其认识或许仍然处于"似懂非懂"的状态④，但对西方政体的理解早已超越开国之前的认识水平。如将议员称为"国民之代表"而非"官人"，国会权力"虽国帝亦莫可如何"，政府要向议会负责等认识，应该说比较准确地把握住立宪体制的基本内涵。

因对西方政治图式的认识日益明晰和深化，日本人逐渐跳出"东德西艺"的思想樊篱，肯定了西政之优长。

1860 年，横井小楠著《国是三论》，提出"天下为公""民本主义"和向西

---

① 依田熹家. 中日两国近代化比较研究 [M]. 卞立强，等译. 上海：上海远东出版社，2004：61.
② 依田熹家. 中日两国近代化比较研究 [M]. 卞立强，等译. 上海：上海远东出版社，2004：62-63.
③ 依田熹家. 中日两国近代化比较研究 [M]. 卞立强，等译. 上海：上海远东出版社，2004：62.
④ 福泽谕吉在考察英国政治后，曾对其政党政治表示"万万不可思议"，"通过一问一答，随着逐渐听到国家议院之由来、与帝室之关系、舆论之力量及内阁更迭之习惯等，方对其事实似懂非懂"。福地源一郎目睹英国国会议事情况后，也表示"连目击者的我也不能理解，日本人当然更难明白了"。（依田熹家. 中日两国近代化比较研究 [M]. 卞立强，等译. 上海：上海远东出版社，2004：62.）

方学习的思想，其中，赞美了欧美政治制度的先进性：

> 方今万国形势丕变，各国大开治教。墨利坚自华盛顿以来，立三
> 大规模：一、天地间之惨毒莫过于杀戮，当依天意以息宇内战争为务；
> 二、求知识于世界万国，以裨益治教为务；三、全国大统领之权柄让
> 于贤而不传于子，废君臣之义，专以公共和平为务。

> 自政法治术至其他百般技艺、器械等，凡地球上称为善美者，悉
> 取之为吾所有，大扬好生之仁风。英吉利之政体一本于民情，官之行
> 处无论大小，必尽依民议，随其所便而不强其所恶。和战亦然。与俄
> 战，与清战，兵革数年，死伤无数，开销不知费几万，虽皆取之于民，
> 而无一人怨嗟。他如以俄罗斯为首之多数各国，除文武学校外，皆设
> 病院、幼儿园、聋哑院等，政教悉依伦理，无不急生民之所急，殆符
> 三代之治教。①

以西方政体比附"三代之教治"显然不妥，但它至少表明这样一种政治直
觉，即代议政治比专制政治更优越。

1861 年，西周在给朋友的信中写道：

> 小生近来所窥西洋性理之学（形而上学）又经济学之一端，实在
> 是惊人而又公平正大之论，而觉其与从来所学的汉说颇呈异端之处亦
> 有之哉……仅于哲学一门而论，其说性命之理超越程朱。基于公顺自
> 然之道，建经济之大本，亦胜于所谓王政。彼方英美等国之制度文物，
> 亦觉超过尧舜官天下之意与周召制典之心。实由斯道而行新政，国何
> 不富，兵何不强，人民何不聊生，祺福何不可求，学术、百技何不尽
> 精微也。②

这里西周明确肯定了西方治国之本高于儒家"王政"，西方文物制度也超过
"尧舜官天下之意和周召制典之心"。

同年，时任幕府"蕃书调所"教授助手的加藤弘之"悟西洋各国之风俗、
政治等有远优于东洋者，尤其发现有所谓立宪政体，……乃东洋自古未有之良
制，东洋专制国远不能及"，乃作《邻草》，"比较东西方政治之良与不良、正

---

① 佐藤昌介，植手通有，山口宗之. 日本思想大系：55［M］. 東京：岩波書店，1971：
　　448-449.
② 大久保利謙. 西周全集：第 2 卷［M］. 東京：宗高書房，1981：170.

与不正，论述我邦设立政体亦须模仿西洋之因由"，成为日本"论述西洋政体之嚆矢"①。《邻草》介绍了欧美的政治制度，表面上是探讨中国改革事宜，实际上是论述日本改制问题。在《邻草》中，加藤弘之将世界的政体分为君主握权、上下分权、豪族专权与万民同权四种形式②，并认为"君主握权与豪族专权政体，实不公平。而上下分权与万民同权之政体实为光明正大，尤可谓顺天意，和舆情"，"世界万国之政体渐趋上下分权与万民同权政体，乃自然之趋势，欲以人力防之，决不可能也"。③ 在他看来，万民同权的美国政体最完备，上下分权政体则最适合"清朝"。这种政体的基本形式是，"君主临于万民之上而统御之，但设确定之大律（宪法），又置所谓之公会（议会），以杀王权"，举凡国家大事或异常之事等，"必置公议谋议之再行其处置"。"今后只有迅速改革为上下分权之政体，革除旧来弊风，兴起善政，实可谓清朝之一大急务！"④ 对于君主专制政体，加藤弘之持彻底否定态度，力揭其弊："人君生于深宫，长于妇人之手，故自幼丝毫未尝艰苦，不知世态人情为何物，故虽有贤人智者而不知举之，专干宴乐逸豫之事，故奸佞之臣乘此隙以阿媚谄谀而得其时。虽欺君苦下，频恣其欲而丝毫不悟之，反将此等之辈，当作忠臣贤士，将国政全委任之，故佞臣渐满朝廷，贤士渐隐民间，遂致国政全衰。"⑤ 因此，他主张"改革当时之政体，建立另一种政体，此政体实以仁义为宗旨之公明正大之政体"。⑥ 据《加藤弘之自传》说，这部著作是"考虑到有必要改革当时幕府"而写的。因此，加藤弘之探讨欧美制度的目的主要不是争取实现近代国家本身，而是修正幕藩体制，但就论述欧洲的制度、宪法、议会、王权，以及其相互关系来说，在当时是最先进的。

1866 年，福泽谕吉所著《西洋事情》（初编）问世。《西洋事情》（初编）不仅赞同贸易自由、社会平等、职业自由等西方价值观念，而且对西方政治体制表示认可。他说：

> 政治有三种：曰立君，礼乐征伐，出自一君；曰贵族会议，集国
> 内贵族名门，施行国政；曰共和政治，不论门第贵族，立人望所属者

① 植手通有．日本の名著：34［M］．東京：中央公論社，1972：477–478.
② 明治文化研究会．明治文化全集：第 8 卷［M］．東京：日本公論社，1992：5.
③ 依田熹家．日本的近代化：与中国的比较［M］．卞立强，等译．上海：上海远东出版社，2003：372.
④ 明治文化研究会．明治文化全集：第 8 卷［M］．東京：日本公論社，1992：9.
⑤ 明治文化研究会．明治文化全集：第 8 卷［M］．東京：日本公論社，1992：4.
⑥ 明治文化研究会．明治文化全集：第 8 卷［M］．東京：日本公論社，1992：5.

为首长，与一般国民协定为政。又立君政治有二种区分，唯随国君一人之意行事者，谓立君独裁，如俄罗斯、支那等政治是也；国虽无二王，但有一定之国律，以抑制君之权威者，谓立君定律，现今欧罗巴诸国多用此制度。①

通过对上述三种政体的观察比较，福泽谕吉认为，英国政体既具有立君政体的形式，也兼有贵族会议、共和政治的内涵，可称得上是"一种无与模拟之制度"。因此，他将君主立宪制视为最好的政治，并强调说："来自古风旧例，对一国之人民可称之为至大至重之赏赐者，乃许其人民自由、使其安心生产之政治也。如我所至英国之议事院是也。"《西洋事情》（初编）在日本影响甚大，出版后发行量达20万~25万部。②

日本有识之士既已肯定了西方政制之优长，那么如何借以改良日本政治便提到思想日程上来。由于西方立宪政体在本质上与日本幕藩体制格格不入，因此当时日本思想界试图借资立宪的动议基本停留在技术层面。1862年，横井小楠通过松平庆永向幕府建议参照西方政举，建立"公议"制度，"不限外藩、谱代，选贤为政官"，"大开言路，与天下为公共之政"。1866年，他又提议建立"皇国政府"，开设上、下两院，组成"议事院"："当大变革之际，设议事院尤为至当，上院公武一席，下院广泛举用天下之人才，由四藩先执掌政职，其余由诸侯贤名（明）商决，逐步登用。"③ 很明显，此所谓"议事院"，只是将朝廷、公卿、幕府、各藩聚合在一起共商大政，其目的不是否定幕藩体制，而是改良这一体制的独裁性。

1863年，幕臣大久保忠宽上书政事总裁松平庆永，建议开设"公议所"，建立将军、公卿、诸侯乃至"四民"参加的会议制度，以为"永世之基本"。同时，松平庆永著《虎豹变革备略》，建议效法西方，创建"议院"制度。其中云：

> 为议天下公共之论而用之，不可无巴利门、高门士即上院、下院之举。清国与日本之制度，自掌权于政府，恣用赏罚黜陟。观西洋诸州之史，有巴力门、高士门，国之政事交公共论议，使其赏罚黜陟，虽与夺亦然，英王、法帝亦不得自由处之。今皇朝之制度亦应一变，

---

① 福澤諭吉. 西洋事情 [M]. 東京：尚古堂，1879：5-6.
② 福澤諭吉. 福泽谕吉自传 [M]. 马斌，译. 北京：商务印书馆，1995：289.
③ 依田熹家. 日中两国近代化比较研究 [M]. 卞立强，等译. 上海：上海远东出版社，2004：69.

于京都、江户分别创立巴力门、高士门。此巴力门应限于幕府之臣下及诸侯之内，高门士由诸藩之名士组成。又，命诸侯之藩士为巴力门，高士门加农民、商人及庶人，亦可为一法。此公共之论，虽天子、将军亦不得动摇之。另，朝廷将天下之政委任于幕府，奉朝命而不改古来之制度，则幕府之罪甚重，以是不可无求天下公论之巴力门、高士门。①

如上建议并不是对欧美制度的简单介绍，而是企图参考它改造日本制度比较具体的设想。这一设想是以幕府和各藩的存在为前提的，其目的仍然是集结朝廷、幕府、各藩及一部分平民"众议"国政，以消除独裁之弊。

1866 年，萨摩藩士大久保利通（1830—1878）建议立"公论之法"，创"众议"之制：

> 听取公议，乃为采纳天下之公论。方今宇内各国，皆听公议用公论，虽各有异同，但皆采用公论议决大政。然而采取公议有法，不立法则不能采取公议，皇国若越出迄今独裁之制度，最要者在立其法。今在京诸藩必不免太平之弊，不知宇内之公法。设令论兵库开港事，如不可之论居多，则不得不决其论。又如论不可将政权委任幕府事，若不可之论居多，则不得不决其论。如是，则依然陷入因循之皇国。故不能不立采纳公议之法。②

这一建议的基本精神在于不仅倡导建立"用公论议决大政"的议会形式，而且建议制定"公议之法"以保证"公议"之贯彻落实，比单纯主张采用"公议"形式更接近立宪制度的本质。

同年，越前藩重臣中根雪江则提出创建"共和政府"的政治构想："日本今日之形势，应以德意志国为例，与西洋各国缔结盟约，会同日本诸大名于京师，议定政治之得失，奏闻天子，施行于六十余州；以共和政府为立国之基本，奏闻天子，如许可施行，则仿行英国之政体"，"先分上下两院，上院为公卿及列侯，下院为诸侯之臣集议，旨在决议是非"。③ 这一构想是以保留君主制为前提而组建由诸大名参加的政府，名曰"共和"，实则只是"幕藩"统治的联合。

---

① 依田熹家. 日本的近代化：与中国的比较［M］. 卞立强，等译. 上海：上海远东出版社，2003：371-372.
② 松本三之介. 日本政治思想概论［M］. 東京：劲草书房，1975：88.
③ 依田熹家. 日中两国近代化比较研究［M］. 卞立强，等译. 上海：上海远东出版社，2004：73.

1867 年，应将军征询，留学归来的西周提出《关于列藩会议之上书》和《稿本附件议题草案》两个政治改革意见书。其中，提议成立以幕府为中心，融各藩为一体的统一政府，组成"议政院"以决国家大政。议政院分上、下两院，上院由藩主参加，下院由各藩一名藩士参加。作为国家元首的"大君"为上院议长，在"两院拥有三票表决权和解散下院权"，"上院会议难决时，亦可交下院议之"。这个方案也是企图把幕藩体制朝着各藩联合体的方向加以修改。

由此可见，直到幕末，西方议会制度主要是被当作一种改良幕藩体制的先进手段而非政治建设目标而被日本有识之士所倡议的。无论是松平庆永所言"议院"制，还是大久保利通所谓"众议"制，抑或西周所提"议政院"，均只具议会制之形，而无其实，"其内容都局限于建立以各藩联合为基础的统一国家方面，基本没有出现人民及其代表广泛参与政治等争取建立近代国家的动向"。① 但值得注意的是，倒幕运动的前夜，在构想日本未来国家前景时，日本思想者先后把议会制作为日本政治建设目标而提了出来。

1867 年 5 月，赤松小三郎（1831—1867）在给福井藩主的信中阐述了议会政治观。在他的构想中，议会应具备如下内涵：

（1）议政局应"分为上下两局，其下局按国之大小，从诸国各选数位明白道理之人，在自国及临国投票抽选"；

（2）议员应当打破等级划分而通过一定的民主程序选举产生，"其两局选人之法，不拘门阀贵贱，应当公平选举明辨道理、无私且众望所归之人"；

（3）国家大政须经两院商决，"国事总之由此两局决议之后，再向天朝建议，获批准之后，由天朝向国中下达命令"；

（4）议会权限广泛，"其局之主要任务，改正旧例之失，设立万国普遍之法律，并掌管诸官之人选，负责建立万国交往、财贷出入、富国强兵、人才教育、人心和睦之法律"②，此所谓"议会"已包含了议会制的基本立法职能，并非虚名。

同年 6 月，坂本龙马（1836—1867）在著名的"船中八策"中明确提出建立议会制——"设上下议政局，置议员，参赞万机，万机决于公论"；制定宪法——"折中古来之律令，新撰无穷之大典（宪法）"；建立与外国平等的政治、经济关系——"宜新立平等之规约"，"设立金银物货与外国平均之法"。③

---

① 依田熹家. 日中两国近代化比较研究［M］. 卞立强，等译. 上海：上海远东出版社，2004：82-83.

② 江村栄一. 近代日本思想大系：9［M］. 東京：岩波书店，1989：28-29.

③ 江村栄一. 近代日本思想大系：9［M］. 東京：岩波书店，1989：32-33.

"船中八策""几乎涵盖了整个的维新计划。它的语言被1868年的《五条誓文》模仿，其承诺也成为1874年开始领导设立民选议院运动的板垣和后藤不满的基础"。① 图2-7为"船中八策"手稿。这一颇具近代政治色彩的思想在坂本龙马组建的海援队的檄文中更明显。该檄文认为，建立议会和制定宪法是建设新国家的最紧迫的任务，主张"议事院分为上下，议事官从上自公卿下至陪臣庶民中选举正义单纯者，诸侯也可由其职务亲自充上院之任"；"朝廷之制度法则虽有往昔之法令，参照当今时势或有不当。应重新改革其弊风，建立无愧于地球之国举（宪法）"。②

图2-7 "船中八策"手稿③

1867年9月，津田真道在其对日本国"总制度"的设计中，提出如下议院制构建方案：议会应分上、下两院，"制定法律之大权，应由立法之上下两院和总政府分掌"；"日本全国政令的监督，可由立法之上下两院进行"，"立法上院应有万石以上，同下院作为日本全国民之总代表，国民每十万人应推举一人"。④ 这一方案既包含议会的构成与职责，也包含议员的产生方法。

同年，西周在"大政奉还"后⑤，也草拟了《议题草案》，明确指出建立议会已是大势所趋，舆论所向，并设想成立上、下两院，"上院由万石以上大名列席，下院藩士每藩一人……尤又轮换之后，允许同一人再度当选"。"上下院会议虽皆有别，但也统一。"⑥ 在他的构想中，议会具有如下权限和职能：（1）立

---

① 詹森. 坂本龙马与明治维新 [M]. 曾小楚，译. 上海：上海三联书店，2019：307.
② 江村荣一. 近代日本思想大系：9 [M]. 東京：岩波书店，1989：447-448.
③ 马里乌斯·詹森. 坂本龙马与明治维新 [M] 曾小楚，译. 上海：上海三联书店，2019：306.
④ 江村荣一. 近代日本思想大系：9 [M]. 東京：岩波书店，1989：35.
⑤ 1867年10月14日，德川幕府末代将军德川庆喜将政权奉还给朝廷，幕藩统治宣告结束。
⑥ 大久保利谦. 西周全集：第2卷 [M]. 東京：宗高书房，1981：180-181.

法权，包括从制定宪法到外交、税收、市场、刑罚、商法、货币及各种杂事等方面的立法；（2）干预天皇朝廷、幕府和各藩事务，"公仪御领内诸大名封境内之政事在议政院确定"，"领内政治按照诸藩境内政治，在议政院决定"；（3）制约政府的权力，"宰相选任另由议政院议定之"，"黜陟上述五府之宰臣之权大君有之，但选举方法由议政院派遣三名选相而从上任命一名。其余僚属根据议政院另外议定，与其局之宰相商谈而黜陟之"；（4）军事权，"临时兵役应在议政院以及公府会议相定"，军队所需"费用每一人支付几许由议政院相定"。此外，还有确定度量衡、管理宗教、决定是否承袭爵位的权力等。①

以上构想虽在理论上比较准确地把握了议会制度的基本框架，描绘了日本的政治未来，但当时他们还认为时机不够成熟，不能付诸实施。西周即说：西洋"诸邦国家制度之义历经数百世、积数百硕学贤哲之思虑才达到今日之盛美，即便有留心其学问者，也很难全部领会其要领。如果现在勉强仅仅效法其形式，而不详察其实际上之便与不便及利害得失，失其肯綮，不独有缘木求鱼之讥；也会被认为是画虎类犬之拙策"。② 因此，在明治政府施政纲领《五条誓文》中虽有"广兴议会，万机决于公论"之条，但此"公论"主要针对公卿和诸侯而言，并非让庶民参与政治。就在颁布《五条誓文》的同一天，明治政府还颁布了《五榜揭示》，禁止庶民"聚众合议"和"擅离所居村镇"。直至自由民权运动的兴起、制宪进程的推进，近代国家思想与制度才最终在日本得到实践。即便如此，我们仍可以论定，明治维新前夜日本民族已从"慕华贱夷"的愚蒙中走了出来，不仅树立起以西方科技为蓝本的近代化目标，而且萌生了师法西方政治制度的意向。这一划时代的思想变革，扭转了日本历史发展的车轮，其意义与其说是日本今后不再崇拜学习中国，倒不如说它决定同传统社会决裂而与资本主义接轨。正是这一历史性的抉择，才使日本迎来了明治时代全方位师夷的前进曙光。日本现代化的契机当寓于此。

第四节　华夷观崩溃的意义

经过江户200余年的历史变迁，日本人的华夷观终于在幕府末期趋于解体。那么，华夷观的解体对日本近代化历史的发展有何影响呢？

① 大久保利謙. 西周全集：第2卷［M］. 東京：宗高書房，1981：174-182.
② 大久保利謙. 西周全集：第2卷［M］. 東京：宗高書房，1981：176.

第一，华夷观的解体为明治维新扫除了思想障碍。明治维新之大旨是学习西方、改造日本，就是要"夷"化。但在"慕华贱夷"的思维定式下，只有"用夏变夷"，没有"用夷变夏"，谁要学习"夷狄"，谁就是离经叛道。历史表明，在步入近代门槛之前，"儒教世界"中只有日本抛弃了这一陈腐观念。从慕华到蔑华，意味着日本不失时机地推倒了过时的偶像，增强了日本人思想上的主动性、灵活性，为树立新的偶像准备了条件。从贱夷到慕夷，打破了日本"神国"至上思想，消除了民族自大情绪，为日本找到了近代化的蓝本。一定意义上讲，明治维新就是华夷观演变的结果。

第二，华夷观的变迁是日本现代化的先导。冰冻三尺，非一日之寒。明治维新虽然把日本导入世界先进行列，但日本的现代化绝非从明治维新开始的。世人常言：开国前中日两国处于同等发展水平，只是明治以后日本才超过中国。其实，这是一种误解。如果我们深入考察一下两国思想发展状况，就会发现中国早在江户时期已落后于日本了。18世纪中期，日本已初步接受了"地圆说"，在地理观上打破了"中国中心论"；可是在中国，直到19世纪末维新派还不得不苦口婆心地进行地理启蒙："若把地图详来参，中国并不在中央；地球本来是浑圆物，谁是中央谁四旁。"18世纪初，日本已初步提出师夷思想，在文化观上动摇了"中国中心论"；但在中国直到19世纪60年代，顽固派还在高唱："天下之大，不患无才，如以天文、算学必须讲习，博采旁求，必有精其术者，何必夷人，何必师事夷人？"正因为中日两国认识上存在如此大的差异，两国思想现代化的起步不同，所以不难理解，为什么在19世纪60年代，中国只能出现洋务运动，而日本却出现了明治维新。没有现代化的双目，就没有现代化的双脚。如果说明治维新是日本现代化的实施阶段，那么"华夷观"的变迁则是现代化的思想准备阶段。

第三，华夷观的变迁是一场无声的、缓慢的思想启蒙过程。历史上政治变革成功与否，在很大程度上取决于国民的觉醒程度，华夷观的变迁虽然不及法国启蒙运动影响深远，也不如明治启蒙运动引人注目，但在其变迁过程中逐渐消解了"慕华贱夷"的愚蒙，孕育出"以夷为师"的思想种子。因此，在明治维新的前夜，日本人面临的问题已不再是学不学西方而是如何学习西方，换句话说，日本人面临的问题已不再是走不走现代化道路而是如何走现代化道路；但在中国，直到戊戌变法时期，国人是否愿意学习西方仍是一个问题，因此戊戌变法还得披上托古改制的外衣。正因为如此，我们不难理解为什么在明治初年日本会出现唯洋是拟的"鹿鸣馆时代"，而中国在戊戌变法后则出现了唯洋是排的义和团运动。

　　总之，在步入近代门槛时，日本比较迅速地甩掉了陈腐的华夷观念，确立了"以西为师"的文化观念。这一转向不仅决定了日本的未来，而且决定了中日近代化步履的快慢。如表 2-1 所示，在师法西方历程中，中国几乎步步落后于日本，其中，宪法制定时间差最大，其次是教育近代化号令和西学教育的设置等。"其时间差不用说是 30 年、50 年，即使是 10 年、8 年，随着时间的推移，则可导致今天的 100 年至 200 年的差距。事实上，现今中日两国科学技术的差距正是从那个时候开始的。"①

表 2-1　中日师法西方大事表

事项	日本	中国	时间差（年）
宪法公布	《大日本帝国宪法》（1889）	《中华民国宪法》（1947）	58
使用西洋历法	太阳历（1873）	太阳历（1912）	39
在外公馆设置	美国、法国（1870）	英国、美国（1875）	5
对外遣使	派往美国（1860）	派往欧洲（1866）	6
头发	断发令（1871）	自由剪发（1911）	40
近代化的号令	《五条誓文》（1868）	废止科举（1905）	37
近代教育法令	学制颁布（1872） 教育令制定（1879）	学堂章程颁布（1903）	31 24
设立国家教育机构	文部省（1871）	学部（1905）	34
留学的首次派遣	荷兰留学（1862）	美国留学（1872）	10
外国语学校的开设	洋学所（1855）	京师同文馆（1862）	7
近代教育的学校	开成所（1864）	京师同文馆（1868）	4
	长崎海军传习所（1855）	福州船政学堂（1866）	11
	札幌农学校（1876）	浙江蚕学馆（1897）	21
	东京物理学校（1881）	南洋公学（1897）	16
	东京大学（1877）	京师大学堂（1898）	21

①　渡边与五郎，等 . 西学东渐：中日近代化比较研究［M］. 北京：中国社会科学出版社，2008：15.

事项	日本	中国	时间差（年）
买入汽船	咸临丸（1857）	火轮船第一号（1862）	5
近代工厂	横须贺造船所（1864）	西洋码交厂（1864）	0
火车、铁路	东京—横滨（1872）	唐山—胥各庄（1878）	6

资料来源：渡边与五郎，等．西学东渐：中日近代化比较研究 ［M］．北京：中国社会科学出版社，2008：16.

第三章

锁国观的解体

> 以我有用之材，易彼无用之物，非我国万世之长策。自古以来，我国从不借助外国，今除药材以外，他无需求之物。即使如往古时海舶不来，我能得我所求，亦非全无其道。
>
> ——新井白石

1633—1639 年，德川幕府连续下达五道禁令，降下了闭关锁国之幕。闭关锁国是一项融文化隔绝、经济孤立和政治封闭为一体的封闭政策。其主导思想是禁止基督教及洋书流传，以保持正统观念的"纯洁"；禁绝除中国、荷兰以外的一切对外贸易，以削弱藩国势力；除与朝鲜、琉球保持"通信"关系外，拒绝同其他国家进行国事交往，以维持政治"太平"。锁国政策不但减少了日本接触外界的机会，阻塞了日本人认识和学习世界的途径，而且切断了日本与海外市场的广泛联系，使其自缚手足，在"停滞、太平、孤立"的梦幻中生活。如果不打破支撑这一体制的锁国观念，日本就难以同世界接轨并顺利启动近代化车轮。事实证明，在江户 200 余年的历史变迁中，以欧美的冲击为契机，日本锁国体制经过一系列剧烈阵痛而最终于 19 世纪中期走向崩溃。

第一节　锁国政策的内涵

德川幕府建立后，曾一度推行开放政策。在政治上，与朝鲜和东南亚各国建立了邦交关系①，也未拒绝同西方各国交往。在经济上，不仅开放了所有港口，允许外商来日贸易，而且创立了"朱印船"制度②，鼓励国人出海经商。

---

① 信夫清三郎. 日本政治史：第 1 卷 [M]. 周启乾，译. 上海：上海译文出版社，1982：10.
② 朱印船，是指持有幕府颁发的"异国渡海朱印状"，准许前往安南、暹罗、吕宋、柬埔寨等东南亚国家进行贸易活动的船只。据日本史学家岩生成一考订，1604—1635 年，朱印船足迹遍布东南亚 19 个国家和地区，船只共 353 艘。（参见岩生成一. 朱印船贸易史の研究 [M]. 東京：弘文館，1958.）

幕臣林罗山曾描述当时贸易盛况云："方今吾客商通外夷者殆三十国。自有我邦以来，未有如今日之多且盛也。"① 在文化上，不但允许西方传教士在京都等地设立学塾，传授天文、历法等科学知识，而且允许公开传教。据统计，1605 年日本教徒人数有 70 万~75 万人。②

但是，德川幕府旋即察觉开放政策虽然刺激了商品经济的发展，利于西方科学技术的输入，但也侵蚀了封建自然经济，增强了藩国的经济实力，导致日本贵金属的外流③，并因天主教的传播而冲击了日本传统价值体系。因此，先下令禁教，限定外商贸易区域；后则于 1633—1639 年连续五次颁布了所谓的"锁国令"，将日本与世界"隔离"。锁国令的基本内容有三：其一，禁止日本船出海贸易和日本人与海外往来；其二，取缔天主教的传教活动；其三，推行由幕府主导的统制贸易。

锁国令是在西势东渐的背景下推出的。其蕴含的基本理念是采取隔离手段，将西势挡于门外，以免引起日本社会的震荡，"巩固国家和民族的基本结构"。或如有些学者所见，锁国的目的在于"驱逐天主教，以消除对幕府体制的威胁，而不是要割断与所有西方人的一切往来"④；在锁国体制下，日本既维持了国内和平，又获得了产业发展机会，还阻止了西洋文化的强烈干扰⑤。但从历史发展大势来看，锁国令实际上还是阻塞了日本与世界的交通，推迟了其走向世界的步伐。

首先，锁国之文化意图虽主要在禁教，但因传教士是当时西学东传的主体，科学知识又与天主教义相伴而行，所以禁教必然阻塞了解世界、学习西学的孔道。宽永七年（1630 年），幕府颁布禁书令，把利马窦等欧洲传教士所译著作 32 种列为禁书，其中包括收入《天学初涵》的汉译科学著作。贞享二年（1685 年），幕府再次颁布禁书令，扩大禁书范围，强化禁书措施，从而使"西方学术书的输入越发困难，进行研究几乎已不可能"⑥。当时，长崎设有专门审查进口书籍的官员，只要他们发现书中有耶稣、利玛窦等字样，就例行扣留。如《帝京景物略》述及北京天主堂及利玛窦墓，《西堂全集》内有欧洲竹枝词，《名家

① 京都史跡会. 林羅山文集：卷十二 [M]. 東京：ぺりかん社，1979：75.
② 升味准之辅. 日本政治史：第一册 [M]. 董果良，译. 北京：商务印书馆，1997：9.
③ 据统计，1601—1763 年，日本外流的黄金为 6192800 两，白银为 112268100 两。（参见：管宁. 日本德川幕府锁国的原因及其影响 [J]. 世界历史，1983（1）：53.）
④ 赵德宇. 日本"江户锁国论"质疑 [J]. 南开学报，2001（4）：49-56.
⑤ 内田銀藏. 鎖国とは何ぞや [M] //日本海上史論. 東京：三省堂書店，1912.
⑥ 杉本勋. 日本科学史 [M]. 郑彭年，译. 北京：商务印书馆，1999：201.

诗观》内有清初学者与西人赠答诗卷，皆被查禁。数学家建部贤弘（1664—1739）在《历算全书》序言中曾述及禁书令的危害："臣谓西土之历比之中夏，其浅深犹如皮相与骨髓。而国家一贯严禁耶稣，凡有天主教之号及利玛窦等之姓名者，不问书之好否，皆焚之于崎阳之地。公历之不讲，以此而为。"① 日本学者和辻哲郎曾这样评价锁国政策对日本文化的消极影响："近世初期新科学发展以来，欧美人花费 300 年，使科学的精神渗透生活的各个角落。而日本民族在这发展的期间，锁住国门，其后的 250 年间，通过国家权力遮断了上述近世精神的影响。"②

　　其次，锁国之经济意图虽在垄断对外贸易，切断藩国与外国的经济联系，但因将贸易口岸限于长崎一地，将贸易对象限于中国和荷兰，故其对外交流的范围与机会受到很大的限制，以致"海外贸易沉滞，国内产业疲弱"。锁国时代，幕府对外贸易的限制一年比一年严厉。以中日贸易为例，从 1686 年起，每年有 70~100 只清船到日本交易，但幕府于 1688 年 8 月限定每年只许 70 只船入港③。1714 年，幕府又根据新井白石的建议，颁布新商法，规定每年只许 30 只清船、2 只荷兰船来日，此后这项规定又屡加变更。随着时代的推移，准许进港的清船逐渐减少到 20 只、15 只，到 1791 年仅仅剩 10 只④。因此，直到 19 世纪中叶，日本仍是一个封闭的以"米经济"为主的封建农业国，缺乏海外市场。

　　最后，在锁国体制下，幕府仅同四个国家保持两种关系，即同朝鲜、琉球保持"通信"关系，同中国、荷兰保持"通商"关系。如果说前者勉强称得上是一种政治关系，那么后者则基本上是一种经济关系。因此，江户时代的日本基本是在"三国外交"下进行政治生活的，拒绝同其他国家来往。例如，1846 年，美国海军准将比德尔（James Biddle）送来美国总统致将军的国书，要求建交通商，幕府便以"此种与外国通信通商之事为国禁"为由，将其驳回。这种保守的外交观使日本自缚手足，在"长达 200 年的漫漫时光中，除了漂流国外的个别渔民，日本没有人曾去过国外"，"国外的风云变化，只能通过长崎同国外的有限接触，点滴地流传到日本"。⑤

---

① 杉本勋. 日本科学史 [M]. 郑彭年，译. 北京：商务印书馆，1999：201.

② 和辻哲郎. 鎖国：日本の悲劇 [M]. 東京：岩波书店，1991：14.

③ 中村新太郎. 日中两千年：人物往来与文化交流 [M]. 张柏霞，译. 长春：吉林人民出版社，1980：227-229.

④ 中村新太郎. 日中两千年：人物往来与文化交流 [M]. 张柏霞，译. 长春：吉林人民出版社，1980：229.

⑤ 吉田茂. 激荡的百年史 [M]. 李杜，译. 西安：陕西师范大学出版社，2006：12-13.

锁国政策虽然使日本"能够清心寡欲地太平了将近 3 个世纪",但这种以封闭为应对西势冲击的外交理念与近现代历史发展的潮流相背离。马克思、恩格斯在《共产党宣言》中指出:"资产阶级,由于一切生产工具的迅速改进,由于交通的极其便利,把一切民族甚至最野蛮的民族都卷到文明中来了。……它迫使一切民族——如果它们不想灭亡的话——采用资产阶级的生产方式。"① 在此形势下,闭关锁国或可求得一时的"安宁",但难维持永久"孤立的太平",只有采取适当的方式积极融入"文明"中来,开辟一条适合本国国情的路,才是应对西势东渐的合理选择。事实证明,以西方的冲击为契机,日本在明治维新前逐步摒弃锁国观念,确立了开国进取观念。

第二节　西学的孕育与发展

在 18 世纪中叶以前,西方国家主要角逐于欧美,其对日本的冲击主要体现为文化的渗透。历史表明,非西方国家的现代化是一个"始于来自西方现代的文化传播,并对本国的传统文化加以改造"的过程②。江户时期,在西方文化的渗透下,日本朝野暗流涌动,不仅打破了西学禁锢,而且孕育出一门全新的学问——兰学,为改造本国传统文化准备了条件。

一、西学的孕育

毋庸赘言,西方对日本的冲击首先表现为以天主教领军的文化渗透,这也正是德川幕府力行锁国之策的重要原因之一。但锁国本身也存在着严重的矛盾:其一,锁国虽然可以切断地方大名的海上生财之道,达到"弱末"的目的,但也使幕府在封锁藩国的同时,封锁了自己,产生"弱本"的副作用;其二,锁国固然是维护日本国体的重要方式,但不断得到海外情报和正确判断海外形势乃是维持锁国不可或缺的条件,倘若四门紧闭,不闻外事,必受"自掩耳目"之累。为了克服上述矛盾,幕府推出一条"万全之策",即在锁国的前提下,开放长崎一口,作为窥探外部信息的窗口。如是,即为西方文化的渗透保留了一条通道。日本学者曾如是评价长崎的窗口意义:"我国自长崎一隙,窥知外界,

---

① 马克思,恩格斯. 马克思恩格斯选集:第 1 卷 [M]. 北京:人民出版社,1972:255.
② 富永健一. 日本的现代化与社会变迁 [M]. 李国庆,等译. 北京:商务印书馆,2004:31.

毅然撤尘障而放光明。受强烈之光线，抗粗暴之外气，莫非因激变而然也，追记从前之事势，目睹今日之开明，吾人将顶礼崇拜荷兰人之赐，而永世不忘矣。"①

那么，西方文化到底是通过哪些渠道渗入日本的呢？

一是"风说书"。按照幕府的规定，凡是来长崎经商的外国商人均要定期向幕府当局提交称作"风说书"的外情报告，其中，由中国商人提供者称"唐风说书"，由荷兰商人提供者称"荷兰风说书"。据统计，日本现存正保元年（1644 年）至安政三年（1856 年）"风说书"共 250 件②，内容涉及中国、印度、欧洲等国情况。如 1809 年的一份"风说书"载有法国军队入侵荷兰事件；1839 年的一份"风说书"报道，"广东禁止英吉利等国之鸦片走私，官府奉旨严查藏匿鸦片的基地"③。一位日本学者曾这样评价"荷兰风说书"在日本认识世界进程中的作用：

> 盖当时之我国，譬诸密闭之暗室。偶于户间之隙，漏一线之光明，惟借此一隙，得略窥户外之状况。有长崎之隙，为荷兰人所出入，幕府因之略知海外形势，若微荷兰人，而直到异国船舶出没沿海，迭来却盟，吾知幕府之狼狈，更有甚于此焉。幕府之先于世人，悟开国之不得已，攘夷之不可行者，实基于是。我国自长崎一隙，窥知外界，毅然撤尘障而放光明。受强国之光线，抗粗暴之外气，莫非因激变而然也。追记从前之事实，目睹今日之开明，吾人将顶礼崇拜荷兰人之赐，而永世不忘者也。④

二是荷兰商馆。按照幕府规定，荷兰商馆馆长需定期参见将军，以示感激和敬重。在馆长及其随员停留江户期间，大名、幕臣、医生、学者可与之接触，并探听海外情况，内容涉及西方风土人情和科技知识。如商馆馆医茨恩伯格（Carel Pieter Thunberg）曾教授前野良泽、吉雄耕牛等西洋医术，西保尔德获准在长崎鸣泷建立医塾治疗病患和教授近代西洋外科医术。幕臣新井白石曾先后四次与荷兰人会谈，所谈内容载于《和兰纪事》和《阿兰陀考》中。这两本书

---

① 斋藤奥治. 西力东侵史［M］. 秦元弼，译. 秦毓鎏，校译. 上海：上海文明书局，1903：76.

② 板沢武雄. 日蘭文化交涉史の研究［M］. 東京：吉川弘文館，1955：188.

③ 森睦彦. 阿片戰争情報としての唐風說書［J］. 法政史学，1958（20）：35-42.

④ 于桂芬. 西风东渐：中日摄取西方文化的比较研究［M］. 北京：商务印书馆，2001：86.

虽已散佚，但其基本内容体现于白石所著《采览异言》《西洋纪闻》两书中①，故有学者认为，"荷兰学之一途，草创于新井白石先生"②。图 3-1 为新井白石像。据统计，1611—1850 年，荷兰商馆馆长共参觐幕府 116 次③。这"不仅对欧洲人研究日本，还对日本人研究欧洲起了重要作用"④。

图 3-1　新井白石像⑤

　　三是日兰贸易。锁国时期，日兰贸易可分为本宗贸易和胁荷贸易。前者为官方贸易，主要从事生丝、丝织品、砂糖、香料等大宗货物的交易；后者属非官方贸易，主要交易品有玻璃制品、陶瓷、医药、钟表、书籍等。据考察，1641—1856 年，通过荷兰商馆输入日本的书籍约计 12600 册，内容涉及医学、动植物学、地理学等领域。例如，1659 年，输入兰书《草木志》；1663 年，输入《动物图谱》。在兰书的浸润下，"至 18 世纪后半叶，日本列岛已不知不觉地、逐渐地进入了东西世界文化共时性的圈内"，为兰学的诞生储备了知识。⑥

　　四是漂流民。漂流民是指因遭遇暴风雨袭击而漂流到外域的日本船民。据统计，1637—1867 年，日本共计发生漂流事件 254 起，漂流地主要在墨西哥、

---

①　《采览异言》按欧洲、亚洲、非洲、南北美洲的顺序描述了各国地理状况，主要资料来自利玛窦的《坤宇万国图说》和当时日本的荷兰地理书籍，并进行了详细的考证；《西洋纪闻》则主要根据对潜入日本的意大利传教士西多蒂的讯问整理而成。

②　沼田次郎. 日本と西洋 [M]. 东京：平凡社，1971：195.

③　于桂芬. 西风东渐：中日摄取西方文化的比较研究 [M]. 北京：商务印书馆，2001：96.

④　杉本勋. 日本科学史 [M]. 郑彭年，译. 北京：商务印书馆，1999：204.

⑤　陈杰. 明治维新：上 [M]. 西安：陕西人民出版社，2011：64.

⑥　杜慧君. 日本锁国时期长崎荷兰商馆的文化功能探析 [D]. 长春：东北师范大学，2017：23-26.

加拿大、俄罗斯、菲律宾等地①。漂流民归国后，奉命写下大量记录海外见闻的"漂流记"，成为幕府了解世界的一条渠道。明治年间，日本曾刊行《漂流奇谈全集》，其中收载《艺州善松北米漂流谈》《亚墨新话》《漂客谈奇》《纪州船米国漂流记》《播州人米国漂流记》等美国漂流记和《竹内德兵卫鲁国漂流谈》《神昌丸鲁国漂流始末》《漂客东察加出奔记》《督乘丸鲁国漂流记》《永涛丸鲁国漂流记》等俄国漂流记。与"风说书"相比，漂流记属实地见闻，进一步加深了幕府对海外的认识。

正是通过以上渠道，西方文化知识如涓涓细流，源源不断地渗入日本，并逐渐沉积起来，以至于在1720年以前就出现了一些介绍西方文化的著述，如荷兰人口译的《红毛火术录》（1641）、泽野忠庵译述的《商蛮天文书》（1650）、向井元升所著《红毛派外科秘要》（1654）、西川如见所著《华夷通商考》（1695）、栖林镇山所著《红毛外科宗传》（1706）、新井白石所著《采览异言》（1712）等。西学著述的出现既表明日本人对西方学术的认可，也意味着幕府文化封闭政策的松动，还为此后兰学的兴起做了知识准备。

如前所述，锁国之文化意图在于禁教，科学知识是受天主教的牵连而遭排斥的。因此，只有摒弃把"西方学术和天主教结合起来加以排斥的偏见"，才可能打开引进西学之门。1716年，德川吉宗继任将军，决定修订历法。基于"中国历法不足信"，京都银座官吏中根元圭建议"缓和禁书"，采用西学：

> 凡历法，唐土之法皆疏漏而难以使用，明时公历始入唐土之后，始知不少情况。本邦因严禁耶稣教，故有关天主教及利马窦等人之著作，悉在长崎烧毁。因此，可为历学依据之书甚乏。尊意欲令本邦历学达于精微，则建议首当缓和禁书。②

德川吉宗采纳了这一建议，并于1720年颁布"缓和令"，准许输入与天主教无关的西学书籍。这不但缓和了贞享禁书令，而且将宽永禁书令中定为禁书的《天学初函》里面凡与天主教无关的科学书籍加以解禁，从而创造了对西洋文化初步开放的政策条件。"于是学者渐起，讲究海外事情，其敌视外夷之心渐变而为畏敬西邦物质文明。"③ 此后，《历算全书》《西洋新法历书》《灵台仪象志》《历象考成》等汉籍西学书籍先后输入日本，进一步拓宽了日本人的知识视野。

---

① 于桂芬. 西风东渐：中日摄取西方文化的比较研究［M］. 北京：商务印书馆，2001：89.

② 杉本勋. 日本科学史［M］. 郑彭年，译. 北京：商务印书馆，1999：225.

③ 大隈重信. 日本开国五十年史：上册［M］. 上海：上海社会科学院出版社，2007：119.

随着对西学认可度与关注度的提高，日本逐渐萌发直接通过荷兰人而学习西学的意念。但是，由于语言文字的限制，"一般日本人要通过荷兰人或荷兰书学习欧洲的学问和知识那简直是近于不可能的"①。因此，如何培养西文阅读、移译能力便逐渐提到日程上来。

1740 年，幕府命侍医野吕元丈（1693—1761）和儒者青木昆阳（1698—1769）学习荷兰语及西学知识，"每荷兰船将抵江户，二人辄亲听其语言，介通事所解其义，迭迭不倦"。② 经过多年的努力，前者编著《阿兰陀本草和解》，后者则先后写成《荷兰话译》《荷兰话译后集》《荷兰文字略考》《荷兰文译》等语言学著作。从青木昆阳的著述来看，他掌握的荷语词汇只有千余，文法知识也近于全无，但其学术成就在日本西学史上仍具有重要意义。此前日本学者主要通过汉译西书而研习西学，此后"才通过荷兰书的读解而开辟正式移植和研究西方学术的道路"③。从此，荷兰语的学习受到尊重，人们"再也不能说'蛮子学问'是无所谓的追求而加以置之不理了"，"荷语学习就这样从一小批长崎翻译推广到将军的宫殿，曾几何时，日本各地学习西学的人士就比比皆是了"。④

二、兰学的产生与发展

由德川吉宗播下的西学种子，到所谓"田沼时代"（1767—1786 年）得以开花。田沼时代，日本社会兴起一股时称"兰癖"的崇尚荷兰文化的风潮，不论大名、富商还是庶民阶层，"只要从荷兰输入的科学仪器和工艺品一概收买"，不少知识人则"托人情找门路，去拜访到江户参觐的荷兰人，在宿舍里和他们欢谈，或就西方学术文化提出询问"。如熊本藩主细川重贤、萨摩藩主岛津重豪、福知山藩主朽木昌纲、福冈藩主黑田齐清、萨摩藩主岛津齐彬等均为"兰癖大名"。

于是，日本陆续有借荷兰文化而成之西学著译问世，如后藤梨春所著《红毛谈》（1765），本木良永所译《荷兰地图略说》（1771）、《阿兰陀地球图说》（1772）、《天地二球用法》（1774），本木良永所译《和兰全躯内外分合图》（1772），前野良泽、杉田玄白等所译《解体新书》（1774），等等。其中，《解体新书》在日本西学史上影响最为深远。图3-2 为《解体新书》书影。

---

① 杉本勋. 日本科学史［M］. 郑彭年，译. 北京：商务印书馆，1999：207.
② 大隈重信. 日本开国五十年史：上册［M］. 上海：上海社会科学院出版社，2007：527.
③ 杉本勋. 日本科学史［M］. 郑彭年，译. 北京：商务印书馆，1999：230-231.
④ 王勇，王宝平. 日本文化的历史踪迹［M］. 杭州：杭州大学出版社，1991：93.

图 3-2 　《解体新书》书影

　　《解体新书》（*Anatomische Tabellen*）为德国医学家克鲁姆斯（J. Kulmus）所著。1774 年，驻江户藩医前野良泽（1723—1803）、杉田玄白（1733—1817）等据荷译本将其译成日文并在日本出版。该书虽然不是日本最早的荷文译著，却是专业人士而非一般译员"看到西方医学优越性以后想直接从原典学习"而苦心翻译之作，其学术意义在于"开辟了直接通过荷兰书移植和研究西欧科学技术的道路"①。因此，学术界一般将《解体新书》的出版作为兰学开始形成的标志。日本学者小川鼎三即说："《解体新书》的翻译是杉田玄白一生中的大业绩，同时也是日本文化史上的'金字塔'，日本人（不是全部）对事理的想法因此大受影响。"② 美国学者唐纳德也说："《解体新书》的出版不仅在于兰学本身，重要的是掀起了全社会关注兰学的大潮。"③ 还有学者认为，《解体新书》"不仅在医学界，而且也为兰学的其他领域确立了近代的科学研究方法，完成了日本科学史上一次质的飞跃，同时也开辟了一条通向近代学术的道路，从而使兰学与儒学、国学并驾齐驱，成为近世日本的三大学问体系之一"④。图 3-3 为杉田玄白像。

①　杉本勋 . 日本科学史［M］. 郑彭年，译 . 北京：商务印书馆，1999：234.

②　沼田次郎，松村明，佐藤昌介 . 日本思想大系：65［M］. 東京：岩波书店，1976：479.

③　金 . 日本发现欧洲（1720—1830）［M］. 孙建军，译 . 南京：江苏人民出版社，2018：26.

④　赵德宇 . 近世洋学述论［J］. 世界近现代史研究，2004（1）：172-182.

图 3-3　杉田玄白像①

　　所谓"兰学"，是指经由荷兰、通过荷兰语传播到日本的所有西洋学术的总称。作为一个异于儒学、佛学、国学的新兴学派，兰学的产生既以儒学世界观的解体和华夷观的崩溃为思想前提，又以日渐积累起来的西方学问为知识条件，还以禁书"缓和令"的颁布和"兰癖"风潮的兴起为政策与社会条件。《解体新书》问世后，"大批有志青年投奔于前野、杉田的门下"，兰学"从此成为与传统儒学研究相提并论的学问，得到有识之士的关注"，从江户、长崎扩展到京都、大阪等地，从医学扩展到其他学科。1815 年，年过 80 的杉田玄白在回顾兰学发展历程时曰：

　　　　（兰学）犹如滴入宽阔池塘中的一滴油一样，渐渐扩散到整个池塘。最初仅有前野良泽、中川淳庵和我三个人，我们一时兴发，发起了这门学问。50 年过去了，兰学已经遍布日本国内的每个角落，听说每年都有翻译书籍出版。这种兴盛情形，宛若一条狗漫不经心地吠叫之后，立刻有上万条狗齐声回应，高吠不止。②

　　前野良泽、杉田玄白为江户兰学的宗师，其门生以大槻玄泽最有成就。大槻玄泽（1757—1827），仙台藩人，一生译著达 110 种③。1786 年，他在江户开设芝兰堂，招徒讲学，从 1789 年至 1826 年，以指血署名的门徒即达 94 人④，

---

①　杉田玄白. 蘭學事始［M］. 天真樓藏版. 明治二年：插图.
②　杉田玄白. 蘭学事始［M］. 東京：岩波書店，1982：182.
③　杉本つとむ. 江戸時代蘭語学の成立とその展開：第 1 卷［M］. 東京：早稻田出版部，1978：173-176.
④　沼田次郎，松村明，佐藤昌介. 日本思想大系：64［M］. 東京：岩波書店，1976：594.

著名弟子有稻村三伯、宇田川玄真等，幕末明初不少著名兰学者如福泽谕吉、大村益次郎等皆出自这一学系。

长崎兰学的代表人物有本木良永、吉雄耕牛、志筑忠雄。本木良永（1735—1794）为荷兰通词的第三代传人，长于天文地理学译述，代表作有《天地二球用法》《新制天地二球用法记》等，在日本最先介绍了哥白尼的太阳系理论，以及开普勒、伽利略直至牛顿的"地动说"的发展情况。吉雄耕牛（1724—1800）出身于荷兰通词世家，多年师从荷兰商馆馆医学习西医，医学译著多达 38 部，其创设的成秀馆招收徒众达 700～1000 人。① 志筑忠雄（1760—1806）也系荷兰通词，其师为本木良永，后辞去通词工作，专心研习兰学，代表作有《历象新书》，将牛顿的天体力学体系移植到日本。

京都兰学为小石元俊开创。小石元俊（1741—1808）初习古医方，继而受教于杉田玄白和大槻玄泽，后往来于京都、大阪之间，讲解《解体新书》，鼓吹兰学。新宫凉庭（1787—1854）也是京都著名兰学家，曾在长崎学习荷兰医学，后在京都设立顺正书院，从事医学教育工作。

大阪兰学始于桥本宗吉。桥本宗吉（1763—1836）曾先后就教于兰学家小石元俊、大槻玄泽，与稻村三伯（1758—1811）、宇田川玄真（1769—1834）、山村才助（1770—1807）并称"玄门四天王"。后在大阪开设丝汉堂，从事以医学为主的兰学教育，"名声突然震惊天下，乞医者、求教者云集一时，门庭若市"②。毕生翻译"泰西本草学 300 余卷"，"五畿七道近国的有志者莫不仰望他，被誉为'日本实验电气学之祖'和以'京阪为中心的关西地区的第一兰学大家'"。③ 代表作有《荷兰始制摩擦起电机究理原》《兰科内外三法方典》等，其弟子伏屋素狄、大矢尚斋等在基础医学方面也卓有建树。

兰学家或著书立说，普及西方科学文化知识，或建立学堂，培养兰学人才，有力地推动了兰学的发展。在医药学领域，继《解体新书》之后，1792 年，宇田川玄真随翻译刊行了当时世界著名医学家考特（Johannes de Gorter）于 1774 年发表的《西学内科撰要》，打破了"西方医学只限于外科的谬论"。1799 年，宇田川玄真译出《泰西眼科全书》，1816 年，杉田立卿译出《眼科新书》，将西医眼科学介绍到日本。1820 年，宇田川玄真著《荷兰药镜》，1822 年，又著

---

① 杜慧君. 日本锁国时期长崎荷兰商馆的文化功能探析［D］. 长春：东北师范大学，2017：29.

② 宫本又次. 大阪における蘭学の発達と橋本宗吉：第 4 卷［M］. 東京：清文堂，1976：137.

③ 赵建民. 大阪兰学始祖：桥本宗吉的生平和业绩［J］. 日本学刊，1997（2）：139-148.

《远西医术名物考》，1834 年，宇田川榕庵出版了《远西医术名物考补遗》，比较系统地介绍了西方药物学知识。1825 年，大槻玄泽翻译出版了德国医生海斯特尔（Lorenz Heister）所著《疡科新书》，1826 年，又出版《重订解体新书》，1830 年，杉田立卿译出维也纳医生普林基（J. J. Plenck）所著《疡科新选》，将西医外科临床技术引入日本。1832 年，高野长英著《医原枢要》；1842 年，绪方洪庵译出德国名医扶费兰（C. W. Hufeland）所著《扶氏经验遗训》，1849 年，又出版了病理学著作《病学通论》，开西医生理学、病理学介绍和研究之先河。据不完全统计，1744—1852 年，日本译述医学方面的书籍达 480 种，译述者达 115 人。① 于是，作为西医学基础理论主要分科的解剖学、生理学、病理学全部传入日本。大隈重信曾高度评价了西医输入在日本学术史上的作用：

> 此风气之发动，亦非无故，实因西邦医学在日本夙能启发人之智识耳。距今七十年前，行锁国政策，西邦文明不得输入而医术独脱此禁制。此时，医家以不挠之精神，研究西邦医术，由长崎摄收西邦科学之智识，使渐传播于少数人士之间，涓涓之流，渐汇集遂得泛滥之势。于是政海行舟筏排波涛而达维新之岸耳。②

在天文地理学领域，最引人注目的是本木良永（1735—1794）引入了"日心说"和"地动说"。他于 1774 年、1793 年，先后翻译了《天地二球用法》《新制天地二球用法记》，专门介绍了哥白尼的太阳系理论，以及开普勒、伽利略直至牛顿的"地动说"的发展情况，并指出托勒密的"地心说"是旧学，而哥白尼的"日心说"是新学。1802 年，志筑忠雄据牛津大学教授凯尔（Tohn Keill）所著天文学著作编译出《历象新书》，将牛顿的天体力学理论系统地移植到日本。据统计，1720—1853 年，日本出版关于世界史译、著达 400 多种③，如大槻玄泽、桂川甫周所著《万国图说》（1786），朽木昌纲所著《新撰泰西舆地图说》（1789），司马江汉所著《舆地全图》（1792）和《舆地说略》（1792），桥本宗吉所著《新译地球全图》（1796），山村昌永所著《订正增译采览异言》（1803），高桥景保所著《新刻总界全图》（1809），伊能忠敬所著《大日本沿岸舆地全图》（1821），等等。其中，《订正增译采览异言》堪称"集大成之作"，

①　赵德宁. 中日早期西学差异论析［M］//南开大学世界近现代史研究中心. 世界近现代史研究（第三辑）. 北京：中国社会科学出版社，2006.

②　大隈重信. 日本开国五十年史：上册［M］. 上海：上海社会科学院出版社，2007：41.

③　開国百年紀念文化事業会. 鎖国時代日本人の海外知識：世界地理・西洋史に関する文献解題［M］. 東京：原書房，1980：463-476.

所参考的"洋书"多达 32 种。① 兰学家大槻玄泽称赞"其说精详明备，增续重定之功，尽白石先生所未能尽之地海。坤舆方域之至大，四方万国地形之广袤，国俗之情态，政治之得失，人类之强弱，物产之怪异，周悉至其极"。② 西方天文地理学知识的传入拓宽了日本人的视野，为日本认识世界、走向世界提供了知识条件。

在理化生物学领域，1825 年，青地林宗（1775—1833）译述《气海观澜》，比较系统地阐述了热、光、声、电、磁等物理现象的基本特质，堪称日本"最早有系统地介绍和研究西方物理学的著作"。1836 年，帆足万里（1778—1852）著《穷理通》，述及恒星、银河、太阳自转，以及日月食的原理和地球形态、气候、地质、潮汐、引力、大气等知识，可谓物理学百科全书。1837 年宇田川榕庵（1798—1845）以英国化学家威廉·亨利（Willian Henry）所著《化学概要》（Epitome of chemistry）为蓝本并参考其他化学书籍编译出《舍密开宗》，不仅系统地介绍了化学物质的一般知识，而且对化学分析、物质的制取和应用做了较全面的阐述，可以说是一本把化学名词和化学知识最先引入日本的启蒙教科书。此外，宇田川榕庵还著《菩多尼诃经》《植学启原》，介绍了瑞典植物学家林耐（Card von Linne）的基本理论，阐述了植物的形态、构造和生理，奠定了日本"科学的植物学研究的基础"。

在语言学领域，1783 年，大槻玄泽编纂《兰学阶梯》，介绍了荷兰文字的构成和发音、翻译要领等，成为日本初学荷语之入门指南。1796 年，稻村三伯、宇田川玄真等编著最早的荷日词典《波留麻和解》（《江户哈尔马》），收录词汇多达 64035 个。1833 年，长崎译员又编纂另一部荷日词典《长崎哈尔马》，并于 1858 年以《荷兰字汇》之名出版。与此同时，兰学者还编纂了荷语文法书籍。如 1810 年，马场佐十郎和大槻玄泽编纂了《荷兰辞类译名钞》，1814 年，又编纂《荷兰文范摘要》，1816 年，大槻玄泽编著《兰学凡》等。

在从事兰学译述的同时，兰学家还开办学塾，致力于人才培养。据统计，自兰学初兴至幕末，日本有证可考的兰学塾多达 30 余家，培养人才 9000 余人，主要分布在江户、长崎、京都、大阪等地③，比较著名者见表 3-1。值得一提的是，在这些兰学塾中有一所名为"鸣泷塾"的兰学塾为德籍荷兰商馆医生西保

① 開国百年紀念文化事業会. 鎖国時代日本人の海外知識: 世界地理·西洋史に関する文献解題 [M]. 東京: 原書房, 1980: 46.

② 沼田次郎. 洋学伝来の歴史 [M]. 東京: 至文堂, 1960: 97.

③ 愛知大学綜合郷土研究所. 近世の地方文化 [M]. 東京: 名著出版, 1991: 40-41.

尔德（Philip Franz von Siebold，1796—1866）所开办，成为"尊崇欧洲学术之日本人的集聚地……由此区区小天地将科学的新曙光辐射四方"①，就学者达数百人，诸如著名兰学家渡边华山、高野长英、伊东玄朴和"兰癖大名"岛津重豪、岛津齐彬、奥平昌高等均曾就学于此。除了他的门生以外，曾和他接触过的众多幕府医师和江户学者在学习研究上也多少受到他的启发。

表 3-1　兰学塾一览

名称	地点	创办者	名称	地点	创办者
成秀馆	长崎	吉雄耕牛	和田塾	江户	佐藤泰然
观象堂	长崎	吉雄常三	江川塾·韭山塾	江户	江川太郎左卫门
青囊堂	长崎	吉雄权之助	绳武馆	伊豆	江川英龙 高岛秋帆
鸣泷塾	长崎	西保尔德	好兰堂	岐阜县·大垣	江马兰斋
稽古堂	丰后	帆足万里	顺正书院	京都	新宫凉庭
天真楼	江户	杉田玄白	学馆医学院	京都	畑黄山
芝兰堂	江户	大槻玄泽	蓼莪堂	京都	吉雄元吉
风云堂	江户	宇田川玄真	究理堂	京都	小石元俊 小石元瑞
安怀堂	江户	坪井通道	素珍馆	京都	小森桃坞
日习堂	江户	坪井通道	春林轩	纪伊	华冈青洲
好生堂	江户	坪井信友	丝汉堂	大阪	桥本宗吉
兰馨堂	江户	吉田长淑	思思斋塾	大阪	中天游
象先堂	江户	伊东玄朴	适塾	大阪	绪方洪庵
迎翠堂	江户	土生玄硕	名塩兰学塾	兵库县·名塩	伊藤慎藏
冰解塾	江户	胜海舟	昭渊堂	大阪	高良斋
膺惩馆	江户	下曽根金三郎	五岳堂	宇和岛	高野长英
象山书院	江户	佐久间象山	顺天堂	佐仓	佐藤泰然
鸠居堂	江户	大村益次郎	英兰塾	兵库县·三田	川本幸民
庆应义塾	江户	福泽谕吉			

据考证，兰学塾生源遍布各藩，如天真堂的学生分别来自 38 个藩国，其

---

①　日獨文化協会．シーボルト研究［M］．東京：名著刊行会，1979：31.

中，东海道诸国 26 人，东山道诸国 25 人，北陆道诸国 18 人，山阴道诸国 6 人，山阳道诸国 6 人，南海道诸国 10 人，西海道诸国 12 人，畿内山城国 1 人①。鸣泷塾塾生除来自长崎外，可考者还有 13 个藩国，其中，筑后 2 人，筑前 4 人，久留米 1 人，肥前 1 人，伊予 1 人，阿波 1 人，赞岐 1 人，国防 2 人，长门 2 人，安艺 2 人，备后 1 人，备前 2 人，美作 1 人②。适塾和象先堂的塾生更遍布日本现行行政区划 47 个都道府县中的 45 个③。到 18 世纪末，日本已形成一个以江户为中心辐射各地的兰学系统。我们可以从 1796 年、1798 年两次兰学家集会名簿所记兰学家的出生地看出兰学在日本各地的分布情况（见表 3-2）。

表 3-2 兰学家地域分布

地区	人数（人）	地区	人数（人）
东北地方	14	关东地方	6
江户	14	中部地方	11
近畿地方	10	中国地方	13
四国地方	1	九州地方	8

数据来源：沼田次郎. 洋学伝来の歴史［M］. 東京：至文堂，1960：89.

兰学塾学生不仅分布广，而且来自各阶层。如在有据可查的 111 名适塾塾生中，藩士 15 人，幕府侍医、藩医等 46 人，町医 34 人，农民 13 人，町人、神官 3 人④。另据统计，在 1786 年和 1789 年江户学者的两次集会中，参加人数达 104 人，身份可考者 67 人，其中，医生 34 人，藩主、幕臣、藩士 14 人，其他 19 人⑤。兰学塾提倡身份平等，注重学术水平，如箕作麟祥的迎曦堂规定："塾中学生不问贵贱长幼，亦无士农工商之别，皆依学术水平以定坐席顺序，以右席为序，于每月朔日，依轮讲优劣更换位置。"⑥ 兰学塾创办者之间普遍存在着一种学缘关系，塾生可以在各学塾之间自由流动，也经常进行学术交流。如大阪医生斋藤方策曾先后就学于大槻玄泽的芝兰堂、小石元俊的穷理堂、宇田川玄真

① 片桐一男. 杉田玄白［M］. 東京：吉川弘文館，1990：343.
② 久米康生. シーボルトと鳴滝塾：悲劇の展開・書前圖表［M］. 東京：木耳社，1989.
③ 田崎哲郎，梅溪升. 主要蘭学塾門人名簿［M］//日本蘭学会. 洋学史事典：附表 5. 東京：雄松堂，1984.
④ 海原徹. 近世私塾の研究［M］. 京都：思文閣，1993：257.
⑤ 赵德宇. 日本近世洋学与明治现代化［J］. 南开学报（社会科学版），2010（3）：17-26.
⑥ 山本四郎. 小石元俊［M］. 東京：吉川弘文館，1989：156-157.

的风云堂、杉田玄白的天真楼，以及马场佐十郎的三新堂。1794 年，大槻玄泽在芝兰堂召集兰学者集会，庆祝元旦，史称"新元会"。在会上大槻玄泽作《兰学会盟引》，与会者以大槻玄泽的弟子为主，进行了学术讨论。嗣后每逢元旦，皆召开新元会，到 1837 年共举办过 44 次①。日本早稻田大学图书馆藏有新元会祝宴图，其"场面象征着以荷兰医学者为中心的近世日本人西洋观发生巨变"。② 图 3-4为芝兰堂新元会图。

图 3-4　芝兰堂新元会图③

兰学塾为日本培养了大批西学人才，仅江户的芝兰堂、大阪的适塾和肥前的象山堂等几所学塾，就学人数前后达几千人④。这些人或受聘于幕府洋学机构蕃书调所和各藩洋学机构，或于体制外为社会变革奔走呼号，成为在幕末维新社会转型过程中的中坚力量。其中，伊东玄朴（1800—1871）和绪方洪庵（1810—1863）分别创办的象先堂和适塾，各有学生 406 名和 637 名⑤。这两个学塾培养了不少医生、化学家、兵学家、思想家、社会活动家。如日本法学创始人津田真道、明治政府外务卿寺岛宗则、日本海军重要创始人肥田宾五郎等出自象先堂，日本陆军创始人大村益次郎、明治政府卫生局局长长与专斋、启蒙思想家福泽谕吉出自适塾。"这意味着从封建束缚下解放出来的新知识分子阶

① 赵德宇. 日本近世洋学与明治现代化 [J]. 南开学报，2010（3）：17-26.
② 钱国红. 走进"西洋"和"东洋" [M]. 北京：商务印书馆，2009：109.
③ 金. 日本发现欧洲 [M]. 孙建军，译. 南京：江苏人民出版社，2018：31.
④ 李文. 武士阶级与日本的近代化 [M]. 石家庄：河北人民出版社，2003：323.
⑤ 愛知大学綜合郷土研究所. 近世の地方文化 [M]. 東京：名著出版，1991：40.

层的出现。……这样的新知识分子才是幕末维新时期科学技术的接班人。"① 图3-5 为绪方洪庵像。

图 3-5 绪方洪庵像②

三、兰学的转向

在兰学的发展过程中，随着日本国内外形势的变化，其移植主体逐渐由医生等民间知识分子转向士族阶层，其学术属性和范围也逐渐出现了从私学向官学、从兰学到洋学的转化。

1. 移植主体的转换

如前所述，兰学是一门通过荷兰人或荷兰语文献学习、研究西学的学问。据有关研究③，在兰学正式产生之前，西学的移植主体主要由两部分人构成，一是为了通商而至日本的荷兰人，二是以荷语翻译为主的译员集团。由于二者普遍缺乏必要的专业训练和科学素养，因此其所译介西学著述不仅数量有限，而且比较肤浅。兰学产生后，医生群体一度取代了先前的荷兰人和日本译员集团成为兰学研究的主体，但到幕末兰学移植主体又让位于士族阶层。福泽谕吉曾概括这一变化趋势："宝历明和以来八九十年间的兰学是医师的兰学，然而弘化嘉永以后的兰学则是士族的兰学。"④

幕府末期，不仅是幕府所办洋学机构的学员主要来自士族，而且即便在民

---

① 杉本勋. 日本科学史 [M]. 郑彭年，译. 北京：商务印书馆，1999：298.
② 高桥京子. 绪方洪庵藥の箱研究 [M]. 大阪：大阪大学出版会，1978：封面截图.
③ 翟新，于大龙. 近世日本对西方科学移植研究的主体及特征 [J]. 社会科学战线，1991（2）：199-204.
④ 中山茂. 幕末の洋学 [M]. 東京：ミネルヴァ書房，1984：58.

间士人所办学塾中士族出身的学员所占比例也越来越大。如象先堂门人中有 179 名出身于武士门第，几占总数的一半以上，其中，除医生外，纯武士为 41 名①。另据考察，当时江户的洋学家计 58 人，其中，士族占 2/3 以上②。甚至可以断言，江户末期和明治初期活跃于科学技术乃至思想文化领域的洋学家，大多是此期受过西学熏陶的士族。江户时期，士族不仅是政治权力的垄断者，也是文化资源的占有者。不难想象，近代科学一旦由这个处于特殊社会地位的阶层所掌握，将会产生怎样的影响。仅就科学领域而言，以通晓近代科学技术为标志的新型知识分子集团在士族内部的出现和扩大，不仅使日本的科技队伍获有更加广泛的社会基础，也极大地改变了这支队伍的构成，即促成科技人员的类型发生根本转变。据统计，1840 年以前，日本科技人员中近代型的比例尚占 53%，到 1855 年上升为 82%。③"到明治维新之前，西学已在日本成为一股无法压抑而具有强大生命力的新思潮。所以即使在锁国时代，西学通过'兰学'仍然得以引进。"④

2. 从私学向官学

兰学初创之时，虽曾受到当政者的关注，但"其输入及研究却以民间为主"⑤，前列著名兰学塾皆为民间私学机构。然而，作为一种来自"异文化圈"的学问，兰学毕竟与日本"旧学"具有不兼容性，因此在其发展过程中不可避免地遭到政府的干预乃至抵制。在兰学的发展过程中，主要遭受三次大的挫折。

第一次是"宽政异学之禁"。1790 年，幕府下令禁止"异学"，兰学研究与传播被纳入幕府的统制之下。为了获取必要的西学知识，以应对日益严峻的西势东渐形势，1811 年，幕府在天文方设立了"蕃书和解御用挂"，集结了包括大槻玄泽、马场之师在内的一些优秀的兰学者进行西洋书籍的翻译。"这一机构的设立，意味着原先仅作为自身爱好而产生的私学，开始作为服务于权力的知识而得到承认。"⑥ 于是，原来作为"厚生利用"而存在的兰学，开始成为御用学问。因此，有人将大槻玄泽出任兰书译局作为"兰学成为公学的开始"。⑦ 在

---

① 杉本勋.日本科学史 [M].郑彭年，译.北京：商务印书馆，1999：297.

② 板沢武雄.日蘭文化交渉史の研究 [M].東京：吉川弘文館，1959：48.

③ 湯淺光朝.日本の科学技術 100 年史：上 [M].東京：中央公論社，1980：15.

④ 渡边与五郎，等.西学东渐：中日近代化比较研究 [M].北京：中国社会科学出版社，2008：17.

⑤ 藪内清.西欧科学与明末 [M] //刘俊文.日本学者研究中国史论著选译：第十卷.北京：中华书局，1992：82.

⑥ 佐藤昌介.洋学史研究序說：洋学と封建権力 [M].東京：岩波書店，1964：118.

⑦ 杉田玄白.蘭学事始 [M].東京：岩波文庫，1988.

大规玄泽的主持下，该机构编译《厚生新编》。《厚生新编》的原书是法国人诺埃尔·肖梅尔（1633—1712）《日用百科辞典》（1709）的荷兰语版本。此书卷帙浩繁，兰学家虽然仅仅选取动植物、矿产、疾病、工艺等条目翻译成日文，但历时 30 年，最终成稿 70 卷。①

　　第二次是"西保尔德事件"。1828 年，西保尔德任满归国，启程时因被查出带有日本地图等违禁物品而遭逮捕。为此幕府发动大狱，逮捕了数十名与西保尔德关系密切的兰学者，其中，高桥景保（1783—1829）死于狱中，其子也被流放远岛。高桥景保为幕府"天文方笔头"，"他的兰学知识卓尔不凡，世人公认的满语研究奠基人"，与荷兰商馆馆长关系密切。因赠予西保尔德日本地图资料而受牵连。在他死后一年，其被腌制的尸体仍被处以斩首之刑。兰学的传播再次受到阻遏。图 3-6 为西保尔德像。

图 3-6　西保尔德像②

　　第三次是"蛮社之狱"。蛮社又称"尚齿会"，系指由兰学家和部分开明官吏组成的一个学术团体，致力于兰学和时务研究。1837 年，"马礼逊号"事件发生后，日本国内人心汹汹。蛮社成员渡边华山和高野长英分别撰写了《慎机论》和《梦物语》，阐述了世界发展大势，斥责幕府的攘夷政策措置失当，主张取消《异国船驱逐令》，并提出"因时变而立政法乃古今之通义"的应对策略。保守派认为，其"赞美异国、诽谤我国"，"妄评政治、动摇民心"。1839 年，

　　① 许美祺.《兰学事始》与三个时代的兰学 [J]. 日本研究，2015（4）：88-95.
　　② 金. 日本发现欧洲 [M]. 孙建军，译. 南京：江苏人民出版社，2018：158.

幕府以企图偷渡国外、非法贸易之罪逮捕了渡边华山、高野长英等尚齿会成员，并下令取缔除天文方和兰方医学以外的一切兰学著作，实行兰学著作出版的町奉行审查制。渡边华山、高野长英先后在狱中自杀，兰学研究与传播被幕府进一步掌控。

经过幕府屡次打击，"蛮学者流一时大为畏缩，蛮学顿时衰退"。① 在作为"私学"的兰学萎缩的同时，作为"官学"的兰学却日益发展并制度化。如前所述，1811 年，幕府设立了官办兰学研究机构蕃书和解方。其后，这一机构又演变成蕃书调所、洋书调所、开成所，成为幕府移植西方文化的中心。这意味着幕府已不得不承认"洋学已经成为不可或缺的知识了"②。

3. 从兰学到洋学

兰学是日荷交通的产物，其后随着英、法、德等国相继叩关，日本与西方的交通广度及深度日渐拓展和深化，英吉利、法兰西、德意志等学便相应产生。于是，日本的西学由原先的兰学发展为融汇"众学"、内涵更加广泛的洋学。洋学既具有学科的跨越性，也具有国家的跨越性。如果说兰学是通过荷兰语学习西学的活动，那么洋学则是将西学广泛运用于实践的活动。其时为了实现富国强藩的目的，幕府与诸藩无不努力加强洋学教育和研究，并将之运用于军事实践。

1856 年，幕府将蕃书和解方改建为综合性洋学研究机构蕃书调所。这标志着日本有组织、有系统地移植和研究西方文化的开始。该所开设之初即招收学员 350 名，至 1866 年拥有教授 31 名③，加藤弘之、西周、津田真道等后来"明六社"成员皆在其内，开设的科目除荷、英、法、德、俄等国语言外，还有天文、地理、数学、物理、化学、器械等。蕃书调所还是全国最大的洋书收藏中心，至 1859 年，已藏有洋书 600 部，仅现藏于东京上野图书馆内藏盖有蕃书调所藏书印者就达 690 册④。此外，如表 3-3 所示，幕府还创办一些专科性西学教育机构，培养了不少西学人才。如长崎海军传习所，第一批学员就达 170 余人⑤。以胜海舟为首的幕府海军中坚集团，以及后来仕于明治政府的榎本武扬等

① 佐藤昌介，植手通有，山口宗之 . 日本思想大系：55 ［M］. 東京：岩波書店，1971：103.
② 信夫清三郎 . 日本政治史：第一卷 ［M］. 周启乾，译 . 上海：上海译文出版社，1982：58.
③ 沼田次郎 . 洋学伝来の歴史 ［M］. 東京：至文堂，1960：162.
④ 赵德宇，武安隆 . 幕末洋学简论 ［J］. 日本问题研究，1996（3）：46-49.
⑤ 周启乾 . 日本近现代经济简史 ［M］. 北京：昆仑出版社，2006：39.

众多海军军人皆为该讲习所的学生。一时间，军事科学成为洋学中的主流，1854—1868 年，仅有关军事科学的译著即达 262 种。[1]

表 3-3　西学教育机构一览

名称	创办时间（年）	备注
长崎海军传习所	1855	
箱馆分析所	1856	后改称"诸术调所"
种痘馆	1857	后改称"种痘所、西洋医学所、医学所"
长崎养生所	1857	后改称"精得馆"
长崎英语传习所	1858	后改称"英语稽古所、洋学所、济美馆"
横滨修文馆	1861	后改称"语学所、英学校、洋学所"
神户海军操练所	1863	
江户海军所	1867	
江户陆军所	1867	

资料来源：周启乾 . 日本近现代经济简史［M］. 北京：昆仑出版社，2006：39.

在兴办洋学教育基地的同时，幕府还通过"请进来"和"走出去"的方式引进与培养西学人才，以满足日益紧迫的科技需求。据统计，1855—1867 年，幕藩政府总计延聘各类外国专家 212 人；自 1860 年首次派出赴美使节团到 1867 年，幕府先后遣往欧美各国的使节团达 6 次之多，再加上 1862 年派往荷兰的留学生 15 名，派出总人数约 300 人。[2] 通过技术人才的培养和积累，幕府于 1853—1867 年陆续建立了拥有近代设备的江户铸炮场、浦贺造船所、石川岛造船所、关口大炮制作所和江户泷野川火药制造所等重工业基地。[3]

与此同时，各藩也纷纷开办洋学教育机构，着手创办近代工业。据统计，在幕末 240 所藩校中，有 77 所藩校开设了天文、地理、数学、物理、化学等洋学课程[4]。1851—1862 年，佐贺、萨摩、水户等藩共建造反射炉达 28 座，铸炮 360 余门[5]。其中，萨摩藩所的洋学实践最突出。萨摩藩在"兰癖"藩主岛津重豪（1745—1833）时代就很重视兰学，岛津齐彬（1809—1858）继任藩主后，

---

① 中山茂 . 幕末の洋学［M］. 東京：ミネルヴァ書房，1984：38.
② 沼田次郎 . 日本と西洋［M］. 東京：平凡社，1971：349-350.
③ 万峰 . 日本资本主义史研究［M］. 长沙：湖南人民出版社，1984：57.
④ 笠井助治 . 近世藩校の综合的研究［M］. 東京：吉川弘文館，1982：274-291.
⑤ 中山茂 . 幕末の洋学［M］. 東京：ミネルヴァ書房，1984：129.

更热心于收集洋书，并先后聘用伊东玄朴、坪井通道、箕作阮甫等当时一流的洋学家翻译西书，以资炮术、造船之用。1853 年，萨摩藩建成反射炉，1855 年，制造出日本第一艘蒸汽船，同时，还从外国购入船只用于军事和贸易。1857 年，将藩内所有西式设施总称为"集成馆"，开始研制瓦斯灯、电机电信等近代工业制品。1864 年，该藩创办了传授陆海军各科技术的藩里开成所，并于 1867 年建成日本第一家洋式纺织厂——鹿儿岛纺绩所。1865 年，佐贺藩的三重津造船所成功建造了蒸汽船"凌风丸"，见图 3-7。其他各藩的具体发展情况虽然不尽相同，但大抵也推行了学洋学、兴工艺的政策。

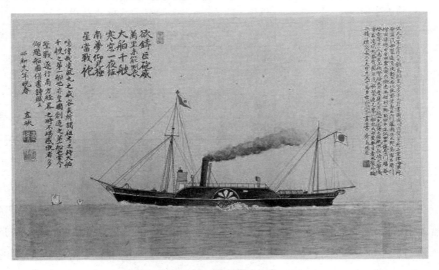

图 3-7 "凌风丸"①

　　兰学及洋学在日本现代化进程中具有极其重要的意义。如果说 1720 年的"解禁令"标志着日本文化闭关政策开始松动，那么兰学正是这一政策松动的结果。对德川幕府来说，"解禁令"原本是用来引进西方科技、强化锁国外交政策的，殊不知这一法令本身就是一项"文化开国"措施，其结果是培养出一批面向世界、要求开放的兰学者。兰学者是日本开眼看世界的先驱，当西势东渐大潮呼啸而来时，他们站得高、看得远，率先展开对锁国政策的批判。

---

　　① 蒸汽船"凌风丸"图，日本佐贺城本历史馆藏。

第三节 开国通商观念的萌动

从 18 世纪下半叶开始，日本结束了锁国以来长达百余年的"太平梦"，开始与西方国家频繁交锋。这一时期，西方对日本的冲击已突破原先的文化渗透方式，而主要采取叩关的形式。1777 年，俄国商人列别杰夫率远征队在北海道的厚岸登陆，要求松前藩允许通商；1792 年，俄国正使拉克斯曼抵日，要求幕府通商。国际形势的这一变化，骤然打破了"元寇"入侵日本以来相安无事的寂静气氛，在日本朝野引起了人心的波动。德川幕府逐渐意识到锁国外交已陷于危机之中，力图通过加强防务、引进"西艺"等措施加以补救；而兰学者则凭借其新知识对既有外交政策加以检讨和批判，建议开国通商。

一、危机意识的萌发

面对俄人的南下，幕府的反应起初比较迟钝。据历史记载，早在 1739 年，俄国海军中校什潘别尔格就已率舰叩响了日本陆奥国的大门。此后俄人虽一度从日本近海消失，但并未放弃叩关的打算。1771 年，俄国战俘匈牙利人比奥尼奥夫斯基向长崎荷兰商馆馆长写信警告说：俄国对虾夷各地有"企图进攻的计划"，希望日本引起注意。然而，无论是什潘别尔格来航，还是比奥尼奥夫斯基的警告，都未能使幕府感到危机在即。因此，当什潘别尔格来航的消息报告给老中松平乘邑后，他只是向管理沿海幕府直辖领地的代官发出这样的指示："因奥州至房州海上一带有外国船只出现，已通知，如登陆则加以抑制，并须报告；如追捕时逃去，可听任之。如扣留一两人，亦无不可。一切应照此办理。"① 对于比奥尼奥夫斯基的警告，幕府的反应也大体如此。直到 18 世纪 80 年代，幕府对俄人的活动才有所警觉，而这又不能不归之于兰学者的观察研究。

18 世纪下半叶，兰学尚处于初始阶段。如果说兰学主要是在西洋科学方面让日本人开了眼界，那么与俄罗斯的接触则可谓给"日本注入了新的动力，让他们领悟到日本的孤立即将被打破，日本必须在技术上和军事上与欧洲做到平起平坐"。② 面对西人的叩关活动，兰学者已敏锐地觉察到外患即将来临，建议

---

① 信夫清三郎．日本政治史：第 1 卷［M］．周启乾，译．上海：上海译文出版社，1982：69-70.

② 金．日本发现欧洲（1720—1830）［M］．孙建军，译．南京：江苏人民出版社，2018：62.

幕府加强海防。1783 年，工藤平助（1734—1800）完成《赤虾夷风说考》一书，其中，针对俄人的活动动向，正告幕府加强海防，"如对此置之不理，使堪察加人与虾夷地连成一气，则虾夷亦将接受俄罗斯之命令，不再受我国之统治，如此则必后悔莫及也"。① 他认为，由于国际形势的变化，消极的锁国外交已不能保证日本永享太平，只有"增强我之国力"才是摆脱外交危机的真正出路。1785 年、1786 年，林子平（1738—1793）先后写成《三国通览图说》和《海国兵谈》，较为系统地阐述了自己对海国的认识，发出了民族危机的警声。长期以来，日本人每以日本为"海国"而自豪。山鹿素行即说："本朝当天之正道，得地之中枢，正对南面之位，背山阴之险。上西下东，前拥数州，有江海之利；后据绝壁，濒临大洋，每州皆可漕运。故四海虽广，犹如一家，万国之化育同于天地之正位，终无长城之劳，亦无戎狄袭扰之虞。"② 但林子平认为，由于交通工具的飞速发展，曾是岛国天险的大海不但无险可恃，反而成为通衢大道，"仔细想来，从江户之日本桥至中国、荷兰，乃无边界可分之水路"，即使本非来自船只，只要"乘船者灵机一动，亦会轻易到来"。③ 因此，他建议幕府着实准备军力，防患于未然。

　　在兰学家的建议下，德川幕府开始意识到锁国外交已陷于危局，必须加以应对。1783 年，工藤平助将他的《赤虾夷风说考》上呈给老中田沼意次。田沼读后表示认同，决定采取防卫措施。1785 年，为加强北地防务，田沼派出以山口铁五郎为首的探险队去千岛、库页岛进行考察。这使日本人开始摸清虾夷地的现状，为后来的国防建设准备了条件。1786 年，田沼又派江户商人苦屋久卫兵到东虾夷地进行贸易，以加强其与幕府的联系。1799 年、1802 年，先后将东虾夷、西虾夷化为"天领"，从而形成对虾夷地的有效控制。这些举措虽然不具有开国进取意义，但意味着幕府开始从"太平梦"中惊醒。

　　1792 年 10 月，俄国正使拉克斯曼到达日本的根室，再次提出通商要求。对此幕府并未进行盲目排斥，而是采取了比较谨慎的态度，即一面向松前藩发出指示，"在江户下达命令以前，切勿使其开船"，"对他们尤其不得粗鲁与失礼，

---

① 信夫清三郎 . 日本政治史：第 1 卷 ［M］. 周启乾，译 . 上海：上海译文出版社，1982：70.

② 信夫清三郎 . 日本政治史：第 1 卷 ［M］. 周启乾，译 . 上海：上海译文出版社，1982：49.

③ 信夫清三郎 . 日本政治史：第 1 卷 ［M］. 周启乾，译 . 上海：上海译文出版社，1982：73.

扣押亦应谨慎行事，并向其提供酒食之类"①；一面派宣谕使前往交涉。最后幕府虽以"通信通商之事，除规章所定者外，难以妄自允准"为由拒绝与俄通商，但由此感到锁国政策将面临更严峻的挑战。因此，老中松平定信决定采取新的措施应对这一变局。

其一，加强海防。松平定信从 1792 年至 1793 年巡视了下总、上总、安房、相模、伊豆的海岸，调查防务情况，并指示沿岸万石以上的大名"切实整饬海防"。

其二，吸收西方学术。松平定信认为，"蛮国精于理，尤以在天文、地理、兵器以及内外科治疗方面获益匪浅"，欲加强日本国力，就有必要引进西学，"搜集红毛之书"。② 毫无疑问，松平定信"搜集红毛之书"是为了强化锁国体制，殊不知这一举措的手段与目的存在着矛盾，因为引进西学本身就是"开国"行为，其结果只能是"种瓜得豆"，促使日本人在文化上进一步开放，促使西学研究领域从兰学向俄罗斯学、英吉利学方向拓展。至 19 世纪初，一批新的西学研究成果相继出现。如马场佐十郎的《俄语文法规范》《俄罗斯小语》，吉雄忠次郎的《英吉利人性情志》，术应左卫门等的《英吉利语林大成》和志筑忠雄所译《历象新书》，等等。

二、开国通商观念的萌发

在锁国体制下，日本占主导地位的经济思想是重农抑商论与外贸无用论。朱子学家贝原益轩云："古之明王重农而抑工商，贵五谷而贱金玉，行俭约而禁华美。以重本抑末之道，为治国安民之政也。"古学家荻生徂徕也云："重本抑末者，古圣人之法也。本，农也；末，工商也。"甚至连商人出身的学者山片蟠桃也认为，"百姓者，国之本也。生民之首，非有百姓不可，无工商则无不可。当常予百姓以利而置于首位，损工商而置于下位"；"抑损都会市井之民，劝勉农民鼓励耕作，此为政事之第一要义也"。③

因此，不少日本学者不仅主张抑商，而且持外贸无用论观点。大儒新井白石即云："以我有用之材，易彼无用之物，非我国万世之长策。自古以来，我国从不借助外国，今除药材以外，他无需求之物。即使如往古时海舶不来，我能

---

① 信夫清三郎. 日本政治史：第 1 卷 [M]. 周启乾，译. 上海：上海译文出版社，1982：86.

② 信夫清三郎. 日本政治史：第 1 卷 [M]. 周启乾，译. 上海：上海译文出版社，1982：88.

③ 依田熹家. 日中两国近代化中经济论之比较 [M]. 叶坦，蒋松岩，译. 北京：中国社会科学出版社，1994：16-18.

得我所求，亦非全无其道。"① 幕府老中松平定信更断言："国家长久之基，在无外船出入"，长崎贸易是"运来无用之玩具，换走有用之铜，非成长远之计"。直至幕府末期，还有人作如是观。会泽正志斋云："蕃舶之交易，多属无用，而弃金铜于海外，必使之停止不可。"藤田东湖也云："所谓交易者，当取之于彼以互利，于今我国无任何不足，由诸国持渡之物，多是鼓励奢侈而实无用之物品也。与荷兰一国之交易，尚为识者所扰。内则引入诸蛮而交易，外则出大船与外国相交往，必将夷狄风俗引入神国，此必为大害之事也。"水户藩主德川斋昭更认为，"以我金银铜铁有用之品，易彼罗纱硝子等无用之物，有大害而无小益。与荷兰之交易可适时停止，荷兰之外无用之交易亦当禁止，否则神国之大害无过于此矣"。②

　　然而，在西人叩关形势的逼促下，此等经济观念开始动摇，以兰学家为代表的经世思想者先后提出重商思想和开国贸易思想。海保青陵认为，人生万事都是商业交易，致富之道在商人兴利之法。他说："物品之买卖，世界之理也，实无可笑之理，耻笑世界之理实为过分。不经买卖而取人之物，无世界之理也，此天帝亦憎之事。非世界之理尚不以为耻，视世界之理不以为然而耻笑之，此人之迷误甚也。"③ 工藤平助认为，锁国是导致日本贫弱的重要原因，欲增加国力，须开发虾夷地，开展对俄贸易，开放包括长崎在内的一切重要港口。他估计堪察加在极北边，"特别喜爱我国之米、酒、盐等物"，日本可与之交易。如果"俄罗斯之本心瞩目于我国之金银铜，则我以虾夷地之金银铜，换取所需之药品以及其他所需物品，即可减少历年流至外国之铜，……数十年内，国家富裕非易如反掌?"④。在他看来，"无论从何种国家利益考虑，如仅下功夫于国内，则事情难以奏效"，只有从根本上进行对外贸易，才是真正的富国之路。司马江汉也建议开展对外贸易，云："吾日本之米，他邦未曾有，将其装入大船，卖给鲁西亚（俄国）及其他诸邦，可得货币。从彼方诸国携回吾国所无之物、药及奇器。"⑤

　　本多利明极力反对幕府的经济封闭政策，主张实施依靠对外贸易和海外经

① 新井白石. 折焚柴记 ［M］. 周一良，译. 北京：北京大学出版社，1998：134.
② 依田熹家. 日中两国近代化中经济论之比较 ［M］. 叶坦，蒋松岩，译. 北京：中国社会科学出版社，1994：20-21.
③ 依田熹家. 日中两国近代化中经济论之比较 ［M］. 叶坦，蒋松岩，译. 北京：中国社会科学出版社，1994：46.
④ 信夫清三郎. 日本政治史：第1卷 ［M］. 周启乾，译. 上海：上海译文出版社，1982：70-71.
⑤ 杉本勋. 日本科学史 ［M］. 郑彭年，译. 北京：商务印书馆，1999：273.

略的富国政策。他说，"日本国内出产有限，而人口增加则无限，以有限之生产养育无限增加之人口，显然不能富裕"，因此只有开展贸易，"从他国进口本国不足与欠缺之物，互通有无"，方可"成为富饶强盛之大国，得永世不变之大治"。在他看来，"日本为海国，渡海运送交易，固为国君之天职，第一之国务。遣船舶而至万国，以取得国用必需之产物及金银铜以入日本，丰厚国力乃海国齐备之方法也。仅以自国之力为治，则国力将渐趋变弱。国力之弱皆农民所担，故农民连年耗减，乃自然之势也"。①尤为可贵的是，他还提出了商战思想，认为"与外国之交易乃为提高自身之国力，亦与战争相同耳"。因此，他大声疾呼："应当赶紧派船！否则会有莫大遗憾！"显而易见，本多利明的主张已经比单单从对外贸易的使用价值角度思考问题的主张要更胜一筹。

马场正通（1780—1805）也对外贸加以肯定，认为"外国之货物为我邦之用者多矣，交易以通有无，古圣人之道也。此当为不可无有之事，唯其制度为我所希冀者也"。② 佐藤信渊同样主张开展对外贸易，认为"凡兴其国家之大利者，莫大于通商贸易"，"保国家之第一要务在于深慈爱、笃信义，第二在于航海外国而通商交易"。③

如果说工藤平助、本多利明等是站在经世论立场对锁国外交展开批判的，那么志筑忠雄则是从"造物者天赋法则"出发，对锁国外交质疑的。"造物者天赋法则"是志筑忠雄（1760—1806）从德国学者肯普弗尔（Engelbert kaemper，1651—1716）所作《日本志》中引来的。《日本志》为当时西方人认识日本的重要蓝本，志筑忠雄择其要者译成日文，并以名《锁国论》发表。"造物者天赋法则"认为，上帝创造天地万物时，并未给自然界设置边界，人类相互之间的自由交往，正是造物者天赋的自然法则，所谓"举世之人同见唯一之太阳，同踏唯一之土地，又同吸同一之空气。天地为我所立之标准，造物者天赋之法则，无不与交往偕生之道有关"。④ 如是而论，人类自由交往就化为永恒的自然法则，锁国也就成了"其罪之大几同于杀人"的政策。这一观点与明治初年福泽谕吉在《劝学篇》中所言同出一辙："日本与西洋各国都存在于同一天地之间，

① 依田熹家. 日中两国近代化中经济论之比较［M］. 叶坦，蒋松岩，译. 北京：中国社会科学出版社，1994：53.

② 依田熹家. 日中两国近代化中经济论之比较［M］. 叶坦，蒋松岩，译. 北京：中国社会科学出版社，1994：54.

③ 鸮田惠吉. 佐藤信渊选集［M］. 東京：読書新報社出版部，1943：325.

④ 信夫清三郎. 日本政治史：第1卷［M］. 周启乾，译. 上海：上海译文出版社，1982：80.

被同一太阳所照耀，观赏同一月亮，有着共同的海洋与空气，要是人民情投意合，将彼此多余的物资相互交换，并进行文化交流，就不会发生耻辱和骄矜的感觉，而能同获便利，共谋幸福，并本诸天理人情而相互友好……至于像中国人那样，觉得除本国以外似乎没有别国存在，一见着外国人就呼为夷狄，把他们看作四只脚的牲畜，贱视他们，不计量自己的国力，而妄想驱逐他们，结果反为夷狄所窘。"①

《锁国论》在日本引起较大反响。时人太田南亩（1749—1823）读后，特作《读锁国论》，以表其心志。其中云："国可锁乎，则不可通其用，而易其物也。国不可锁乎，则不可闭其物，而守其疆也。一启一闭者，治国之要也。"横井小楠读后亦谓：一国以"开通为道"还是以"闭锁为道"，应以是否"得其所宜"为准，不可一概而论。如此认识虽无"开国"之念，但事实上已将"锁国论"相对化了。②

马克思说："社会——不管其形式如何——究竟是什么呢？是人们交互作用的产物。"③ 在多样化的人类社会发展格局中，社会开放促进了不同国家或地区的互相接触和交流，各国家或地区正是通过相互交流得到发展的。不管兰学者是否认识到这一点，其倡导的开国贸易思想已切中了时代发展的脉搏。无论是海保青陵所言"买物卖物乃世界之理"，还是本多利明所云"与外国之交易乃为提高自身之国力，亦与战争相同耳"，都突破了贸易乃以"我国有用之物"同"外国无用之物"相交换的传统观念，把日本人的认识引向新的境界，为幕末明初的开放理论提供了思想营养。

第四节　锁国政策的崩溃

如果说 18 世纪下半叶西方对日本的冲击以沙俄为主，以和平交涉为手段，那么 19 世纪上半叶西方对日本的冲击则以英美为首，以武力威胁为途径。因此，这一时期日西交锋更加频繁、激烈，直将锁国外交逼至绝境。在此形势下，开国思想逐渐战胜锁国攘夷观念在日本朝野占据主导地位，最终引导日本走上开国进取之路。

①　福泽谕吉. 劝学篇［M］. 群力，译. 北京：商务印书馆，1958：4-5.
②　刘岳兵. 日本近现代思想史［M］. 北京：世界知识出版社，2010：26-28.
③　马克思，恩格斯. 马克思恩格斯选集：第 4 卷［M］. 北京：人民出版社，1972：320.

一、锁国政策的全面危机

1804 年，俄使列扎诺夫手持沙皇国书，来到长崎，再次要求开国通商。幕府接到报告后，立即派目付远山景晋前往交涉。远山景晋重申了幕府既定的锁国政策，训令俄使"迅速返回，不得再来"。因多次叩关未能如愿，俄政府感到和平叩关不足以撼动日本国门，乃决定诉诸武力。1806 年、1807 年，俄国海军袭击了虾夷地。这将日西关系由"和平交涉"引向军事对抗。从此日本海疆警报频传：1808 年，英国军舰"斐敦号"闯入长崎，逮捕荷兰商船职员，长崎奉行松平康英引咎自杀；1812 年，俄舰截留日本商船"观世丸"；1813 年，英舰驶入长崎，要求接收荷兰商馆；1818 年，英国"兄弟号"驶入浦贺，要求开国通商；1824 年，英国船员在常陆大津滨登陆，与当地居民发生冲突；同年，英人又在萨摩岛射杀水牛，引起流血事件……这一系列叩关活动猛烈撞击着日本的国门，把"锁国"还是"开国"问题又一次提到议事日程上来。

对幕府来说，锁国是其维持幕藩体制的重要原则，因此打出"攘夷"的旗号，以期守住国门。1807 年，幕府颁布了第一道"攘夷"令，指示沿海大名"今后无论在何处海面发现俄船，应即严加驱逐，如敢靠岸，则应迅速扣押或击沉，一切自应根据情况处理"。1825 年，幕府发布第二道"攘夷"令，即"文政驱逐令"，指示沿海大名，如在日本任何港口发现英俄等国船只，"应以当地现有人夫坚决驱逐之，若逃走，则不必派船追赶。其强行登陆，应即将其逮捕处死，亦在所不惜"。

对一些民间士人来说，虽已意识到西人叩关，但出于民族义愤或认识局限，也主张锁国攘夷，反对开国通商。会泽正志斋即云："今虏但请通市，未至战，和战之策，似非所论，然世不知通市之害者，其心畏战，其策必出于和者也，能痛拒通市者，虽其势至战而不畏也"，"今若一攘夷，则天下泄泄者，耸然知所警矣，然后使玩愒岁月者，如登高去其梯，听以投之无所往，而欲使兵士不惧莫要焉"。①

由是可见，在西人频频叩关的形势下，日本朝野上下一时兴起了锁国攘夷风潮。尽管攘夷者的动机不尽相同，但在民族危机情势下合流了。于是，德川幕府的外交政策由锁国一变而为锁国攘夷了。这一转变意味着作为维持幕藩体制工具的"锁国"政策已不足恃，幕府不得不打出"攘夷"旗帜，以延鼻息。然而，西人并未因攘夷而停止其东进步伐。1837 年 7 月，载有日本漂流民的美

---

① 张永淇．日本明治维新前史［M］．南京：国立编译馆，1940：79.

舰"马礼逊号"驶抵浦贺。浦贺奉行"文政驱逐令",立即开炮驱逐。"马礼逊号"被迫离去。这一事件再次刺痛了日本统治者的神经,留下这样一个难题,即既然锁国攘夷不足以阻挡"夷人"东进,那么又当采取何种策略来应对时局变化呢?于是,围绕这一问题再次展开争论。

以佐藤信渊为首的"开战派"认为,对待夷人决不能心慈手软,唯有厉行炮击政策,方可御敌于国门之外,确保国家太平,所谓"咚咚炮声,实为良药"。因此,他力主攘夷,反对开国通商。他说:"广大无边之天公,经营世界之手段,真不可思议,而不费毫忽之人工,如日本自成一区,北方设有沙漠,俄英亦相同,其一区之内,气候风土人情、习俗、言语、形状相同,如只其一区交易相通,毫不求之于外,而无不足,诸色用具,一切丰足……是以与隔大海沙漠数万里外言语文字不通之国通商,乃辱上天,背天道,用人工,过聪明也。"因此,"不但不应许莫利逊通商,且宜停止与华荷通商,此后外人绝不许近我海岸,方为日本国万万年永久之长策"。① 显然,佐藤信渊是一位开战锁国论者。出于一腔爱国热忱,他力主攘夷,但由于认识有限,力禁通商。他曾应水野忠邦之邀,著《复古法概言》,主张在德川封建制度下保持统一的国家。

以林述斋(1786—1841)为首的"避战派"认为,国家正值多事之秋,外有强敌压境,内有"草民兴乱",一旦媾战,不但攘夷不成,反授之以寻衅之口实。因此,极力反对开战。针对"马礼逊号"事件,他批评道:"初若未知载我国人来,即可炮击之,务使不能靠岸,若本已知之,则应于该船到近岸洋面时,先将我国人载到岸,若不问情由,一切炮击之,则不明事理,譬如军中,敌国来使,即款待之,不知此意则曲在我焉。"② 洋学家渡边华山、高野长英大体也持如是观点,并分别撰述了《慎机论》和《梦物语》,批评攘夷政策为"井蛙之见",建议废除"异国驱逐令"。渡边华山说,"今我四周渺然之海,在我多不备之处,彼来本不限于一地",一旦开战,"虽云以全国之力,然恐鞭长不及马腹,况西洋膻腥之徒,明四方,治万国,因世世扰乱,长于海船火技,以攻我短,妨海运,胁不备,以逸攻劳,百事棘手,无所措手足"。③ 可见,"避战派"是一些非战锁国论者。他们虽然反对开战攘夷,但并不主张开国通商。松元胤通说:"至于通商,则先以祖法以禁渝之。"④ 高野长英也说:"通商之事,

————————

① 张水淇. 日本明治维新前史 [M]. 南京:国立编译馆,1940:87-88.
② 张水淇. 日本明治维新前史 [M]. 南京:国立编译馆,1940:82.
③ 张水淇. 日本明治维新前史 [M]. 南京:国立编译馆,1940:83.
④ 张水淇. 日本明治维新前史 [M]. 南京:国立编译馆,1940:86.

因初定有严规，可依旧规拒之。"①

显而易见，"开战派"和"避战派"虽在攘夷问题上存在分歧，但在锁国问题上看法一致。因此，他们不但没有给幕府提出一条切实可行的应变策略，反而使其陷入矛盾之中。这是因为"避战"并不能感化列强而放弃叩关，而"开战"也绝难阻止西人东进。在此情况下，幕府决定采取妥协方针，以缓和叩关而造成的紧张气氛。因此，幕府于 1838 年发出新的指令：当外国船只送还漂流民时，不予驱逐。这实际上等于修改了"文政驱逐令"。

然而，一波未平，一波又起。正当日本统治集团惶然无计之时，鸦片战争的消息传到了日本，直引得人心浮动，物议沸腾，莫不以"深可鉴戒"目之。老中水野忠邦（1794—1851）说：鸦片战争"虽属外国之事，亦即我国之鉴"，"我国虽全盛，亦非晏然自佚之时"。② 幕臣胜海舟（1823—1899）也说："邻国之事也是我国之鉴。欧洲的势焰渐入东洋，有剥床以肤之诫。识者寒心，岂其梗概。"③ 水户藩主德川齐昭（1800—1860）上书幕府说："近来清国战争情况，乃前车之覆辙。"日向国佐士岛津忠宽也上书幕府说："今清朝大乱，难保何时波及日本！"面对此情此景，一些有识之士也深感不安，忧患之情诉诸诗篇。如山田方谷（1805—1877）作诗曰："勿恃内洋多礁沙，支那倾覆是前车。浙江一带唯流水，巨舰溯来欧罗巴。"④ 斋藤竹堂作诗曰："海外之洲迹渺茫，忽闻西房势腾骧。蛾眉解作三军帅，鸟嘴利于千段枪。铁舰胶沙推不动，绒旗委地黯无光。休言胜败履秦越，自古边筹戒履霜。"⑤

既然堂堂大清国免不了"开国"的命运，那么蕞尔小国日本又当作何打算呢？面对这一严酷的现实，日本朝野人士或上书献计，或著书警世，纷纷提出应变之计。综观当时日本时论，大致有如下三种观点。

（1）主张对外开战，建议遵循"东照、大猷二公之旧典，厉行炮击政策，夷狄不可接近。上下共磨大和魂，即举国殉难，亦当不使彼等踏皇国之地"。

（2）主张开国通商，认为"时有古今之变，旧典不必保守，宜改祖宗制度，开国通商，更须进航海外，怀柔诸国"。

（3）主张"先许通商，以慰彼心，再整武备"，一旦"国威能制海外"时，

---

① 张水淇. 日本明治维新前史［M］. 南京：国立编译馆，1940：84-85.
② 井上清. 日本军国主义：第 1 册［M］. 姜晚成，译. 北京：商务印书馆，1985：24.
③ 海舟全集刊行会. 海舟全集：第 2 卷：上［M］. 東京：改造社，1929：433.
④ 王晓秋. 近代中日文化交流史［M］. 北京：中华书局，2000：84.
⑤ 吴廷璆. 日本史［M］. 天津：南开大学出版社，1994：98.

"立禁通商"。①

显而易见，第一种观点是锁国攘夷论，第二种观点是积极开国论，第三种观点虽位于两者之间，但大体也属于开国论。这样，经过鸦片战争的震慑，日本统治层已分裂为两派：除仍旧坚持闭关锁国的一派外，出现了新的开国通商派。由是日本人的外交观也就冲破了锁国攘夷的氛围，开始进入新的阶段。

但是，对幕府来说，无论锁国还是开国，均不能解决幕藩体制面临的危机。因为锁国并不能阻止西人叩关，而开国又与幕藩体制精神相违。在此情况下，幕府只好再行妥协。1842 年 8 月，幕府废除了"文政驱逐令"，发布"天保薪水令"，指示沿海大名，当外国船只要求供给食物、燃料和淡水时，"应相应给予所需之物，并令其离去"。该令可以说把"马礼逊号"事件后幕府的妥协行为制度化了。从此，幕府的外交政策基本定格为以妥协换取和平、以妥协谋求锁国的基调。然而，西人并未满足于此，时隔不久又频频叩关，要求开国了。

1844 年，荷兰海军上校科普斯携威廉二世致幕府将军的国书来到长崎，劝告其"开除禁令"。书云："英国等欧罗巴国家推行海外通商殖民政策，发明种种奇巧的机械和武器，国力丰饶，为谋取商业利润，经常发动战争……通观古今之时势，宜速使天下之民相亲近，其势非人力所可阻挡，尤其是蒸汽船发明创制以来，各国相距，近在咫尺，锁国不可行……夫和平在于敦睦友谊，而敦睦友谊则在于进行贸易。"②

1846 年，美国东印度舰队司令比德尔准将率舰来到浦贺，递交了总统致将军的亲笔信，要求通商。1852 年，荷兰政府再次致书幕府，劝导开国通商，言称："美国政府将派军舰前来日本，以求实现通商"，若再一味固守旧制，难免引发军事冲突，招致"血战之苦"。③ 然而，对日本震动最大的莫过于"黑船"来航。

1853 年 7 月，美国海军准将佩里（Matthew Calbraith Perry）率"黑船"四艘径抵浦贺，要求幕府接受美国总统的国书，准其通商，否则将诉诸武力，并声言"翌年将率一支更大的舰队，前来讨取幕府的回音"。图 3-8 为"黑船"来航。这一事件闹得日本"喧喧扰扰，浮说日出，人心纷乱，恰如鼎沸"。④ 佐久间象山闻讯后，立刻拟出《急务十条》，建议幕府"新造军舰，训练水军"，

① 张水淇. 日本明治维新前史 [M]. 南京：国立编译馆，1940：91.
② 中川清次郎. 西力東漸本末 [M]. 東京：大東出版社，1943：438-439.
③ 信夫清三郎. 日本政治史：第 1 卷 [M]. 周启乾，译. 上海：上海译文出版社，1982：185-186.
④ 森穀秀亮. 明治维新 [M]. 東京：講談社，1975：35.

"以联军之方法，团结列藩之水军"，抵御外侮。吉田松阴闻讯后也疾呼："浦贺之事，乃古今未曾有之大变，国威衰颓以至于此，其由来究何在？"① 那么，幕府又是如何应对这一变局的呢？

图 3-8　"黑船"来航②

　　从当时幕吏的言论来看，有人主张采取强硬态度，认为如果答应美国的要求，则既违祖制又损国威；但是面对军备不足、老中之中无人能与外国人周旋、缺乏作战的勇气与决心的现实，更多的人主张妥协。如合原总藏说："如对彼有所触犯，则将招致大事，故总以妥善处理为宜。"③ 香山荣卫门也说："船内情况与人们情绪俱呈非常状态，如照此仍不接受总统书简，结果恐不稳妥。"④ 因此，幕府决定违背祖制，接受国书，以为"一时权宜之策略"。

　　这一举措虽将"黑船"打发走了，但幕府必须在次年答复美国总统在来信中提出的三项要求："友好、通商、供应煤炭和粮食以及保护遇险船员。"为此幕府急忙向大名征询对策。当时，受幕府咨询的大名计有54人，其意见有如下几类。

　　一为主战的拒绝论，有8个藩。他们认为，"以本国有限之财物交易万夷无尽之嗜欲，则衰敝指日可待"。因此，反对开国，主张设置"大元帅"实行攘夷。

---

① 信夫清三郎．日本政治史：第 1 卷［M］．周启乾，译．上海：上海译文出版社，1982：205．

② 陈杰．明治维新：上［M］西安：陕西人民出版社，2011：47．

③ 信夫清三郎．日本政治史：第 1 卷［M］．周启乾，译．上海：上海译文出版社，1982：201．

④ 信夫清三郎．日本政治史：第 1 卷［M］．周启乾，译．上海：上海译文出版社，1982：201．

　　二为避战的拒绝论，有 26 个藩。他们认为，"值此海防薄弱之际，如欲驱逐外国船只，殊无把握获胜"。因此，如果佩里再次来航，应"告以不得已之理由，尽量拖延时日，使其返航，以图加强我海岸之防守"。

　　三为积极的接受论，有 2 个藩。他们建议幕府允许美俄与日本通商。其余 18 个藩，或主张追随幕府，或主张有条件接受论，大体均持妥协态度。①

　　由此可见，"黑船"来航后，日本社会上自幕府，下至各藩，虽有不少人仍然坚持攘夷，但避战论、妥协论已占上风。这反映出当时日本统治层对如何应对时变基本持观望态度。因此，直到佩里第二次来航，幕府未提出任何积极的应变之计，也未对开国还是锁国做出明确指示。

　　如果说当时幕府的态度是暧昧的，那么美国的对日政策则是相当明确的。1854 年 2 月，佩里率舰再次"光临"日本，要求日本幕府对美国总统的信函给予答复。幕府以"切勿酿成战争"为主旨，急派林述斋等前往交涉。双方代表经过激烈周旋，最后订立了《日美亲善条约》（《神奈川条约》）。该条约总计十二条，虽未议及贸易商务，但规定：美国船只可在下田、箱馆两港停泊和购买物品；日本有义务援救遭遇海难的美国船只及人员，并保证向途经开放口岸的美国船舰提供煤炭、淡水、粮食及其他所需物资；日本给予美国最惠国待遇，并准许其在下田设置领事馆。这就打破了锁国体制下仅同朝鲜、琉球保持"通信"关系，同中国、荷兰保持"通商"关系的固有外交秩序，标志着日本锁国之幕被撕裂。从此，德川幕府的外交观由妥协一变而为"亲善"。对幕府来说，建立日美"亲善"关系的目的是继续维持锁国体制，岂不知随着"亲善"关系的发展，锁国外交政策的崩溃就为期不远了，日本即将走出锁国状态，融入世界。正如佩里在给美国国会的报告里所说：

　　　　日本已经向西方国家开放——向日本说明它的利益将随着与他们的交往而扩大则是西方各国的分内之事。并且，随着偏见的逐渐消失，我们可以期待看到未来越来越自由的商业条约的谈判，这不仅仅对我们自己、对欧洲所有海洋强国、对日本的进步，以及对我们全人类的发展进程都是有利的。②

---

①　信夫清三郎 . 日本政治史：第 1 卷 ［M］. 周启乾，译 . 上海：上海译文出版社，1982：210.

②　马国川 . 国家的启蒙：日本帝国崛起之源 ［M］. 北京：中信出版集团股份有限公司，2018：15.

二、开国政策的确立

《日美亲善条约》虽然一时缓解了来自美方的压力，但由此开了"亲善"外交的先河。日美"亲善"后不久，其他列强也先后提出"亲善"要求。于是，从 1854 年 10 月到 1856 年 1 月，幕府又被迫与英、俄、荷缔结了"亲善"条约。

"亲善"条约一方面把日本初步纳入西方"条约体制"，意味着日本锁国体制开始全面崩溃；另一方面给日本带来暂时的和平。作为负责签订《日美亲善条约》的老中阿部正弘痛感自己负有悖逆祖宗之法之责，乃决定利用和平之机进行改革，以挽回锁国外交的颓势。幕府的改革主要从如下几方面进行。

其一，整顿扩大洋学研究机构。1855 年，幕府把 1811 年设立的蕃书和解方迁到九段阪下，取名"洋学所"。洋学所不但承担研究西学、翻译西书的任务，而且兼做教育工作。1857 年，更名为"蕃书调所"，专门承担教授和研究西学、翻译西方书籍与外交文件的任务，以加强对外国情况的了解。

其二，进行海军建设。1853 年 10 月，幕府向荷兰订购了护卫舰和蒸汽巡洋舰。这一计划后因克里米亚战争而落空，但荷兰将蒸汽船"桑宾号"赠送给幕府，以为训练海军之用。1855 年 12 月，幕府在长崎创办海军传习所，聘用以荷兰海军中尉李肯为首的军官、机械师等二十余人为教官，选拔幕臣、诸藩武士中的俊良之才入所学习海军技术。

其三，建立新式"讲武场"，推广洋式操练和炮术，命旗本、大名学习采用洋式枪手作战阵法。

这些措施是 1792 年松平定信采用西方学术政策的继续，不同的是，它已将西方学术从兰学扩展为洋学，并有组织地将洋学引入国防事业。至此，幕府的文化锁闭政策基本破产。

上述改革虽嫌片面，但从当时情况来看，也可以说是"非常进步的"①。但正当幕府在"亲善"外交下引进西学、整饬国防时，西方列强又跃跃欲试，图谋扩大"亲善"成果。因为"亲善"条约只是打破了日本政治的壁垒，并没有击碎日本的经济隔绝政策，所以决定利用"亲善"之机，开辟日本市场。

根据《日美亲善条约》，1856 年 8 月，美国首任驻日总领事哈里斯（Townsend Harris，1804—1878）到达下田，成为第一个驻日外国使节。带着与日本缔结商约的使命，哈里斯首先说服幕府于 1857 年 6 月与其订立《日美协约》（《下田协

---

① 信夫清三郎. 日本外交史：上册［M］. 北京：商务印书馆，1992：67.

约》）。其中规定：日本向美国开放长崎港，同意向箱馆派驻副领事，允许美国人居住长崎、箱馆，准许日美金银币可同种同量交换，给予美国以片面的领事裁判权等。继而于 1857 年 11 月前往江户，晋谒将军德川家定，呈交国书，要求修改《日美亲善条约》，订立日美通商条约。江户逗留期间，哈里斯曾在老中堀田正睦府邸发表重要演说，力陈锁国之不利和开国之必要。其"引证之实例远至西洋，近及清国，以口若悬河、滔滔不绝之辩才发挥其说。聆听此种政治议论，姑不论堀田阁老，即就幕府之俊秀而言亦属有生以来初经之事，是以更为胆战心惊，失魂落魄，如迷蒙之初醒"。①

对于是否开国贸易，早在哈里斯到达江户之前，日本朝野就已展开议论。总体趋向是，第二次鸦片战争的消息传到日本后，其外交理念逐渐从锁国攘夷向开国进取转化。

就幕府而言，首席老中堀田正睦（1810—1864）原本就是一位"喜爱西洋文物的开国论者"，其时倡导开国贸易。1857 年 3 月，幕府向评定所全体人员，海防挂及长崎、下田、箱馆三奉行发出备忘录说，"过去之作法，显然已不能长期维持，应趁太平无事之际，迅速实行变革"，以为长远之计。如果继续"拘泥旧制"，"万一炮声一响，将难以挽回"。②

就诸藩而言，"黑船"来航时，持积极开国论者为数不多，而到此时则多倾向于开国。如福井藩主松平庆永（1828—1890）原是一位主战拒绝论者，但到1857 年，他一改以往的态度，提出了开国的主张：

　　第一，当今之形势，凡有识者均可看到锁国已属不可能之事。

　　第二，今正值我发展航海事业、筹化（划）与海外诸洲进行贸易之时，故实无拒绝他人以理相求之道理。有鉴于此，公使要求驻留之议亦无理由不予同意。

　　第三，富强乃强兵之本，希今后举振兴商业之策，开贸易之学，互通有无，据皇国自有之地利，以成宇内第一之富饶。③

松平庆永的主张代表了开明藩主的对外态度，在藩国形成了一支"开国"力量。

---

① 增田涉．西学东渐与中国事情［M］．由其民，周启乾，译．南京：江苏人民出版社，2010：34.

② 信夫清三郎．日本政治史：第 1 卷［M］．周启乾，译．上海：上海译文出版社，1982：239.

③ 依田熹家．中日近代化比较研究［M］．孙志民，翟新，译．上海：上海三联书店，1988：37-38.

就一些民间士人而言，"黑船"来航时，出于民族义愤，主张锁国攘夷。例如，吉田松阴在 1855 年批判对外贸易"得外国无用之物而失我国有用之宝"，但在 1857 年后，逐渐转化为一名开国论者。1858 年 5 月，他在《对策之道》中叙述了对贸易的新看法："夫以战为主者，锁国之说；以和为主者，航海通商之策。以国家大计言之，如欲发展雄图而弘四夷，非航海通商又何以为之耶？如仍闭关锁国，坐以待之，则势屈力缩，非亡又何待耶？且神后平韩，定贡额，置离府，即行航海通商。至德川氏征夷大将军，则航海通商更不待言。"因此，"航海通商本有助于发展雄图，乃祖传之法。锁国本为苟偷之计，乃末世之弊政"。①

佐久间象山曾力批《日美亲善条约》，并企图运动水户藩主阻止下田开港，而此时也转而倡导开国。他说：幡然改变既往苟且之计，"一如俄罗斯之彼得，广选人才派往外国，使之学彼所长诸术，并真正探索其形势时情，又广为招引外国名士，披肝沥胆，予以优待，……大兴器械之学，开设工厂，多造大船，复航海之法，如在我国设置不受官府制约之公使，则我亦在彼地设置不遵彼制之官吏，将来外地之贡赋收于府库，本国之实力将超过英法美各国"。②

横井小楠曾极力主张攘夷，佩里叩关时作诗云，"此虏不歼誓不生"③，但此时出仕福井藩，支持开国贸易，其思想集中体现于日后所作之《国是三论》中。《国是三论》从国际贸易来观察整个世界的秩序，阐发了贸易活动之于国家富强的重大意义，明确指出："今日之势，宇内万国共同交通，今日本一国主张锁国割据旧习，则以万国为敌，眼前必招灭亡之祸。"④

面对新的形势，兰学者高岛秋帆（1798—1866）、桥本左内（1834—1859）也倡言开展对外贸易。前者上书幕府，言称："互通有无，已成习以为常之事。以此物易彼物，于双方均有益处，不仅贪一国之利，亦惠及各国民众。"后者著《外国贸易说》，阐述外贸的必要性，曰："所谓贸易，不仅是货物的交易，更重要的还在于思想意识方面的交流。若能知彼之情，习彼之长，并推广于国内，则其利非限于产业制造方面。"⑤

---

① 信夫清三郎. 日本政治史：第 1 卷［M］. 周启乾，译. 上海：上海译文出版社，1982：256-257.

② 信夫清三郎. 日本政治史：第 1 卷［M］. 周启乾，译. 上海：上海译文出版社，1982：261.

③ 山崎正董. 横井小楠傳：上卷［M］. 東京：日新書院，1942：194.

④ 佐藤昌介，植手通有，山口宗之. 日本思想大系：55［M］. 東京：岩波書店，1971：506.

⑤ 依田熹家. 日中两国近代化中经济论之比较［M］. 叶坦，蒋松岩，译. 北京：中国社会科学出版社，1994：84.

吉田松阴、佐久间象山等的看法代表了开明士人的对外态度，在民间汇成一支"开国"力量。

由此可见，1857 年以后，日本"开国"之声开始压倒"攘夷"之音占据思想上风。因此，哈里斯向幕府将军递交国书后不久，日美便展开外交谈判。谈判过程中，两国代表虽然在派驻使节、增开港口、自由贸易等问题上一再相持不下，但最终还是比较"顺利"地达成协定，并于 1858 年 7 月在未经"朝廷的敕准"的情况下签订《日美修好通商条约》和《日美贸易章程》。其中规定：日本开放神奈川、长崎、新潟、兵库等通商口岸；双方互派外交代表；在开港、开埠地，设置美国公民自由出入、享有居住权、货屋租赁权和基督教自由信仰权的居留地；美国驻日使节拥有领事裁判权；尊重自由贸易原则，即双方国家的民间贸易不受任何限制，自行交易，日本官员不得干涉；对于进出口商品实行协定关税率，日本无权自主确定关税率；外国货币可在日本国内自由流通，国内外货币可同种等量交换，铸币和当地金银可免税进出口。

《日美修好通商条约》签订后，荷兰、俄国、英国、法国亦相继要求分沾其利，日本被迫与其签订类似的修好商约。日本与上述欧美五国签订的条约，史称"安政五国条约"。这些条约打破了日本经济锁闭政策的防线，意味着日本已向西方敞开了贸易之门，长达 200 余年的锁国体制基本崩溃。从此，开国通商成为幕府外交政策的主调。尽管当时锁国攘夷论仍未止息，"开国锁港互相党伐"，攘夷暴力事件屡有发生，幕府大老井伊直弼也因"违敕签约"而惹杀身之祸，但在由萨摩藩和长州藩发动的"攘夷"之战——萨英战争、下关战争失败后，"攘夷"者终于切身感悟到"外夷方今之战争与我国古来之战争，乃有天壤之别"[1]，乃停止盲目排外，转向开国师夷。大久保利通曾如是描述当时日本的思想变化："长州战争以来，所谓暴论过激之徒，大多豁然开朗，辨知攘夷之不可为，大举开国遂成人心之所向。据余所闻，最为独具慧眼之诸藩（佐贺、越前、土佐、宇和岛等），断然施行商法［贸易］等。"[2] 对于日本"攘夷"者表现出的灵活性，本尼迪克特评价道：英国对萨摩的这次炮击"带来了意外惊人的后果。萨摩藩并没有誓死报复，反而向英国寻求友谊。他们亲眼看到敌人的强大，就要求向敌人请教。他们与英国人建立了通商关系，并于次年在萨摩建

---

① 信夫清三郎. 日本政治史：第 1 卷［M］. 周启乾，译. 上海：上海译文出版社，1982：330.

② 坂野润治. 未完的明治维新［M］. 宋晓煜，译. 北京：社会科学文献出版社，2018：26.

立了学校。"① 史学家诺曼也对日本攘夷运动的迅速转向表示认同："不论排外的领袖诸藩在这种幡然改途的背后有如何复杂的动机，我们对于这种做法所表示的现实主义和沉着却不能不肃然起敬。"②

既然开国已成定局，幕府便不得不采取新的措施，以应对开国之局。据考察，幕末先后向欧美正式派遣使节五次③。

1860 年 2 月，幕府派出了以新见正兴、村垣范正为正、副使的所谓"万延使团"赴美交换日本修好条约批准件。使团一行 80 人，先后游历了华盛顿、纽约、费城等城市，满载"新知"而归。其中，福泽谕吉、福地源一郎、胜海舟等著名学者列身其间。此举为打破锁国体制后日本首次远航太平洋，无论从外交角度看，还是从吸收西学角度看，"都是日本在近代主动跨出国门而走向西方世界的名副其实的开端，它揭开了一个新局面的帷幕"。④"福泽谕吉等人经历这次远航，直接考察美国近代文明，见识大增，这成为他们幕末—明治间卓有成效的启蒙活动的开端。"⑤

1862 年 1 月，幕府派出了以竹内保德、松平康直为正、副使的遣欧使团，以与有关国家进行国务交涉，并探求外国情况，"以供我国处理与外国关系时参考"，福泽谕吉与福地源一郎再为使团成员。此行历时一年之久，大大开阔了日本人的视野，所获西方见闻后经福泽谕吉所著《西洋事情》（1866）、《西洋旅行指南》（1867）、《西洋衣食住》（1867）、《掌中万国一览》（1868）等书籍，在日本民众中得到传播。

1863 年，幕府派出了以池田筑后为首的遣法使团；1866 年，派出了以小出大和为首的遣俄使团。1867 年，幕府又派民部大辅德川昭武率团赴法参加巴黎世界博览会。随员中有后来成为著名企业家并提出"论语加算盘"的涩泽荣一。"这几度的派遣确各有其特殊的使命，对于文物的视察调查与沟通改革的企图，却为共同的副业"⑥，其历史意义不同凡响。

与此同时，幕府还向西方派遣留学生。如 1862 年 11 月，幕府向荷兰派出了第一批留学生。人数总计 15 名，其中包括内田正雄、榎本武扬、津田真道、西

---

① 本尼迪克特. 菊与刀 [M]. 吕万和，等译. 北京：商务印书馆，2012：157.

② 赫伯特. 日本维新史 [M]. 姚曾廙，译. 长春：吉林出版集团有限责任公司，2008：38.

③ 郑宏述. 明治维新后日本遣派欧美考察使纪要 [J]. 日本评论，1935，7（5）：47-60.

④ 李少军. 甲午战争前中日西学比较研究 [M]. 武汉：湖北人民出版社，2007：170.

⑤ 冯天瑜. "千岁丸"上海行：日本人 1862 年的中国观察 [M]. 北京：商务印书馆，2001：20.

⑥ 郑宏述. 明治维新后日本遣派欧美考察使纪要 [J]. 日本评论，1935，7（5）：47-60.

周等日后在维新改革过程中发挥重要作用的人士。1865—1866 年，先后派山内作左卫门、川路太郎等 20 人留学英国，1867 年，又派绪方洪哉等留学荷兰、法国。

尤值一提的是，幕府于 1866 年 5 月正式解除禁令，准许日本人出洋贸易和留学。这意味着禁止日本人走向外部世界的制度性障碍终于完全消除。

在幕府开步走向世界的同时，诸藩也相继接踵其后。1863 年 5 月，长州藩暗派井上馨、伊藤博文等 5 位藩士偷渡英国考察学习；1867 年，又派藩士留学英、美、荷等国。1865 年 3 月，萨摩藩也秘密派出以新纳刑部、町田民部为正、副使的 19 人使团赴欧洲考察学习；1866 年，又派仁礼平辅等分赴美、法留学。此外，还有加贺藩派遣藩士关泽明清、冈田秀之助留学俄国，佐贺藩派遣石丸安良、马渡八郎等留学英国，等等。如表 3-4 所示，幕末通过幕派、藩派形式，共有 92 名日本学生留学西方。

表 3-4　幕末留学生人数一览

时间 （年）	幕府派遣 （人）	诸藩派遣 （人）	派遣国家	人数 （人）
1861	15		荷	15
1863		5	英	5
1865	6	15	俄、英、美、法	21
1866	14	8	英	22
1867	12	17	荷、法、英、美	29
合计	47	45		92

数据来源：石附实. 近代日本の海外留学史 [M]. 東京：講談社，1977：104.

出洋考察和留学是国家与地区间进行文化交流的重要渠道，也是衡量一个国家或地区开放程度的重要标志。赖此二端，日本人对西方的认识从书本走向现实，视野大开。如"万延使团"归国后，其成员留下《遣米史日记》（村垣淡路守）、《奉使米利坚纪行》（木村喜毅）、《航米日记》（玉虫氏）、《米行日记》（佐藤秀长）等 10 余部出使日记，让日本人更加真切地感受到西洋文明不可不"取法"，开放观念进一步明确。五代友厚（1836—1885）游历欧洲数国后，认为发展产业和贸易是西洋各国"蓄财之基础""商民之生计"，英国之所以能"横行地球之上"，实赖此"二事"，故欲振兴国政，需先破除蒙昧，开国贸易。① 伊藤博文留学英国后也很快转变为坚定的开国论者。他曾这样回忆道："虽然当时我亦为攘夷论者，但当我初渡海外，目睹欧洲之大势，察其文化之进步后，方觉攘夷论实无立足之处。列强文明开化之状况与日本实不可同日而语，而锁国之论调亦渐不可取矣。我以为锁国即害国也。归国之后，我即向上进言道：攘夷之说不可行，应倡导与外国和平共处，接受欧洲之进步文明。"②

上述一系列开放性举措意味着日本长达 200 余年的锁国体制已基本解体。当时，国际上对幕府的这些开国政策给予高度评价。正如英人布朗所说：这些政策是"这个国家的政府迄今所采取的最积极的政策"。这是"日本历史踏入新时代的证明，它意味着统治者排外思想的没落"，更是"这个国家的人们从过去的束缚中解脱出来，走向解放的巨大进步的标志"。③

然而，对幕府来说，开国毕竟是在外力的冲击下被迫实施的一项与其"强本弱末"精神相左的政策。因此，在新形势下仍一时难改旧习，总想垄断开国成果，限制开国范围。就贸易而言，尽管幕府从对外关系考虑不得不在就地贸易中承认了自由贸易，但在出口贸易中不允许自由，而完全由幕府垄断。如萨摩藩的滨崎太平次所从事的贸易，仍然是走私贸易。就国事关系而言，幕府虽允许西方各国在日本建立公使馆、领事馆，但自己不肯向外派遣使领官员。此外，幕府继续禁止日本人自由航行海外和信奉基督教，不许各藩自由从事出口贸易。

可见，在幕府推行的开国外交政策下，幕府以外的日本诸藩仍在相当程度上被置于锁国令下。因此，不打破幕藩体制，日本就不可能真正实现开国。这一任务历史地落到维新派身上。明治维新不仅推翻了统治日本近 700 年的幕府政治，而且进一步清除了锁国观念，在"文明开化"的口号声中，将日本推向了世界。"日本开国不仅是宣告日本近代史肇始的大事件，而且也是东亚地区的历史进程汇入真正意义上的世界历史的一环。从此，日本作为世界近现代史不可或缺的重要角色，出现在国际舞台上。"④

综上所述，日本的开国以西方的冲击为契机，以文化开国为先导，以政治、经济开国为尾章。这一进程恰与西方对日本从文化传播到政治胁迫、经济渗透

---

① 山中園子 . 五代友厚秘史 [M]. 五代友厚七十五周年追悼纪念刊行会，1960：352.
② 家永三郎 . 外来文化摄取史论 [M]. 靳丛林，等译 . 长春：吉林教育出版社，1990：77.
③ 金明善 . 战后日本经济的第一个战略设想 [J]. 日本问题，1982（2）：51.
④ 汤重南，王淼，强国，等 . 日本帝国兴亡史：上卷 [M]. 北京：世界知识出版社，2005：45.

的冲击过程合拍。通过这一开放历程，我们可得到如下启示。

由于日本的开国是从思想文化领域开始的，当列强发动政治经济攻势时，已对西方有了初步认识，已有了一定的心理准备。这就使日本的开国形成了这样一个特点，即在日西交锋过程中，日本并未一味采取盲目排斥态度，相反因势利导，一面逐步接受开国要求，及时调整自己的对外政策，一面不失时机地引进西方学术，加紧改革和充实国防，以避免毁灭性的打击。因此，尽管日本也是在西方武力胁迫下被迫开国的，但避免了大规模战争的破坏，减少了无谓的损失，为明治维新历史性选择与变革奠定了比较好的基础。日本学者加藤佑三在分析中日两国开国进程后指出："不平等条约的产生，或为战争的结果，或为交涉的结果。作为战争结果产生的不平等条约体制叫作'败战条约体制'；作为交涉而产生的不平等条约体制叫作'交涉条约体制'。具体地说，前者是《南京条约》后的中国，后者为《日本和亲条约》后的日本。'败战条约体制'与'交涉条约体制'的主要区别在于：其一，败战条约往往伴随着惩罚性的赔款和领土割让，而交涉条约则没有；其二，败战条约具有极强的事后约束力，改正非常困难，而交涉条约则可通过谈判加以修订；其三，在对签约国的内政干涉上，败战条约更强。"① 那么，日本何以与西方形成相对宽松的"交涉条约体制"而非"败战条约体制"，或可从上述开国历程中得到解释，即没有思想文化的先行开放，没有对国际形势的清醒认识，就难以形成主要通过交涉而建立的"交涉条约体制"。这或许也是日本现代化成因之一。

① 加藤佑三. 黑船前後の世界 [M]. 東京：岩波書店，1985：144-145.

第四章

武士：明治维新的领导者

> 由于非西方后发展社会缺乏自发产生工业文明的主体，因而只能由推进现代化的杰出人物主持中央政府，现代化只能"自上而下地进行"。
>
> —— 富永健一

武士是日本历史上极其重要的社会群体或阶层，无论其作为平安时代封建贵族的"侍"者，还是作为幕府时代的统治阶级，抑或明治时代"不再作为一个阶级而存在的武士"，皆曾扮演过重要社会角色。饶有兴味的是，如是古老的一个社会阶层，在日本走向现代化的历程中，不但没有作为传统势力成为现代化的绊脚石，相反其中下级武士蜕变为旧时代、旧制度的掘墓人和新时代、新制度的缔造者，成为明治维新的领导者。

第一节　倒幕维新的领导者

明治维新是由倒幕运动后建立的明治政府推进的。倒幕运动终结了统治日本近700年的幕藩体制，实现了"王政复古"；明治政府以西方为模范，全面开启了现代化征程。从倒幕到维新，中下阶级武士皆为其领导者和参与者。

一、倒幕运动的领袖

1853年，"黑船"来航后，日本幕藩统治陷于混乱，蕴积于日本社会内部的种种矛盾亦凸显出来。有感于自身地位之窘迫，有感于幕府统治的无所作为，萨摩、长州、土佐、肥前等藩的中下级武士打出"尊王攘夷"的旗号，意欲借天皇之"神威"聚拢人心、凝聚力量，达到抵制"外夷"入侵、保护日本国权的目的。但这一运动既不切实际又不够理性，最终在幕府和"外夷"的双重打压反击下而告失败。遭此创痛，尊攘志士幡然醒悟，放弃尊王攘夷主张，转而走上尊王倒幕、开国维新之路。

从尊王攘夷到倒幕维新，中下级武士不仅是其理论指导者，而且是其行动引领者。松代藩藩士佐久间象山是幕末维新思想家、教育家，由其提出的"东洋道德，西洋艺术"理念在一定程度上刷新了日本人的文化建设观念，成为明治维新的重要思想来源；由其创设的象山书院更培育了诸如胜海舟、坂本龙马、吉田松阴、小林虎三郎、桥本左内、高杉晋作及"明六社"成员加藤弘之、津田真道、西村茂树等重要维新领袖和维新思想家。长州藩藩士吉田松阴是尊王攘夷论的"导师"和明治维新的精神领袖，久阪玄瑞、高杉晋作、木户孝允、伊藤博文、山县有朋、井上馨等倒幕维新干将皆出其门下。吉田松阴认为，幕府或朝廷不堪担当大任，只有以中下级武士为核心的"草莽"之士才能肩负日本振兴之责。在他死后，其门生久阪玄瑞提出"草莽横断结合论"，主张各藩草莽之士联合起来，共赴尊攘大业。高杉晋作更提出"草莽武装论"，主张建立"草莽"武装力量。

事实表明，尊攘运动中一系列重大事件皆由中下级武士策动实施，如"樱田门外之变"由水户、萨摩"十八浪士"发动，"阪下门外之变"由水户"七浪士"发动，"寺田屋事件"由萨摩藩藩士策划，京都"天诛"行动由萨摩、长州、土佐等藩藩士实施。水户藩攘夷团体"天狗党"骨干分子主要来自下层武士。高杉晋作在长州藩组建的"奇兵队"，其已查明身份的559名队员中，有武士272人，占48.6%，农民237人，占42.4%，町人和神官、僧侣各25人，各占4.5%。①

尊攘运动失败后，萨摩、长州等强藩始则放弃攘夷主张，走上"割据富国"之路，继而萨、长联合，凝聚力量，掀起倒幕运动。倒幕派之形成，全赖萨摩藩士大久保利通、西乡隆盛、小松带刀、五代友厚，长州藩士木户孝允、伊藤博文、井上馨，土佐藩士坂本龙马、中冈慎太郎、板垣退助等从中策动。从1866年初萨、长结盟到1869年5月"戊辰战争"结束，倒幕运动历时三年有余，倒幕主力军来自萨摩、长州、土佐、肥前四藩，其最主要的领导者是"维新三杰"：大久保利通、西乡隆盛和木户孝允。倒幕运动中最重要的战役伏见·鸟羽之战的总指挥是西乡隆盛，最重要的政治纲领"船中八策"和"新政府纲领八策"皆出自坂本龙马之手。"船中八策"不仅是"大政奉还"的意见书，而且是政治改革的大纲，其中率先提出了"设议院、立宪法、订新约、扩海军、决汇率"等重大构想，成为明治维新政策的先声。图4-1为坂本龙马像。这些

---

① 高木俊輔. 明治维新草莽運動史［M］. 東京：勁草書房，1974：230.

倒幕领袖皆为中下级武士出身，他们不仅是旧时代的终结者，而且是新时代的开拓者。

图 4-1 坂本龙马像①

二、维新事业的领导者

明治维新开辟了日本历史新纪元，日本由蕞尔小国在短期内迅速实现西方国家用一两百年时间才得以完成的转变，成为"唯一逃脱了沦入第三世界的非西方国家，唯一以平等的姿态跻身并分享西方建立的殖民世界利益的非西方国家"②，不能不归因于明治维新这一伟大事业。

司马相如云："世必有非常之人，然后有非常之事；有非常之事，然后有非常之功。"明治维新这一"非常之事"，正是由武士这班"非常之人"推动的。推倒幕府统治后，因"再造"之功，中下级武士精英转身成为"明治大舞台"的主角。其时，武士虽然不再作为一个独立的统治阶层而存在，但通过各种途径分流到社会各领域，或成为"政治舵手"，或成为军事干才，或成为企业巨擘，或成为文化精英，在日本历史上留下浓墨重彩的一页。

就政界而言，由于萨、长、土、肥四藩是倒幕的主力，萨、长二藩更是倒幕领导核心，故明治政府建立之初，萨长籍官员占比很高。如在 67 名敕任官中，萨、长、土籍者即占 44 人，其中，萨摩藩 18 人，长州藩 12 人；在 2026 名奏任官中，萨、长、土、肥籍者多达 800 人，其中，萨摩藩 247 人，长州藩 345

---

① 佐佐木克. 从幕末到明治 [M]. 孙晓宁，译. 北京：北京联合出版公司，2017：158.

② 罗荣渠，董正华. 东亚现代化新模式与新经验 [M]. 北京：北京大学出版社，1997：7.

人。① 因此，其时的明治政府堪称以萨、长为核心的藩阀政府。"做了明治政府的所谓高官显宦的人们，不管是长阀也好，是萨阀也好，大概都是由下级武士升上来的，这是事实。如西乡隆盛，大久保利通、伊藤博文、山县有朋这班人就是下级武士，其中如伊藤、山县简直是够不上武士的步卒的身份。可是，同属长藩的志士，如井上馨、高杉晋作、桂小五郎（木户孝允）、吉田松阴等人的身份却决不为低。"②

1871 年，明治政府进行官制改革，建立"三院八省"制。三院即正院、左院和右院。正院为天皇总理万机的中枢机构，设太政大臣、左大臣、右大臣和参议；左院为咨询机构，审议立法事务；右院为联络机关，负责协调各省厅行政事务。八省即大藏省、外务省、兵部省、司法省、文部省、工部省、宫内省和神祇省。如表 4-1 所示，这一新的"领导班子"，没有一位旧藩主厕身其中，除了三条实美、岩仓具视、德大寺实则、万里小路博房为旧公卿外，其他官员主要来自萨、长、土、肥四藩，这些人皆中下级武士出身。在所谓"太政官时期"（1871 年 7 月至 1885 年 12 月），出任参议者 25 名，其中，24 人来自萨、长、土、肥；出任各省省卿者 48 名，其中，42 人来自萨、长、土、肥；出任各省大辅者 54 名，其中，45 人来自萨、长、土、肥。③ 据统计，太政官时代出任政府要职的 498 名官员中，皇族、华族、士族、平民和不明身份者分别为 8 人、83 人、399 人、3 人和 5 人，其中，士族（武士）出身者多达 80.1%。④ 在 93 名省卿和大辅中，士族出身者达 88 名。⑤ 从 1885 年内阁制度的确立到 1912 年，先后有伊藤博文、黑田清隆、山县有朋、松方正义、大隈重信、西园寺公望六人出任内阁首相，除了西园寺公望外，其他五位均系武士出身。由他们组建的历任内阁阁臣亦多系武士出身，如第一、第二届伊藤博文内阁所有阁臣皆系旧武士出身。

另据统计，1872—1899 年，担任敕任、准敕任、奏任、准奏任、判任、准判任以上的中央官员从 14315 人增加到 54060 人，其中，1872 年士族出身官员占比高达 81.4%，其后其占比虽呈递减之势，但直到 1899 年仍占 57.9%。在敕任和奏任等高等官中，士族占比更高。如 1872 年、1888 年、1899 年，敕任和准

① 朝日新聞社．明治大正史：第 1 卷［M］．東京：朝日新聞社，1930：49-50.
② 服部之总．明治维新讲话［M］．舒贻上，译．北京：生活·读书·新知三联书店，1957：32.
③ 黑川貢三郎．近代日本政治史：I［M］．東京：南窗社，2002：107.
④ 福地重孝．士族和士族意識［M］．東京：春秋社，1956：322.
⑤ 園田英弘．西洋化の構造：黒船、武力、国家［M］．京都：思文閣，1995：192-193.

敕任官员分别为 68 名、145 名、308 名，其中，士族人数分别为 66 名、131 名、235 名。在地方官员中，士族也占有很大比例。如 1882—1888 年，士族出身的区郡长占比分别为 71.56%、69.75%、70.89%、73.21%、75.15%、75.71%、76.49%。1888 年，在中央及府、县道的 78328 名官员中，有士族 52032 人；在 90266 名区、郡町村官吏中，有士族 15524 人，即士族在所有官职中约占 40%，在中央及府县、道层更高达约 70%。[①] 据统计，1940 年以前的政府要员中，86.25% 是士族出身、1.25% 是旧大名出身。[②] 因此，从出身角度讲，明治政府堪称"武士政府"。

表 4-1 1871 年明治中央政府职官名录

职官名称	任职者	职官名称	任职者
太政大臣	三条实美（公卿）	兵部大辅	山县有朋（长州藩）
左大臣	空缺	司法卿	空缺
右大臣	岩仓具视（公卿）	司法大辅	佐佐木高行（土佐藩）
参议	木户孝允（长州藩）、西乡隆盛（萨摩藩）、大隈重信（肥前藩）、板垣退助（土佐藩）	文部卿	大木乔任（肥前藩）
左院议长	后藤象二郎（土佐藩）	文部大辅	江藤新平（肥前藩）
外务卿	初为岩仓具视，后改副岛种臣（肥前藩）	工部卿	空缺
外务大辅	寺岛宗则（萨摩藩）	工部大辅	初为后藤象二郎，旋改伊藤博文（长州藩）
大藏卿	大久保利通（萨摩藩）	宫内卿	德大寺实则（公卿）
大藏大辅	井上馨（长州藩）	宫内大辅	万里小路博房（公卿）
兵部卿	空缺	神祇大辅（神祇省不设卿）	福羽美静（津和野藩）

资料来源：升味准之辅. 日本政治史：第一册 [M]. 董果良，译. 北京：商务印书馆，1997：114.

因倒幕之功，武士不仅成为明治政府首脑和支柱，而且成为日本军政领袖和现代兵制缔造者。倒幕干将山县有朋号为"皇军之父"，作为首任兵部省大

---

① 李卓. 日本近现代社会史 [M]. 北京：世界知识出版社，2010：81-84.
② 希尔伯曼. 日本政府要员的角色 [M] // 韦德纳. 亚洲管理的发展. 达勒姆：杜克大学出版社，1970：197.

辅、陆军大辅，他提出《军备意见书》，主张以欧洲兵制为蓝本创建日本兵制。在他的主持下，明治政府颁布《征兵令》，建立义务兵役制，创建参谋本部，正式建立常备军，颁布了诸如《军人"读法"七条》《军人训诫》《军人敕谕》等军人训条，在日本军界影响巨深。其时，武士不仅是日本军队的主要兵源，而且是骨干军官。明治时期，日本历任陆海军卿、陆海军大臣、陆军参谋本部部长（总长）、海军军令部长（总长）职位，基本由萨、长二藩武士集团把持。1885—1912 年，日本陆军大臣大山岩、高岛鞆之助、桂太郎、寺内正毅、儿玉源太郎、石本新六、上原勇作，海军大臣西乡从道、桦山资纪、仁礼景范、山本权兵卫、斋藤实皆武士出身，其中，多数为萨、长籍。明治时期 33 名陆军大将中，皇族 4 人，士族 28 人，平民 1 人；海军大将中皇族 1 人，士族 14 人，平民无 1 人。① 1871 年，日本创建现代警察制度，警员总计三千，由"武士选拔品行方正、志操坚实、身体强健者"而来；1874 年，建立警视厅，警员扩至六千，"大警视川路利良统率之，教以日本固有之武士道，锻炼其精神"。② 警官共分 17 个等级，其中，第四等少警视以上的敕任官、奏任官全部是士族，巡查中的 90% 是士族。到 1884 年，日本共有警察 25737 名，其中，80% 是士族出身。③

与警察相比，武士更青睐军人职业。据《陆军省统计年报》，19 世纪 70 年代的军官中华族和士族出身者要比平民出身者高出 4~5 倍。具体而言，1899 年，在职军官共有 8704 人，其中，士族 5060 人，平民 3562 人；1903 年，在职军官总计 11062 人，其中，士族 6024 人，平民 4930 人，士族出身的军官仍然超过半数。④

在经济界，士族是明治时代"企业家的主流"⑤，"维新经济革命的实行者，不是资本家阶级及'町人'阶级自身，而为当时的支配阶级武士阶级"⑥。这些武士实业家一则来自幕末投身于工商业的下级武士，二则来自明治维新后仕途无望转而进入工商行列者，三则来自辞官进入产业界的维新功臣，其在经济领域的影响虽然不若其在政界、军界的影响，但在当时企业家群中大约仍占三分之一，其中，不少人凭借其与政界的关系，成为"指导型企业家"，如五代友

---

① 園田英弘. 西洋化の構造：黒船、武力、国家［M］. 京都：思文閣，1995：193.

② 大隈重信. 日本开国五十年史：上［M］. 上海：上海社会科学院出版社，2007：331.

③ 李卓. 日本近现代社会史［M］. 北京：世界知识出版社，2010：85.

④ 李卓. 日本近现代社会史［M］. 北京：世界知识出版社，2010：86.

⑤ 梅村又次，山本有造. 日本经济史：3［M］. 李星，杨耀录，译. 北京：生活·读书·新知三联书店，1997：295.

⑥ 查士骥. 六十年来日本经济发达史［M］. 上海：华通书局，1931：5.

厚、涩泽荣一、岩崎弥太郎、安田善次郎、中上川彦次郎、近藤连平、加藤正义、川田小一郎、中村道夫、本山彦一、牛场贞藏等皆为"士族出身的绅商，他们在实业界发挥着指导性作用"。① 在殖产兴业过程中，由于得到政府的大力支持，他们迅速聚敛到巨额财富，成为大财阀。据统计，1879—1880 年，日本国立银行资金 76% 源自华士族，1877—1882 年，东京地区新建的 91 家公司的发起人中，华士族出身者占总人数的 43%。②

在文化界，武士更扮演了各种重要角色。启蒙运动重镇"明六社"的 10 名创始者（森有礼、西周、西村茂树、津田真道、加藤弘之、中村正直、箕作秋坪、杉亨二、福泽谕吉、箕作麟祥）中，9 人为武士出身。据研究，明治教坛上小学教员主要是"幕府时代的武士出身者"，大学教员也以武士出身者为主体。如明治十年至明治三十四年，东京帝国大学 215 名教授中，156 人为武士出身。福泽谕吉创办的庆应大学和大隈重信创办的东京专门学校的教员也主要出身于武士。明治二十一年至明治十五年的 348 名博士学位获得者，士族出身者达 245 名。汤浅光朝所著《科学五十年史》列举的活跃于明治时代的 100 位著名科学家中有 69 位出身于士族。③ 据统计，1882 年，日本全国的中学校长、教师中 78% 以上出身于士族，只有小学教师队伍中士族才少于平民。如果从人口因素来考虑，在 10000 人口中，士族有 167 人担任教师，平民只有 12 人，仍然是士族出身的教师多于平民。④

此外，活跃于新闻界的著名记者，如《邮报便知新闻》记者小西义敬、箕浦胜人、犬养毅、原敬、大江直、江口高邦，《东京日日新闻》记者福地源一郎、岸田吟香、久保田贯一、海内果，《朝野新闻》记者成岛柳北、末广重恭、高桥基一、浅野乾，《大阪日报》记者平野万里、西川甫、万代义胜、永田一二、田口谦吉，《东洋自由新闻》记者西园寺公望、中江笃介、林正明、石冈三郎等，大多出身于士族。

总之，脱胎于幕府时代的武士在明治时代成为"引领日本现代化的火车头"，"无论是'强兵'还是'富国'，无论是'立宪制'还是'议会制'，这 4 个政策目标全部由武士（士族）的代表主导推进……是他们迅速懂得欧美'富强'的原因，甚至在幕末时期就明白了立宪制的必要性；是他们推翻了幕府，废除了藩制，消除了武士特权，制定了国民皆兵、国民皆教育的制度；是他们

① 娄贵书. 日本武士兴亡史 [M]. 北京：中国社会科学出版社，2013：188-192.
② 李文. 武士阶级与日本的近代化 [M]. 石家庄：河北人民出版社，2003：299.
③ 娄贵书. 日本武士兴亡史 [M]. 北京：中国社会科学出版社，2013：196.
④ 李卓. 日本近现代社会史 [M]. 北京：世界知识出版社，2010：86.

移植了近代工业，建立了立宪制的基础"①。"直到20世纪30年代，上层人物中有一半是出身武士阶级，甚至到60年代末，仍然占1/5左右"。②

因此，明治维新的确可称为由武士开创、由武士领导的"武士的事业"。"若起战乱的是士族，治国安邦的也是士族，近30年来导入近代西洋文明并将其主义散布于民以及完成维新大业、尔后又实施新政的还是士族。"③ 武士之由旧体制下的"旧人物"一变而为造就新体制的"新人物"，在世界现代化历史上不能不说是一个奇迹！

第二节 武士的社会性格
——兼与中国绅士比较

如同中国绅士一样，日本武士是传统政治体制的支撑力量。耐人寻味的是，在近世社会变迁过程中，中国绅士没有以群体性面目演化为倒清革新势力，充当现代化的领导者，而日本武士则逐渐由一个封建社会阶层蜕变为倒幕运动的主力，推动了日本现代化的历史进程。这一反差到底是由何种因素促成的，兹从这两个社会阶层的性格差异加以阐释。

一、武士的产生

武士是日本传统等级社会秩序中的一个特权阶层，它出现于平安时代（794—1192年），发展于镰仓时期（1192—1333年），而德川时代则是其最后完成期。在从镰仓幕府到德川幕府长达六七百年的历史发展过程中，武士势力介入国家和社会生活的各领域，形成了所谓"武家政治时代"。

绅士是明清时期的社会精英，由官僚（包括现任官、离任官、请假官及进士）和未任官的举人、贡生、生员、监生所构成的一个特殊的社会阶层④。它形成于明朝中后期，以功名、职衔为标志，凭借其所占据的资源优势，在官场

---

① 坂野润治. 未完的明治维新［M］. 宋晓煜，译. 北京：社会科学文献出版社，2018：191.

② 勝部真長編. 武士道：文武両道の思想［M］. 東京：大東出版社，1997：169.

③ 慶應義塾. 福澤諭吉全集：第5卷［M］. 東京：岩波書店，1959：221.

④ 参阅本村正一. 清代社会に於ける绅士の存在［J］. 史淵，1940（24）；闵斗基. 清代生監层的性格［J］. 亚细亚研究，1965（20）；张仲礼. 中国绅士［M］. 李荣昌，译. 上海：上海社会科学院出版社，1991：1-18. CHU T. Local Government in China under the Qing［M］. Cambridge：Mass，1962：169-173.

与民间、城市与乡村之间转进转出；不但主宰着广大村民的社会生活，担负着联络官民、排难解纷、劝善举业、移风易俗等多种社会职能，而且在一定程度上左右着地方政局，并构成"全部封建统治的基础"。

从社会背景来看，日本武士是随天皇权威的衰落而产生的，是"自下而上""生成的"。众所周知，通过"大化改新"，日本建立了以天皇为中心、以班田制（公地公民制）为基础的中央集权统治。但到了公元八九世纪，由于班田制逐渐走向崩溃，天皇政权面临危机。为了开拓财源，朝廷采取了增设敕旨田、公营田、扩大官田等应急措施。在敕旨田、公营田、官田的经营中，贵族、大寺社、地方官吏凭借自己的权势，通过驱使奴仆垦荒、圈占公田、官田，霸占口分田及取得朝廷赏赐的位田、职田、功名等手段，建立起大庄园。起初，这些庄园不仅要向朝廷缴纳年贡（寺田、神田除外），而且要接受检田使和官吏的督察，庄民还被国家课以临时杂役等"国课"，但后来逐渐取得不纳年贡、不许官吏进入庄园干预庄务的"不输不入"之权，成为名副其实的地方小王国。庄园的建立和发展，一方面破坏了天皇专制政权的经济基础——国家土地所有制，导致天皇权威的下落；另一方面加剧了天皇与庄园主及庄园主之间的矛盾和斗争。在斗争过程中，庄园主及其他势力集团为了扩展领地、维护既得利益，纷纷将庄民组织起来，建立私人武装，这就是武士群体的最初形态。

开始时，他们以农为主，以武为辅，平时务农，战时从戎，后来逐渐变成以武为主，成为保卫庄园和对外争斗的武装力量。至 11 世纪，武士势力逐渐发展成超越庄园范围的地区性武装集团。无数分散的武士聚集在其所在地区势力最大的豪强贵族之下，听其指挥，这就是武士团。经过长期火并，各武士团终于在 1192 年统一于镰仓幕府的统治之下。从镰仓幕府到明治维新，在这长达六七百年的历史发展过程中，武士的存在形态和社会角色几经变动，取代贵族成为"政治上的统治阶级、社会上的主流阶级和文化上的主要创造者，影响日本社会的方方面面"。①

因此，日本武士一开始并不是天皇认可的封建等级，而是地方割据势力发展的产物，是皇权下落过程中"自下而上"生成的皇权对立物，是作为"中央权力的反叛者和非法者登场的"。这一特点赋予武士以相对独立的社会性格，对皇权并不具有政治、经济依赖关系。因此，后来皇权不但没有成为武士"革命"的对象，相反成为武士推翻幕府的精神领袖。

与日本武士不同，中国绅士是皇权政治发展到顶峰时期的产物。反观中国

---

① 娄贵书. 日本武士兴亡史［M］. 北京：中国社会科学出版社，2013：100.

历史，皇权的发展主要受职业官僚和地方势力制约，能否对这两种政治力量进行有效的控制正是皇权强弱程度的表征。从秦汉至隋唐，皇权对职业官僚的控制还缺乏力度，这主要表现在作为百官之长的丞相权力甚重，皇权尚不能充分运用。以西汉言之，丞相不仅能在外朝开府，自辟僚属，较独立地行使各项权力，而且在一定程度上节制九卿，能自行惩办太中大夫等中级官员，甚至对内史之类的高级官员也能"先斩后请"①。东汉以后，相权虽受到一定程度的分割，但作为"群体宰相"的尚书台、三省等依然控制着行政中枢，"万机之事，无不预也"。皇权还未达到乾纲独断的地步。那么，当时职业官僚为何能分享如此大的权力呢？这是因为职业官僚有地方分权势力做后盾。

秦始皇统一中国后，虽然职业官僚取代贵族掌握了地方治理权，但并不意味贵族势力完全销声匿迹。从汉末到隋唐，地方社会实际上由"贵族化"的豪强门阀地主控制。在经济方面，他们不但领有广大的土地，而且庇荫着众多的部曲，对国家既不纳税，也不当差。在社会方面，他们从官位名地上造出血统优越的传说，自高自夸，既不肯与庶姓通婚，亦不肯与寒族交际应酬。在政治方面，他们凭借祖先的余荫，不但垄断官吏选举之权，而且包揽了从中央到地方的高级官职，形成一种类似于贵族的世官世禄现象②。这种集政治、经济、社会资源于一身的地方势力具有鲜明的割据性，中央集权统治的维持在很大程度上取决于他们的意志，因此皇权不得不与之"共享"治权。隋唐以迄明清，随着庶民地主的发展、科举制的推行，中央政府逐步控制了官吏选举权，由门阀豪强势力荐举的职业官僚逐步让位于通过科举制选拔出来的职业官僚，由门阀豪强组成的地方势力也逐步让位于由科举制造就的地方绅士势力。这一转换过程既意味着皇权的扩展，也意味着地方势力的衰落，因为与门阀豪强势力相比，绅士既不能世官世禄，更没有独立的庄园经济及军队、司法机构；不但无力制约皇权，相反只有通过皇权才能保持自己的地位。因此，绅士形成之际，正是皇权高度膨胀之时。皇权的发展促使绅士产生，绅士的形成标志着皇权的高度发展，绅士只不过是皇权的政治附属物和施治工具。这就使绅士具有与皇权共生死的社会性格。

从产生方式来看，中国绅士主要是由专制政府通过学校制、科举制、捐纳制等手段"自上而下""做成的"。明清时期，国家建立了比较完备的学校体系，国有国学（国子监），府有府学，州县有州县学。一旦某人考试合格，被府

---

①　班固. 汉书：卷42：申屠嘉传［M］. 北京：中华书局，1975：597-601.
②　王亚南. 中国官僚政治研究［M］. 北京：中国社会科学出版社，1981：83-93.

学、州县学录取，即取得生员资格，享受国家赋予的特权，成为下层绅士的一分子。其后他既可走科举之路，逐级谋取功名；也可继续走学校之路，争取进入国子监，取得贡生或监生资格，待坐监期满后，经吏部考核，分别委以州同、州判、县丞等职。科举是绅士最重要的生成途径，当某人取得生员资格时，他便在科举之路上迈出关键性的一步，其后如果科试合格，即可参加三年一次的乡试，以猎取举人资格。中举者或可经"大挑"入仕，或可继续苦读，参加三年一次的会试，以猎得最高学衔进士。捐纳制是以钱财猎取功名的一种制度，在贡监生中，例贡、例监即通过捐纳取得的。上述绅士生成方式虽然互有差异，但均由国家掌握，这直接赋予绅士两种性格：一是对皇权或专制国家具有很强的依赖性；二是绅士身份一般只能得之后天，不可凭血缘关系传承。对皇权的依赖使绅士"先天"缺乏政治、经济独立性，缺乏反对专制制度的内在素质。绅士身份的非继承性扩大了社会垂直流动面，将社会各阶层的"秀异分子"吸入专制官僚体制内，活化了社会结构，强化了专制政治的生命力。

二、社会性格分析

日本武士和中国绅士虽然均为特权阶层，但因二者所处之社会经济结构不同，故其社会性格也呈现出种种差异。

第一，武士是一个被"冻结"在封建等级秩序内的阶层。从内而言，各级武士的身份是世袭的，当幕府的老中的人，必须出身于具有能当老中门第的谱代大名的家庭，出身于下级武士家庭的人，一辈子只能当下级武士，不具备升迁的机会。正如福泽谕吉所言："'家老'家所生的孩子永远当家老，'足轻'家生的孩子永远是足轻。世世代代，家老就是家老，足轻就是足轻，夹在其间者也同样如是，经过若干年后也无半点变更。"[①] 从外而言，武士与庶民是两个贵贱分明的等级，富裕庶民不能上升为武士，没落武士也不会下落为庶民。丰臣秀吉"身份统制令"和德川幕府的法律严格规定：武士不可以兼做农民、工匠和商人，即使身份最低的武士，在法律上也禁止成为生产者。这种严格的等级秩序维护了各级武士既得的名分和地位，同时，也因其不可逾越的等级性限制了下级武士向上级武士流动的欲望。因此，尽管从表面上来看，各级武士井然有序，但在下级武士的内心深处，蕴含着对现实秩序的不满；一旦其社会处境恶化到不能安于既得地位时，即会表现出强烈的反体制行为。

与日本武士不同，中国绅士是一个变动不居的社会阶层，这不仅表现在绅

---

① 福泽谕吉. 福泽谕吉自传 [M]. 马斌，译. 北京：商务印书馆，1995：6.

士内部各阶层处于不断上流或下落状态，而且表现在众多的平民不断上流为绅士①。在流动中，虽然作为个体的绅士的地位呈现不稳定的特征，但作为一个整体的绅士阶层总是在新陈代谢中被不断"复制"出来，于流动中求得稳定。这种动态的稳定既给予绅士以精神慰藉，又强化了其对当世制度的忠诚，因为不论个人功名如何，这种稳定本身就是一种特权；也不论个人遭际如何，这种流动本身就是一种升迁希望。在稳定中，他们不会轻易反对提供这种特权的政府；在希望中，他们也不会轻易反对制造这种希望的体制。因此，绅士对个人命运的叹息远胜于对制度的不满，当其身处逆境时，往往反责于己，很少责之社会制度，缺乏反体制意识。

同时，中国绅士大体遵循"士人—官僚—地主"的生态圈运动繁衍。这种流动方式将绅士的"事业"系于官场，"做官便譬如他的宗教"，因为做官是致富的最佳途径；只有做官，才能顺利完成绅士的代际流动，并保证其家族势力持续发展。在官场力量的牵引下，绅士对宦业的追求，远胜于对"实业"的关注；对读书应试的热情，远胜于对经营田产、行走负贩的兴趣。因为"人生世上，除了这事（指文章举业），就没有第二件可以出头……只是有本事进了学，中了举人、进士，即刻就荣宗耀祖"。② 这种财富尾随权力的政治格调，抑制了"实业"致富的意念，将社会财富纳入专制体制要求的"以农为本""以商为末"的运行轨道，不利于商品经济的发展。

第二，中国绅士植根于乡土社会，无论置身何方，心之所系，情之所钟，总在一个"乡"字。从经济方面言之，绅士大率胸怀以土地为"恒产"的治生意识，不仅居乡者热衷于田土，即连居城者也总要在乡间购置田产；不仅世守田业者迷恋乡土，即使以"末"致富者，也每每将资金投归土地。清人张英所作《恒产琐言》即这种治生意识的反映。因此，绅士往往是地主，否则也以做得地主为旨归。从政治方面言之，作为一种"非正式"的权力载体，绅士为"一乡之望"，其权不由政府授予而由乡土社会孕育。只因乡土社会远离皇权，绅士才获得运用其权的政治空间；只因乡里社会有赖于绅士，绅权统治才拥有社会基础。离开乡土社会，绅权不仅失去施治对象，亦且无由滋生③。如果说皇权是城权，那么也可以说绅权是乡权，这种差别的关键就在于前者以城市为权

① 据张仲礼研究，19世纪至少有35%的绅士出身于平民家庭，这是一个很高的百分比（张仲礼．中国绅士 [M]．李荣昌，译．上海：上海社会科学院出版社，1991：218）。

② 吴敬梓．儒林外史：第十五回．北京：人民文学出版社，1958：185-195.

③ 郝秉键．试论绅权 [J]．清史研究，1997（2）：22-35.

力据点，后者以乡村为权力依托。从精神方面言之，绅士以显达于乡为人生理想，以终老于乡为人生归属，以生于是乡为感情寄托；无论走到哪里，总把一己之荣辱系于乡土，总以乡情、乡音、乡俗为感情纽带，总惯于从乡思、乡愁中寻求精神慰藉，总希望有朝一日，衣锦还乡，甚至连客死异地，也一定要把棺木运回故土，葬在祖茔。这种以田土为治生根本、以乡里为权力依托、以故土为精神归属的乡土习性，把绅士牢牢植于"土"中，无论外界发生什么，绅士总可以在"天高皇帝远"的乡里社会免受冲击，寻得安宁；总可以以乡土社会之不变应政治社会、商业社会之多变。因此，绅士对其所在社会具有很强的适应能力；正因为如此，也就缺乏变革意识。

日本武士最初也立足于乡土，平时负犁耕作，战时荷枪作战，亦农亦兵。但到了 1588 年，随着丰臣秀吉"刀狩令"的颁布，武士逐渐变成一种完全脱离劳动生产的"兵"。他们离开了自己的原住地，集中于大名的城堡——城下町中的武士町，既不像中国的地主可私有土地，也不像欧洲的骑士拥有领地，只能依靠由将军、大名提供的固定俸禄为生，从而由昔日的农业经营者变成纯粹的城市消费者。"除了俸禄，武士没有其他一文一粒收入"①，缺乏经济独立性。这一转变意味着武士与乡土社会失去联系，而与城镇社会挂钩。由于城镇是政治中心，武士又是专为政治服务的职业军人，故其地位不能不因政治动荡而波动；由于城镇以工商业经济为特色，武士又是工商业产品的直接消费者，故其生活又不能不受市场活动左右。一旦他们无法承受政治风险和市场风险的压力而难以在城市立足时，因无乡可归，要么沦为漂泊不定的浪人，要么去从事为武士所不齿的"贱业"，不能像中国绅士那样可回归乡土，求得安稳。从此意义上讲，中国绅士是城乡两栖"动物"，而日本武士则是城市单栖"动物"。两栖性赋予绅士顽强的社会适应力，而单栖性则迫使武士欲摆脱困境，只能"穷则思变"，不能消极地应对时局变化。

18 世纪以降，在商品经济的冲击下，日本幕藩领主大量削减和停发禄米，武士特别是下级武士急剧贫困化，已不可能再继续依靠充当武装随从维持生计。于是，武士纷纷突破幕府的禁令，寻求新的谋生手段，逐渐由武装随从转为工商业经营者或雇佣劳动者。到幕末，在仙台藩几乎全部下级武士，都兼营手工业。② 1837 年，佐久间象山上书说：武士"从事手工业者，武家之中有过半数"，经商者也不乏其人，"在江户的 250 家商家之中，本人是武士、浪人或者

---

① 本莊荣治郎．日本社会经济史［M］．东京：改造社，1928：308.

② 石井良助．体系日本史丛书：9：社会史：2［M］．东京：山川出版社，1982：228.

祖先是武士、浪人、乡土者就有48家"。① 还有不少从事医生、教师和作家等自由职业。另外，为了摆脱财政危机，不少武士甚至不惜出卖自己的武士身份。如"幕末藩领内的588个乡士中，就有406人是献金乡士，各藩自己买卖武士的资格，开了身份制度崩溃的端绪"。②

第三，武士是处于天皇、幕府双重统治下的一个军人阶层，德川幕府时期，这个阶层及其家属占总人口的6%~8%，在武士势力强大的萨摩藩，武士甚至占该藩人口的25%③。作为一个特权阶层，武士之特别地位似乎仅仅在于对武器和姓氏的垄断，即享有称姓、带刀之权。前者用以维系武士家族的世系，以防他人冒入，导致等级秩序的混乱；后者则不仅是武勇的象征，还是其特权和阶级的外在表现。

在经济上，武士并不占据优势，一个中级武士年平均收入约100石，大致相当于一个富农的收入，而全体武士的年收入则在35石以下，和农民的经济水平不相上下④。旗本年平均收入最低的只有20石，御家人年平均收入最低的只有薪金4两和1人的口粮⑤；陪臣中大部分是20石左右，最少的只能领几贯钱⑥。尤其是在德川幕府末期，武士经济状况急剧恶化。毛利藩在1840年的债务高达银85252贯，而同年该藩的实际年收入仅有银3790贯⑦。文政末年，萨摩藩的藩债达金500万两，要250年才能偿还；1838年，长州藩的藩债高达金8万两，是该藩收入的22倍⑧。至于下级武士，更是普遍处于贫困状态，"冬穿单衣夏穿棉，无处安身，借居陋室，比下贱犹不如"。⑨ 正如武阳隐士1816年所著的《世事见闻录》所说："尤其是那些俸禄低微的武士，更是困苦之极。穷武士中，甚至于出卖祖上传下来的武器，其中还有他们的祖先在战场上拼命时所用的刀剑。将军的赏赐物，也被送进当铺，或是出卖求现。至于家中其他贵重物品，更是毫不介意地随手出卖。"⑩

① 本莊栄治郎. 日本社会经济史 [M]. 東京：改造社，1928：359.
② 坂本太郎. 日本史概说 [M]. 汪向荣，等译. 北京：商务印书馆，1992：282.
③ 讀賣新聞社. 日本的歷史：第八卷 [M]. 東京：讀賣新聞社，1971：76.
④ 赫伯特. 日本维新史 [M]. 姚曾廙，译. 吉林出版集团有限责任公司，2008：14.
⑤ 土屋喬雄. 日本经济史概要 [M]. 東京：岩波书店，1953：273.
⑥ 粟田原次. 日本近代史 [M]. 南京：中正书局，1947：111.
⑦ 歷史科学協議会. 日本從封建制度轉向資本主義制度 [M]. 東京：校倉書房，1957：132.
⑧ 永原慶二. 日本经济史 [M]. 東京：岩波书店，1980：239-240.
⑨ 《世界历史》编辑部. 明治维新的再探讨 [M]. 北京：中国社会科学出版社，1981：6.
⑩ 张荫桐. 1600—1914年的日本 [M]. 北京：生活·读书·新知三联书店，1957：48.

因此，"武士的地位往往同真正的经济力量极不对称"。① 它"不直接拥有作为自己经济基盘的土地"，"仅是一种制度上的精英，即是一种不具备经济实力的特殊的精英。"② 幕末商人在经济上占有绝大部分财富，武士与商人的经济地位颠倒了。"由大阪的商人借给全国的大名的钱有 6000 万两之多，由诸大名运到三都的市场去的米计有 400 万石，而其中的 300 万石却是作为这 6000 万两的利息被取去的。"③ 因此，当时有"大阪商人一怒，天下大名为之震恐"的说法。

在政治上，除了少数上层武士有机会参与幕政外，广大下层武士都处于从属和被统治的地位，并无治民之责，唯当庶民对武士无礼、对领主不逊时，才具有斩杀之权。武士与庶民实际上是两个在地域上分处不同社区，在社会关系上互不通婚（町人除外），在政治上分别由大名统属的两个"平行"的社会阶层。这两个阶层仿佛分别处于不同的阶梯之上，每个阶梯又各有一套从上到下的法令、规则和相互义务，而两个阶梯之间的人有不可逾越的距离。④

因此，日本武士虽在法律上高于庶民，但在政治、经济上未能对庶民构成支配关系，因而是一支不稳定的统治力量。幕末日本农民起义之频繁，正说明武士阶层之乏力。日本农民虽在法律上低于武士，但拥有土地永久使用权，故成为支持日本封建社会结构最稳定的阶级。

中国绅士是处于官府与民众之间的一个统治阶层，19 世纪前半期，这个阶层及其家族成员的总数达 550 万人，相当于总人口的 1.3%⑤。绅士虽在人数上处于劣势，但其拥有的政治、经济和文化资源占绝对优势。

在政治上，绅士不仅享有国家赋予的种种特权，如"自由见官"之权、法律优待权等⑥，而且独占了以官僚机器为后盾的强制性政治资本。因为绅士一方面以其政治社会身份（或为离职、退休之官僚，或为官僚队伍之后续成员）为纽带与官僚机器紧密相连，另一方面以科举、地缘、血缘关系为纽带结合成亲情关系网，即"科举的同榜构成师生和同年的政治关系，同一乡里则又构成同乡关系"。凭借这些关系，绅士不但可以对乡民实行超经济强制，甚至可以控制

① 哈利戴．日本资本主义政治史［M］．吴忆萱，等译．北京：商务印书馆，1980：33.
② 李文．武士阶级与日本的近代化［M］．石家庄：河北人民出版社，2003：67.
③ 服部之总．明治维新讲话［M］．舒贻上，译．北京：生活・读书・新知三联书店，1957：29.
④ 本尼迪克特．菊与刀［M］．吕万和，等译．北京：商务印书馆，2012：59.
⑤ 张仲礼．中国绅士［M］．李荣昌，译．上海：上海社会科学院出版社，1991：137.
⑥ 张仲礼．中国绅士［M］．李荣昌，译．上海：上海社会科学院出版社，1991：第 1 章第5 节．

地方守令，"使其顾惜前途不敢加以钤制。尤其是父兄或子弟在朝的乡绅，更是势焰熏赫，奴使守令，成为地方政府的太上政权"。①

在经济上，绅士虽不等于地主、富商，但因绅士占有比较雄厚的政治资本，而"在农业社会，用政治权力获取财富比用财富去获取权力来得更容易"②，所以对经济财富的占有量必占绝对优势。张仲礼估算19世纪中国绅士的年收入总量为6.45亿两银子③，而其人口（包括家属成员）约720万，约占总人口的2%。如是，绅士集团的人年均收入约90两。有人估计，18世纪中晚期，清王朝的财政收入为4500~5000两银子（不包括地方、省政府留用的额外附加税收）④，即使在清代最繁盛的中期，政府全部财政收入也没有超过全国谷物产值的5%~6%⑤。以此而计，当时全国谷物总产值8亿~9亿两银子，也就是说，占全国人口90%以上的农民人均谷物产值2~3两银子，与绅士的收入相差甚大。

在文化上，经过长期职业化训练的绅士，几乎垄断了全部"文化资源"。因为文化学习需以一定的经济条件和时间为前提，对疲于生计的广大百姓来说，读书绝非一件易事。中国文字和文化"具有一种社会制度的性质"，而"不仅是一种社会工具"⑥。具有文化学识不仅仅表明一个人有了认识和进入社会的手段，更重要的是由此显示出特殊的社会地位。具有文化知识的绅士，不仅熟悉作为主导意识形态的儒家文化，被人们看作规范的解释者和象征，而且可以进入上层社会，其他人要在诉讼、契约、请愿等公共事务方面求助于他们。于是，绅士就因"文化"而获得他人的膺服敬重，而权力也就从他人的膺服敬重中产生。正如弗兰兹·迈克尔所说："绅士乃是由儒学教义确定的纲常伦纪的卫道士、推行者和代表人，这些儒学教义规定了中国社会以及人际关系的准则。绅士所受的是这种儒学体系的教育，并由此获得管理社会事务的知识，具备这些知识正是他们在中国社会中担任领导作用的主要条件。"⑦

---

① 吴晗. 明代的新仕宦阶级，社会的政治的文化的关系及其生活 [J]. 明史研究论丛，1991（2）：1-68.
② 伦斯基. 权力与特权：社会的分层与理论 [M]. 关信平，等译. 杭州：浙江人民出版社，1988：252.
③ CHANG C L. The Income of the Chinese Gentry [M]. Seattle：University of Washington Press，1962：197.
④ 罗兹曼. 中国的现代化 [M]. "比较现代化"课题组，译. 南京：江苏人民出版社，1988：98.
⑤ 珀金斯. 中国农业的发展，1368—1968年 [M]. 宋海文，等译. 上海：上海译文出版社，1983：229.
⑥ 费正清. 美国与中国 [M]. 北京：商务印书馆，1989：33.
⑦ 张仲礼. 中国绅士：导言 [M]. 李荣昌，译. 上海：上海社会科学院出版社，1991：1.

　　凭借这些优势资源，他们一方面可以"自下而上"通过入幕佐治、上书"建白"等合法或"非法"途径和姻亲戚属、门生故吏等社会关系介入官场，对当政者施加影响，进行政治参与；另一方面可以"自上而下"以地主、债主等经济身份，以各种功名、职衔等政治身份，以纲常伦理的卫道士和知识者等文化身份支配广大平民。这种通天彻地的社会行为对上自有补缺弥罅、对下更具稳固专制统治基础之效。因为绅士身处民间，不但于民生利弊比较周悉，而且与民众有部分相同的利益；当民众被邻里纷争、自然灾害、官府压迫等主客观因素所困时，他们往往以调停者、"慈善家""代言人"等身份出现，发挥排难解纷、移风易俗、倡行善业、沟通官民等多种社会职能，从而把各种不安定因素弭之于未萌之中。一旦基层社会发生"动乱"，绅士也可利用其"绅与民近"的优势，迅速转换角色，由儒士变成武士，组织力量，采取镇压措施。毫不夸张地说，哪里的绅士力量强大，哪里的社会秩序就比较稳定；反之，亦然。因此，在远离皇权但又是皇权统治基础的基层社会，绅士是一支远比官府稳定而有效的统治力量。俗云，"官如河水流，绅衿石头在"，此之谓也。

　　第四，武士按出身贵贱、地位高低、权力大小分为将军、大名、家臣、足轻等20多个等级。在经济上，武士犹如主君之食客，由主君按照地位之高低发给固定的禄米维持生活。在政治上，武士按主从关系的原则，层层相属，结成人身依附性极强的金字塔集团；每个武士必须隶属于一个主君，成为其家臣，未经主君许可，不得退仕，也不能任意选择主君。在道义上，主君有庇护武士之责，武士必须为主君效命尽忠，倘若忽视其应尽义务，奉公有疏，就是"盗父母之惠，贪主君之禄，一生之间，唯终于盗贼之命"①，轻则要被夺去禄米，重则性命难保。因此，日本各级武士具有较强的纵向黏合力。上级武士之政治意志往往能无条件地得到下级武士之支持，而下级武士之政治行为也往往是上级武士政治意志的体现。是故，武士之活动总是表现为阶层性或集团性，这或许也是武士倒幕成功的原因之一。

　　中国绅士在理论上没有血统贵贱之分，只以功名、职衔之高下分为官僚、进士、举人、贡生、监生、生员等若干级别。在经济上，各级绅士既不存在欧洲领主与附庸之间那种采邑分封关系，也不似日本大名与武士结成禄米供需关系；在政治上，既不受行政体制制约，也不存在人身依附原则；在道义上，下层绅士无效忠上层绅士之义务，上层绅士也无庇护下层绅士之职责。如果说各级绅士之间有什么联系的话，那就是以血缘、地缘、学缘、仕缘关系为纽带而

---

　　①　田原嗣郎，守本顺一郎．日本思想大系：32［M］．東京：岩波書店，1970：161.

结成的亲情关系网。这种亲情关系虽受功利因素制约，但主要是一种因一方得益于另一方而在感情上形成的"恩债"意识的外化，缺乏经济政治强制性。如果一方忘恩于另一方，往往只受到良心和社会舆论的谴责，一般不会招致经济损失和政治不幸；如果一方欲惩治另一方，也最多是在其仕进之路上制造障碍，而无权剥夺其功名。因此，中国绅士虽不乏松散的横向联系，但因缺乏"自上而下"的强制力和"自下而上"的效忠心，所以其纵向黏合力极弱。尽管他们也时常结成地缘性、学缘性和仕缘性的政治派别，但无法形成稳固的阶层性的政治势力。中国只有零星的绅士反政府行为而无以阶层形式出现的绅士造反，恐与此不无关系。

三、武士道与"绅士道"

武士以武士道为价值取向。武士道是武士在其职业上和日常生活中必须遵循的"训条"，也就是随着武士身份而来的义务。武士道不是成文法典，而是一部铭刻在武士内心深处的律法，充其量也只是一些口传的，或通过若干著名的武士或学者之笔流传下来的格言。它既吸收了佛教的听天由命意识，又融入了儒教的"五伦"之道，同时，还承继了神道的忠君敬祖思想①，其最高道德规范是"忠"。

"忠"是一种旨在完全献身于自己领主的真诚，由日本二元统治结构所定，日本武士的"忠"具有双重性：一是对万世一系的天皇的"忠"，这种忠是精神性的，因为天皇只是一种象征性的权力中心，而非真正的政治首领；二是对幕府的"忠"，这种忠是间接性的，因为武士的伦理道德是武士忠于大名，大名忠于将军，将军忠于天皇。② 武士是否忠于将军，取决于其所事主君对将军的态度。前者把分属不同主君的武士维系起来，而后者则使武士的"忠"是对主君个人的忠诚，而不是对制度的忠诚。因此，在幕末武士才有可能集结于"尊王"的大旗下发动倒幕运动，才有可能随其主君一同造反。对幕府来说，武士实践之"忠"既是一种支持力量，又是一种反对力量；也就是说，以"忠"为内核的武士道并未完全屈服于幕府的政治统制。同时，由于武士道不是写在书本中的教义，而是铭刻于心的"训条"，武士道倡导的"忠"主要是一种奉献生命的行动，而不只是一种"对自我良心的真诚"，武士比较注重实践活动，相对轻视

---

① 新渡户稻造. 武士道 [M]. 朱可人，译. 北京：商务印书馆，1993：18-21.
② 森岛通夫. 日本为什么"成功" [M]. 胡国成，译. 成都：四川人民出版社，1986：93-94.

修身养性。因此，有人说："武士的本质是行动的人。"① 不宁唯是，这种以"忠"为核心的武士道已内化为日本立国精神，"举国之人，无论男女老少，奉为国魂。……造成今日本之强盛者，亦可谓武士道之功也"。②

中国绅士以可以称作"绅士道"的儒学价值观为行为准则。儒学家认为，人的价值是为了成为"圣人"，而圣人的最高道德规范则是"仁"。所谓"仁"，既是一种"己欲立而立人，己欲达而达人"的修养，又是一种以"五伦"关系为核心的伦理精神和道德秩序，其实质是指导人们通过道德的修炼达到理想的政治境界，孔子所说的"克己复礼"，儒者即以弘扬"仁"道为己任。由于这种以"仁"为核心的儒学道统观对统治者和被统治者均提出了道德要求，因而在一定程度上具有针砭时政的功能。当政统体现道时，道统就是政统的支持力量；当政统背离道时，道统便是政统的离心力量。但自独尊儒术后，因儒学道统逐渐被纳入皇权政统之下，于是"仁"的内涵渐由儒者的道德追求变成由政府倡导的纲常名教之道，"仁"的功能渐由对时政的批判转为对既有政治、社会秩序的维护和辩解，以弘"道"为己任的绅士便成为十足的封建礼教的卫道士和代表人。同时，由于以"仁"为核心范畴的儒学高度强调道德价值，儒者历来反对功利价值，从孔子的"君子喻于义，小人喻于利"，到董仲舒的"正其道不谋其利，修其理不计其功"，再到理学家的"存天理，灭人欲"，无一不是这一思维逻辑的产物。这种道德至上的价值观使绅士的价值活动偏向道德领域，在行为方式上极重内修的正身养性，轻视外修的经济事功，"说多而践履少"。面对纷繁复杂的社会与人生，他们更注重加强自身修养，整饬纲常秩序，而不注重进行实际而有益的政治经济建设。因此，作为一个阶层，绅士虽可称为"知识者"，但不是行动者；虽可称为"道德之士"，但缺乏经济之才。

从文化素养来看，中国绅士绝大部分是经学校制和科举制训练、选拔出来的儒士，无论他们是否图谋晋升，都必须将很大部分时间耗费于读书应试。未出仕者以读书应试为主要活动，已出仕者也要著书立说、教课子弟。"他们所过的确实是一种考试生涯。"③ 清代科举因明代之旧，主要以八股文称衡天下之士，作为科举必由之路的学校也以八股文为重点教学内容。八股文不仅是一种格式化的文体，而且是一种理学化的范文，题目主要摘自"四书"，所论内容也要以朱子的《四书集注》为准，不得自由发挥。这种取士方法虽便于考官衡文，

① 新渡户稻造. 武士道 [M]. 朱可人，译. 北京：商务印书馆，1993：58.
② 仁航. 论日本之武士道 [J]. 国术声，1935，3（2）：3-4.
③ 张仲礼. 中国绅士 [M]. 李荣昌，译. 上海：上海社会科学院出版社，1991：176.

利于官府钳制思想，但将广大士子囿于一狭小的知识领域，只知墨守理学，不敢也不想标新立异，问津其他学问，"其聪明不暇旁涉，才力限于功令，平日所诵习者唯程朱之说，少壮所揣摩者皆道理之文"。①

因此，绅士只不过是以理学为基本素养的"八股"之才。作为官方意识形态的理学，虽倡导即物"穷理"，但其所穷之理主要是指形而上的世界的本体存在，主要是一种圣人发现的道德秩序，而不是与经验事物相联系的自然规律。在理学的熏陶下，绅士将理学教义视为权衡一切的标准，将自己毕生的精力用于注释、维护儒学纲常名教及封建社会秩序上，对自然科学不屑一顾，认识不到科学技术在社会变迁中的意义。这种文化素养及思维方式使绅士缺乏对未知世界及变革中的世界进行上下求索的精神，也决定了绅士缺乏向现代性转变的内在素质。

武士是将军、大名的政治"卫士"，以杀伐为己任，不扮演文化卫道士的角色。在武士教育中，教授的内容主要是击剑、柔道、马术、兵法、文学、历史等实用性课程，而非专门探讨道德文章的书本知识。如果说中国绅士把知识视为应付考试的必修课程，那么日本武士则认为知识仅仅是获得睿智的一种手段，是"助职、助业"的一种工具，真正的知识是处理实际问题的才学和技能，而不是泛滥于书本辞章间的"学问"，那些空有书本知识的人"只是一架能够遵照要求吟出诗歌、名句的方便机器"。因此，一位武士西乡南洲称文学知识渊博者为"书蠹"，而另一位武士三浦梅园则把学问比喻为臭菜，他说："学问有如臭菜，如果不认真去掉臭味，就难以致用。少读一点书，就少一点学者的臭味，而多读些书，学者的臭味就更多，真不好办。"② 武士虽习朱子学，但因日本朱子学倡导经验价值③，认为"穷理"主要是探求寓于客观事物内部的条理，不是体认形而上的"天理"，所以不少朱子学者对草木之学怀有浓厚兴趣，主张真正的学问是"有益于今日之实用"，德川时期经济论的著名创始人新井白石就是一位杰出的自然研究家和经世家。同时，由于日本实行身份世袭制，武士的升黜主要取决于身份和事功，与是否习儒或遵循儒学经说无关，他们可相对自由地研究其他学问。因此，山片蟠桃说："我国儒学家不喜空想空论，他们从不跟在宋儒后亦步亦趋，而是洋溢着济世治民的精神，多有关怀实行的议论。"④ 尤

---

① 梁章钜. 制义丛话：卷一 ［M］. 上海：上海书店出版社，2001：20.

② 新渡户稻造. 武士道 ［M］. 朱可人，译，北京：商务印书馆，1993：20.

③ 李甦平. 圣人与武士：中日传统文化与现代化比较 ［M］. 北京：中国人民大学出版社，1992：58-59.

④ 李文. 武士阶级与日本的近代化 ［M］. 石家庄：河北人民出版社，2003：92.

其在幕府晚期，由于生计所迫，许多武士走出空疏的儒学圈子，专门从事与生计有关的活动和学术研究。这不但丰富了武士的文化内涵，而且为接受西方科学技术准备了条件，至 18 世纪下半叶，终于在武士中酝酿出一门新的学问——兰学。

兰学的诞生改变了武士的知识结构，促使日本第一批近代型知识群体的形成。有人估计，1840 年以前，日本近代型科技人员已占科技人员的 47%；1855 年，上升到 82%①。至幕末，学习西学在日本已蔚然成风，"与儒学相比，在幕府内部倒是洋学起了更大的作用"。② 武士的这种文化素质决定了其对"西方列强的军事威胁的认识要比以农本官僚主义文官进行统治的中国强烈"且迅速③，故而促使其成为近代化的引导力量。

总而言之，与内源型现代化不同，非西方的外源型现代化的完成，不但需要拥有一个身居高层、具备推进现代化能力的领导在有效地维护了国家和民族的独立的前提下，靠政治权力输入立宪文明、引入产业文明，而且需要一个拥有一定资本、经营能力和企业家精神的实业家团体，通过他们将西方工业技术和企业制度内化于本土，同时还需一个拥有先进思想和知识的文化群体，通过他们改变民众的思想观念，提高全社会的教育文化水平。历史表明，武士正充当了这样一些角色，成功地肩负起领导和推进日本现代化的任务。

———————————

① 湯淺光朝. 日本の科学技術 100 年史：上［M］. 東京：中央公論社，1980：15.

② 信夫清三郎. 日本政治史：第 2 卷［M］. 周启乾，译. 上海：上海译文出版社，1988：11.

③ 杉本勋. 日本科学史［M］. 北京：商务印书馆，1999：345.

第五章

明治维新的人口条件

我们的出发点肯定必须是人，然后才是谈论物的时候。

——费尔南·布罗代尔

　　人口是制约经济和社会发展的重要因素。肇始于明治维新的日本现代化，多年来人们倾向于从政治经济结构、商品经济发育程度等方面探讨其成因，其实从人口角度来看，日本现代化的顺利推进也自有其内在必然性。就笔者所见，目前，国内尚无专文论述人口与日本现代化的关系[①]；在国外，1966 年，日本学者 Tachi Minoru 和 Okazaki Yoichi 发表《经济发展与人口增长》一文[②]，以日本、东南亚国家为分析对象，比较深入地探讨了人口与经济发展、人口增长率与经济增长率之间的关系，认为人口低增长率是日本经济发展的重要条件，如果其人口增长率像东南亚国家一样的话，即使其有很高的资本利用程度，其经济也难以有如此快速而平稳的发展。本章拟从人口密度、人口增长率、人口年龄结构和人口素质等角度来进一步阐释人口与日本现代化的关系，以期深化对日本现代化成因的认识。

第一节　人口密度

　　据统计，明治初年，日本人口至少有 3480 万[③]，而耕地面积为 3234000 町[④]。

---

①　在国内，人口与现代化问题研究的代表性著作当推王渊明的《历史视野中的人口与现代化》（浙江人民出版社 1995 年版），但该书以西欧和当代发展中国家为研究对象，未涉及日本。

②　TOBATA S. The Modernization of Japan：1 ［M］. Tokyo：The Institute of Asian Economic Affairs，1966.

③　新保博，斋藤修. 日本经济史：2 ［M］. 李瑞，等译. 北京：生活·读书·新知三联书店，1997：287.

④　速水融，宫本又郎. 日本经济史：1 ［M］. 厉以平，等译. 北京：生活·读书·新知三联书店，1997：48.

也就是说，当时日本人均耕地面积大约为 0.093 町（约合 0.23 英亩）。如此人口密度不仅高于现代化初期的欧洲国家，也高于现代化初期的其他亚洲国家。据统计，1851 年，法国人均耕地面积为 4.97 英亩；1861 年，丹麦人均耕地面积为 8.70 英亩；1900 年，西班牙、葡萄牙的人均耕地面积分别为 7.00 英亩、4.24 英亩；1901 年，意大利人均耕地面积为 3.48 英亩；1954—1955 年，马来亚、菲律宾、巴基斯坦的人均耕地面积分别为 2.50 英亩、2.03 英亩、1.51 英亩。①

现代化历史表明，人口过密化必然使大量人口滞留乡村，导致土地使用零碎化和单一粮食种植业的发展，不利于耕作制度的革新及生产技术和设备的改进，并制约农业现代化的发展。耐人寻味的是，日本现代化并未因人口过密化而停滞不前，因此问题的关键并不在于人口过密化给日本现代化带来多大负面影响，而在于日本如何能在沉重的人口压力下完成其工业化进程。

工业化是现代化的关键环节，日本的工业化是以所谓"殖产兴业"完成的。对财政拮据、资源贫乏的日本明治政府来说，要实现其殖产兴业计划，当务之急是积累大笔资金、占有充足的工业原料。

从资金来说，日本殖产兴业的资金是通过政府和民间两种渠道注入的。1868—1885 年，明治政府共投入总额约为 2 亿 1000 万日元用于殖产兴业②，约占同期政府正常财政总支出的 1/5。在民间，地主是主要的投资者。当时地主通过兴办企业、创建银行、购买有价证券等形式参与实业建设的情况很普遍。以银行为例，1879 年 6 月，日本成立的银行达 48 家，股东中华族近 3 万人，投资 3000 余万日元，平民 4700 余人，投资不足 900 万日元，华族投资占 77%。③

那么，明治政府和地主用于殖产兴业的原始资金是从哪里来的呢？地主的原始资金自然来自地租，而政府的资金则主要来自税收，其中，土地税占绝大比重。据统计，1868 年，日本土地税收入为 2009000 日元，占全部税收的 63.6%；以后逐年增加，到 1873 年为 60604000 日元，占全部税收的 93.2%④；后来虽然有所下降，但从 1883—1902 年，土地税仍占全部税收的 70%~80%⑤。因此，为了在短期内积累大笔资金，明治政府推行高额地税制，而高额地税制

---

①　TOBATA S. The Modernization of Japan：I［M］. Tokyo：The Institute of Asian Economic Affairs，1966：169.

②　石塚裕道. 日本資本主義成立史研究［M］. 東吉：川弘文館，1973：130.

③　石井寛治. 日本経済史［M］. 東京：東京大学出版会，1993：98-99.

④　安藤良雄. 近代日本経済史要覧［M］. 東京：東京大学出版会，1981：51.

⑤　寺西重郎. 日本経済発展と金融［M］. 東京：岩波書店，1982：260.

的推行又必然促使地主向佃农课以高额地租。据统计，1873 年地税改革时，在土地收获量中，地税占 34%，地租占 34%，佃农占 32%。也就是说，佃农要把 68% 的收入用以完租，这一比例比德川末期佃农所纳租税还要高。直到 1885 年进行农事调查时，佃农缴纳的佃租仍高达收获物的 58%①。因此，无论是政府，还是地主，其用于殖产兴业的资金主要来自高额的地租。

那么，日本的高额地租何以能维持呢？一个重要原因就是人口因素在发生作用。由于人口过密化，大量农民滞留在农村，直到 1898 年日本农村人口仍占总人口的 88.1%。② 这一潜在的过剩人口造成对佃耕地的激烈竞争，从而使地主得以恣意提高地租，榨取农民的剩余劳动价值。据统计，农户所纳租税 1899—1902 年为 1.04 亿日元，1903—1907 年为 1.15 亿日元，1908—1912 年为 1.54 亿日元。③ 这些地租一方面以地税的形式被纳入国库，成为政府推行产业化资金的重要来源；另一方面通过地主各种形式的投资转化为产业资金。

因此，从人口角度来看，日本原始积累沿着这样一条轨迹运行：过量劳动力的提供→高地租率→高地税→高资本积累。

关于原料问题，作为日本工业化初期支柱产业纺织业、冶铁业的原料和机械设备，主要依靠进口。1893 年，日本生铁的自给率仅 38.6%，钢材的自给率仅 2.5%④，绝大部分需要进口。而为了支付进口所需外汇，就必须扩大出口。因此，出口的增长成为日本工业化顺利进行的必备条件。

我们知道，市场竞争的表现形式就是价格竞争。低价格是打入国际市场、扩大出口的关键性因素。为了降低价格，就必须降低生产成本，而生产成本的高低主要是由劳动生产率、工人工资决定的。对后进国日本来说，在劳动生产率上自然无法与欧美国家竞争，其降低产品成本最便捷的途径便是降低工人工资；而日本过密化的人口恰恰为日本提供丰富的劳动力资源，造成强烈的就业竞争态势，从而使降低工人工资成为可能。据东京职业介绍所记载，1911 年，求职人数为 1786 人，但只有 896 人如愿⑤，也就是说，有将近一半的求职者未能觅得职业。因此，在日本产业工人队伍中，一方面大量雇佣廉价的女工、童工，据统计，1894 年，女工占工人总数的 62.7%，以后比例逐年缩小，到 1913

---

①　塩沢君夫，後藤靖. 日本経済史 [M]. 東京：有斐閣，1977：261.
②　矢崎武夫. 日本都市の発展過程 [M]. 東京：弘文堂，1978：381.
③　寺西重郎. 日本経済発展と金融 [M]. 東京：岩波書店，1982：258.
④　西川俊作，山本有造. 日本経済史：5 [M]. 裴长洪，等译. 北京：生活・读书・新知三联书店，1998：132.
⑤　大石嘉一郎. 日本帝国主義史：1 卷 [M]. 東京：東京大学出版会，1985：275.

年，女工仍占 59.0%①。纺织业中女工更多，1900 年前后的纺织业中，女工高达 80.0%②。工人中童工的比例也很大，据 1899 年统计，未满 14 岁的童工达 4万 1000 余人，占统计人数的 1/10 以上，其中主要是女童工③。另一方面日本工人劳动强度大，工资水平低。当时，日本工人的劳动时间经常达 10 个小时以上，缫丝女工劳动时间不下十三四个小时，甚或十七八个小时④。明治中期，缫丝厂男工日工资为 20~30 钱，女工日工资为 9.5~14 钱，棉织厂男工日工资为 15.4~25.2 钱，女工日工资为 2.6~7 钱，而当时白米 1 升为 12 钱左右⑤。1889年，纺织女工工资只及同行业男工工资的 48.1%，到 1900 年，也不过 62.8%⑥。而在英国产业革命初期，工人一天的工资可以购买 1 配克（9.92 升）小麦。⑦

廉价的劳动力产生廉价的产品。以日本龙头企业棉织业为例，如表 5-1 所示，明治时期尽管日本的劳动生产率低于其他许多国家，但由于其工资率较低，其单位产品劳动成本还是低于其他国家的。

表 5-1　棉织业中工资率、劳动生产率和劳动成本的国际比较

国别	每周工资率（日元）	劳动生产率（人）	单位产品劳动成本（日元）
日本	5.8	6.1	13.2
德国	13.0	4.5	25.4
英国	18.0	4.0	31.4
美国	35.0	3.4	49.6

资料来源：森口親司，青木昌彦，佐和隆光．日本经济の構造分析［M］．東京：創文社，1956：115.

正是依靠低廉的价格，日本商品逐渐打入国际市场。据统计，1885 年，日本出口额为 3790 万日元，1913 年，达到 7.4 亿日元，不到 30 年增长了 18 倍之多，出口年平均增长率为 11.3%（以美元计为 9.3%），而同期世界贸易的出口

① 森喜一．日本劳动者阶级状态史［M］．東京：三一书房，1961：74.
② 大石嘉一郎．日本産業革命の研究：下［M］．東京：東京大学出版会，1985：159.
③ 森喜一．日本勞動者階級狀態史［M］．東京：三一書房，1961：77.
④ 石井寛治．日本経済史［M］．東京：東京大学出版会，1993：163.
⑤ 西川俊作，阿部武司．日本経済史：4［M］．杨宁一，曹杰，译．北京：生活·读书·新知三联书店，1998：350-351.
⑥ 高村直助．日本紡績業史序說：上［M］．東京：塙書房，1980：302.
⑦ 杨豫．英国资本主义近代化道路的特点：兼论英国为什么首先实现经济起飞［J］．南京大学学报，1986（2）：23-29.

年平均增长率为 3.8%，结果日本出口额在世界贸易出口额从 1885 年的 0.5%左右上升为 1913 年的 2.0%；从日本贸易额在亚洲区域贸易中所占比例来看，1883 年，日本出口额只占亚洲区域出口额的 4.2%，到 1913 年，占到 24.1%。①随着出口贸易的增加，出口贸易在国民收入中所占比重也增大，开始时出口仅占国民收入的 5%，后来上升到 15%②。

因此，日本出口贸易大体沿着这样一条轨迹运行：过量劳动力的提供→低水平的工资→低价格→高出口。

马克思说：过剩的人口是"资本主义积累的杠杆，甚至成为资本主义生产方式存在的一个条件"。③ 由人口过密化而产生的劳动力过剩使日本得以维持农业高佃租率和工业低工资的结构，并由此形成高积累、高出口的经济结构，进而拉动日本经济的增长。

第二节　人口增长率

人口增长是一个动态的过程，其与经济发展的联系更密切。人口的适度增长可刺激经济的发展，但如果人口增长速度过快，又必然导致最低消费总额增长，若其他条件不变，则储蓄总额、总投资额均将受到抑制，最终致使经济萎缩。

据统计，明治时期日本的人口增长率比较低。1872—1888 年为 0.7%，1888—1897 年为 0.9%，1897—1912 年为 1.2%④。也就是说在明治维新推进的近 30 年里，日本的人口增长率没有超过 1%。这一人口增长率不仅低于战后至 19 世纪 70 年代的发展中国家，而且低于现代化初期的欧洲国家。据统计，19 世纪，欧洲各国年人口增长率大都在 2%以下。1801—1831 年，英国人口增长率为 1.4%；1815—1835 年，挪威人口增长率为 1.4%；1864—1910 年，德国人口增长率为 1.4%，而在战后至 19 世纪 70 年代的发展中国家，平均年人口增长率

① 西川俊作，山本有造. 日本经济史：5 [M]. 裴长洪，等译. 北京：生活·读书·新知三联书店，1998：111-112.
② 西川俊作，山本有造. 日本经济史：5 [M]. 裴长洪，等译. 北京：生活·读书·新知三联书店，1998：43.
③ 马克思，恩格斯. 马克思恩格斯全集：23 卷 [M]. 北京：人民出版社，1972：692.
④ 新保博，斋藤修. 日本经济史：2 [M]. 李瑞，等译. 北京：生活·读书·新知三联书店，1997：288.

大都在 2%，有的甚至达 3%①。

日本人口的低增长率还体现为人口增长速度明显低于经济增长速度。1885—1915 年，日本的 GNP（国民生产总值）以 2.68% 的平均年率增长，而同期平均人口增长率为 1.11%②，也就是说，当时日本 GNP 的增长速度比人口增长速度高 1.57 个百分点。如与其他国家做一比较，日本的优势更突出。在工业化时期的西欧国家，人均 GNP 增长率大多在人口增长率的 1.5 倍以上。英国在 1860—1953 年，平均年人均增长率为 0.8%，而人均 GNP 年增长率为 1.3%；法国在 1841—1953 年，平均年人均增长率为 0.1%，而人均 GNP 年增长率为 1.4%；德国在 1860—1954 年，平均年人均增长率为 1.0%，而人均 GNP 年增长率为 1.5%。③ 因此，现代化初期，日本人口的增长没有给经济发展造成沉重的压力，日本的人口与经济发展之间基本保持一种低压平衡关系。

日本人口缓慢增长，有利于经济的发展。

（1）提高了人均收入，扩大了个人消费和资本积累。明治初期，日本国民收入很低。有人统计，1874—1879 年，日本人均 GNP 为 74 美元，而西欧诸国在现代化初期的最低的国家 GNP 也有 200 美元。④ 然而，因为经济增长快于人口的增长，所以随着经济的增长，日本的国民收入也逐步提高。1899—1912 年，日本自耕农的农业及农业外收入从 457 日元增长到 938 日元，增长幅度为 105%，佃农收入从 303 日元增长到 705 日元（未扣除佃租），增长幅度为 133%。⑤ 1913 年，制造业男女工人平均工资与 1903 年相比上涨了 64%。⑥

收入的增加提高了国民的消费水平。据统计，1885—1915 年，日本个人消费支出以平均年率 1.35% 的速度增长。这一增长速度虽然缓慢，但持续了 30 年，30 年后的水平已达到 30 年前的 1.5~1.6 倍。⑦ 具体而言，1886 年日本全国个人消费支出为 35.8 亿日元，1897 年为 51.4 亿日元，1910 年为 65.1 亿日元；

---

① 王渊明. 历史视野中的人口与现代化 [M]. 杭州：浙江人民出版社，1995：290-291.

② 西川俊作，阿部武司. 日本经济史：4 [M]. 杨宁一，曹杰，译. 北京：生活·读书·新知三联书店，1998：52.

③ CIPOLLA C M. The Economic History World Population [M]. London：Penguin Books，1981：77.

④ 新保博，斋藤修. 日本经济史：2 [M]. 李瑞，等译. 北京：生活·读书·新知三联书店，1997：313.

⑤ 安藤良雄. 近代日本经济史要览 [M]. 東京：東京大学出版会，1981：94.

⑥ 大川一司，等. 長期経済統計：8 物価 [M]. 東洋経済新報社，1967：243.

⑦ 西川俊作，阿部武司. 日本经济史：4 [M]. 杨宁一，曹杰，译. 北京：生活·读书·新知三联书店，1998：52.

每人实际消费支出上述 3 个年份分别为 93.51 日元、120.54 日元和 131.60 日元。① 另外，农家现金支出也越来越大。据统计，1890 年自耕农现金支出和相当于现金的支出为 109 日元，占总支出 261 日元的 41.8%，1911 年现金支出达 331 日元，占总支出 738 日元的 44.9%；佃农 1890 年现金支出和相当于现金的支出为 26 日元，占总支出 199 日元的 13.1%，1911 年现金支出增长到 92 日元，占总支出 584 日元的 15.8%，如果扣除支出中的佃租部分则总支出为 374 日元，现金支出占 24.6%。② 国民消费的增加扩大了内需，为工业化的推进提供了有利的市场条件。1875—1879 年，日本的消费税在全部税收中占 7.9%，以后逐年上升，到 1900—1904 年，消费税占全部税收的 43.3%。③

收入的增加也使民间储蓄有所提高。据有关研究，明治初期，民间存款比例非常低，但在 1885 年后，民间存款在银行资金中所占比例迅速上升。就农户储蓄而言，1899—1902 年，12100 万日元，1903—1907 年，15900 万日元，1908—1912 年，17500 万日元；就非农储蓄而言，1899—1902 年，18000 万日元，1903—1907 年，31000 万日元，1908—1912 年，21200 万日元。④ 1886 年，日本国立银行的资本金为 44415000 日元，而民间存款高达 19152000 日元。⑤ 这些民间储蓄以银行资本金的形式被集中起来，用来进行投资和贷款，对发展经济起了很大作用。

（2）一定程度缓解了就业压力与人口与耕地的紧张关系，有利于农业的发展。据有关研究，直到明治中期，日本仍然维持后进经济模式下的就业结构，在就业人口中从事农林业者占 70%~80%，而从事工矿业、服务业者只占 20%~30%。⑥ 这种就业结构一方面说明日本的产业化、城市化程度还比较低，另一方面说明日本农业承负的人口压力还很大。在这种情况下，如果人口高速增长，新增人口大多数只能在农业中就业，不仅会增加失业率，而且会加剧本已十分紧张的人地关系，加重对土地资源的压力，使人均占有土地面积减少，土地经营规模缩小，不利于农业技术的改造。因此，从相对意义上讲，人口的缓慢增

① 篠原三代平 . 長期経済統計：6 個人消費支出［M］. 東京：東洋経済新報社，1981：138-141.

② 東畑精一，宇野弘蔵 . 日本資本主義と農業［M］. 東京：岩波書店 1964：83.

③ 野呂栄太郎 . 日本資本主義発展史［M］. 张廷铮，译 . 北京：五十年代出版社，1953：155.

④ 寺西重郎 . 日本経済発展と金融［M］. 東京：岩波書店，1982：255.

⑤ 寺西重郎 . 日本経済発展と金融［M］. 東京：岩波書店，1982：185.

⑥ 西川俊作，山本有造 . 日本経済史：5［M］. 裴长洪，等译 . 北京：生活·读书·新知三联书店，1998：283-291.

长，至少不会给日本农业增加新的负担，日本农业也就大体可以在一个相对稳定的人口环境中谋求发展。

就耕地面积而言，1874 年，日本耕地面积为 4129800 町，1890 年，增至 5029886 町①。16 年间日本耕地增加了 22%，年平均增长率约为 1.4%，而同期日本人口增长率不足 1%。这意味着人均耕地面积在这 16 年间以年均 0.4% 的速度增长。

就农业产值而言，据统计，1885—1915 年，日本农业产量以平均 1.8%（农产品产量）及 1.4%（米收获量）的速度增长，就业人口人均农产品产量及米收获量以年均 1.5%~2% 的比例提高②；同期，农业就业者人均 DNP（纯国内产值）从 86 日元增长到 156 日元，平均年增长率为 2%③。这也意味着日本农业产量、农业就业者人均 DNP 等的增长速度均快于人口增长速度。诚然，日本农业的发展不尽是由人口的缓慢增长促成的，但人口的缓慢增长的确是一个重要因素。如果与二战后一些发展中国家做一比较，就更能从侧面印证我们上述认识。二战后一些亚非拉国家由于人口以 2%~3% 的年增长率飞速增长，人均耕作面积逐渐缩小，1975 年同 1950 年相比，拉美国家农业人口人均耕作面积从 1 公顷减为 0.9 公顷，亚洲国家从 0.4 公顷减至 0.3 公顷，非洲国家从 1.3 公顷减至 0.8 公顷。④ 耕作面积的减少，必然导致过度地强化耕作和土地利用，最终又引起土壤生态条件的恶化，出现劳动边际收益递减，人均劳动生产率降低，农业经济萎缩。1960 年，发展中国家农业人口人均年产值平均为 52 美元，是发达国家的 1/13；1980 年，发展中国家农业人口人均年产值平均为 62 美元，是发达国家的 1/26。⑤ 而日本由于人口增长缓慢，避免了劳动边际收益递减现象的发生。

第三节　人口年龄结构

人口按其与生产力的关系可分为以青壮年为主体的生产性人口与以婴幼儿、

① 格拉德. 日本的土地与农民 [M]. 叶林，李林，译. 北京：世界知识出版社，1957：30.
② 西川俊作，阿部武司. 日本经济史：4 [M]. 杨宁一，曹杰，译. 北京：生活·读书·新知三联书店，1998：13.
③ 西川俊作，阿部武司. 日本经济史：4 [M]. 杨宁一，曹杰，译. 北京：生活·读书·新知三联书店，1998：85.
④ GRIGG D B. Population Growth and Agricultural Change, An Historical Perpective [M]. Cambridge: Cambridge University Press, 1980: 266.
⑤ 王渊明. 历史视野中的人口与现代化 [M]. 杭州：浙江人民出版社，1995：312.

老年人为主体的依赖性人口或非生产性人口。由于婴幼儿和老年人等基本不具备生产能力，其比例越高，对经济发展的负担也越大；反之，依赖性人口比例越低，对经济发展越有利。

明治初期，日本的依赖性人口比例比较低。据统计，1873 年，日本 0~14 岁者占总人口的 28.2%，16~59 岁者占 61.2%，60 岁以上者占 10.6%，依赖性人口为 38.8%[1]。1889 年，东京 0~14 岁者占总人口的 23.6%，15~59 岁者占总人口的 68.6%，60 岁以上者占总人口的 7.9%[2]，也就是说依赖性人口为 31.5%。以依赖性人口除以生产性人口即为依赖性人口指数，它可用以表示生产年龄人口承受的人口负担。综合上述两组数字，可知当时日本全国依赖性人口指数为 0.63，东京依赖性人口指数为 0.46。换句话说，当时日本平均每个生产性人口负担 0.63 个依赖性人口；东京每个生产性人口负担 0.46 个依赖性人口。

这两项指数均比英国现代化初期的依赖性人口指数低，更比二战后亚洲一些发展中国家的依赖性人口指数低。1687—1681 年，英国人口年龄结构为：0~14 岁的婴幼儿占总人口的 29%，15~60 岁的成年人占 61%，60 岁以上的老年人占 10%[3]；依赖性人口比例为 39%，依赖性人口指数为 0.64。从表 5-2 可以看出，印度、巴基斯坦等国依赖性人口指数最低为 0.71，最高为 1.02。

表 5-2　部分亚洲国家依赖性人口比例

国家	年份	年龄结构系数（%）			依赖性人口指数
		0~14 岁	15~59 岁	60 岁以上	
印度	1961	41.1	54.1	4.9	0.85
巴基斯坦	1961	44.5	49.5	6.0	1.02
缅甸	1954	37.1	58.4	4.5	0.71
泰国	1960	43.1	52.1	4.6	0.92
新加坡	1957	42.8	53.4	3.8	0.87
菲律宾	1960	45.7	50.0	4.3	1.00

资料来源：TOBATA S. The Modernization of Japan：I [M]. Tokyo：The Institute of Asian Economic Affairs，1966：172.

---

① TOBATA S. The Modernization of Japan：I [M]. Tokyo：The Institute of Asian Economic Affairs，1966：172.

② 西川俊作，山本有造. 日本经济史：5 [M]. 裴长洪，等译. 北京：生活·读书·新知三联书店，1998：272.

③ 王渊明. 历史视野中的人口与现代化 [M]. 杭州：浙江人民出版社，1995：163.

由于依赖性人口指数不同，即使两国 GNP 相同，其经济发展潜力也会出现差异。因为依赖性人口越多，其用于生活消费、医疗等方面的资金越大，必然影响资本积累和扩大再生产。日本低依赖性人口的年龄结构对经济发展十分有利，它保证了总人口在整体上具有更高的劳动生产能力、更低的经济负担，有利于生产的增长和生活水平的提高。1885—1914 年，日本 GNP 增加了 3.1 倍。意大利和荷兰是从 19 世纪 60 年代开始经济增长的。意大利的 GNP 在 30 余年后才达到 1.3 倍；荷兰的国民经济收入达到当初的 2.2 倍是在 40 年后，而且在这期间人口增加到当初的 1.6 倍，因此人均收入仅增长 1.4 倍。与此相比，日本的人口增长率大体与荷兰相同，但人均 GNP 增长达到 1.7 倍以上。[①] 从生活水平来看，1885 年，日本 20～30 岁的男子人均摄取热量为 2500 卡路里，1915 年增至 3000 卡路里。[②]

这种年龄结构也影响消费结构和消费类型。首先，人口越年轻，生活必需品的需求越大。1886 年，日本全国实际食品消费支出为 25 亿日元，1910 年，达到 41 亿日元，上升了 64%，其中，奶、肉制品上升了 177%，酒、茶等饮料上升了 81%[③]；1886 年，被服品消费支出还不到 0.6 亿日元，1910 年，上升到 3.1 亿日元[④]，上升了 417%。生活必需品消费的扩大，必然牵动农产品价格上升，1903—1913 年，日本米的零售价上涨了 75%[⑤]；在低水平人口增长情况下，农产品价格上升，又会提高农民和地主的收入与购买力，推动农业的发展。1878—1890 年，日本稻米总产量增长了近 1 倍。[⑥] 而农民和地主收入与购买力的提高，又必然牵动工业品市场的扩大，刺激了工商业投资的发展。1883—1910 年，日本公司总数由 1793 家增加到 12308 家，已缴资本由 106320000 日元增加到 1481000000 日元。[⑦]

① 西川俊作，阿部武司．日本经济史：4 [M]．杨宁一，曹杰，译．北京：生活·读书·新知三联书店，1998：5.

② 西川俊作，阿部武司．日本经济史：4 [M]．杨宁一，曹杰，译．北京：生活·读书·新知三联书店，1998：59.

③ 筱原三代平．長期经济统計：6 個人消費支出 [M]．東京：東洋经济新報社，1981：146-149.

④ 筱原三代平．長期经济统計：6 個人消費支出 [M]．東京：東洋经济新報社，1981：224-227.

⑤ 孙承．日本资本主义国内市场的形成 [M]．北京：东方出版社，1991：195.

⑥ 格拉德．日本的土地与农民 [M]．叶林，李林，译．北京：世界知识出版社，1957：342.

⑦ 西川俊作，阿部武司．日本经济史：4 [M]．杨宁一，曹杰，译．北京：生活·读书·新知三联书店，1998：395-400.

其次，人口愈年轻，人口流动性越大，客运市场也愈大。1890年，日本国铁、私铁载运旅客人数726百万人·公里，1915年为6788百万人·公里，旅客人数1890—1905年的平均增长率为12.1%，1890—1915年的平均增长率为9.4%。① 在客运市场张力的牵引下，日本铁路发展迅速。1878年，日本铁路通车里程只有64英里，到1891年，国有铁路和私营铁路合计1790英里②；1910年，全国铁路运营里程为8861公里，1915年，跃增至14094公里，这已达到20世纪60年代日本经济高速增长时期全国铁路营运里程的一半③。同时，日本航运业也朝航运现代化迈进。1870年，日本蒸汽动力船舶总吨位只有15498吨，1893年，增加到110205吨。交通运输业的发展，促进了商品流通范围的扩大，为日本形成统一国内市场创造了条件。

第四节　人口素质

人口的生产力水平不仅取决于生产性人口在总人口中所占比例，而且取决于人口本身的内在素质，即使两国生产性人口数量相同，其素质存在差异，也会一定程度上影响其生产能力。

那么，在现代化之初，日本的人口素质又如何呢？人口素质主要是由教育水平决定的，教育的普及程度决定人口素质的高低。明治上承江户，其初始人口的素质如何，取决于江户时代的教育水平。

据有关研究，江户晚期，日本教育得到较大发展，"已建立起远比中国和朝鲜为多的文化教育机构"④，特别是作为基本教育机构的寺庙私塾、私塾急剧增加。1854—1867年的13年间，日本设立寺庙私塾4293所，平均每年设立330余所；1844—1867年的23年间，设立私塾579所，平均每年设立25所。⑤ 1868年，日本各类学校已达17000多所。⑥因此，日本的入学率保持较高水平。有人

---

① 西川俊作，阿部武司．日本经济史：4［M］．杨宁一，曹杰，译．北京：生活·读书·新知三联书店，1998：28.
② 山口和雄．日本经济史［M］．東京：筑摩书房，1968：136.
③ 安藤良雄．近代日本经济史要览［M］．東京：東京大学出版会，1981：12.
④ 赖肖尔．日本人［M］．孟胜德，刘文涛，译．上海：上海人民出版社，1980：180.
⑤ 新保博，斋藤修．日本经济史：2［M］．李瑞，等译．北京：生活·读书·新知三联书店，1997：330.
⑥ HERBERT P．日本的现代化与教育［M］．刘昆辉，洪祖显，译．台北：幼狮文化出版公司，1973：12.

推算，1868 年，日本 6~13 岁人口的就学率男子为 43%，女子为 10%。① 就江户而言，1848—1860 年，庶民就学率约为 86%，"江户的小商品店店主以上的家庭，其子弟可以说几乎全部都上寺子屋"。②

入学率的提高无疑会提高国民的整体素质和知识程度。据不完全统计，幕末 3000 多万日本人中，男子有 45% 左右的人识字，识字的女子约占 15%，以至西方学者也认为，日本人的识字率"同当时最先进的西方国家也差不了许多"③，由于国民识字率提高，"读书已不是少数文化人的专利品"。1808 年，江户的租书铺有 656 家，每铺的主顾按 170~180 人计，当时的租书读者当有 10 多万。④ 同时，读者的阅读面也比较宽，有日汉的学问书、文艺书、画册、教科书、名胜图、旅行指南、素描图、武鉴及救荒书、产业技术书等。正因为日本有较高的识字率，所以国民读书的热情也比较高。19 世纪中期，日本的"读写的能力相当普及，尤其上层阶级与都市人口的读写能力很高，作家和艺术家有众多读者和观众"。⑤ 据说福泽谕吉的启蒙著作《西洋情况》出版后，短短几年就出售了 20 万~25 万部；而他的另一部著作《劝学篇》仅初版（包括盗版）时，就卖了 22 万部。⑥

此外，江户中期以降，日本知识层通过兰学研究，已大体掌握了西方近代科学的新成果。据统计，当时兰学塾有案可查的在学人数高达 9220 人⑦，如果再加上诸藩校的洋学科及幕府洋学机构培养的学生，接受洋学教育的人数应当在万人以上。据统计，1744—1852 年，日本翻译洋书达 500 部，参加翻译人数为 117 人⑧；至明治初年，达 700 多种⑨。1862 年，福泽谕吉在伦敦与中国学者

① 新保博，斋藤修 . 日本经济史：2 ［M］. 李瑞，等译 . 北京：生活·读书·新知三联书店，1997：329.

② HERBERT P. 日本的现代化与教育 ［M］. 刘昆辉，洪祖显，译 . 台北：幼狮文化出版公司，1973：40.

③ 赖肖尔 . 日本人 ［M］. 孟胜德，刘文涛，译 . 上海：上海人民出版社，1980：180.

④ 新保博，斋藤修 . 日本经济史：2 ［M］. 李瑞，等译 . 北京：生活·读书·新知三联书店，1997：331.

⑤ HERBERT P. 日本的现代化与教育 ［M］. 刘昆辉，洪祖显，译 . 台北：幼狮文化出版公司，1973：12.

⑥ 新保博，斋藤修 . 日本经济史：2 ［M］. 李瑞，等译 . 北京：生活·读书·新知三联书店，1997：330.

⑦ 愛知大学綜合鄉土研究所 . 近世の地方文化 ［M］. 東京：名著出版社，1991：40-41.

⑧ 吴廷璆，武安隆 . 资产阶级革命与明治维新 ［M］//世界历史编辑部 . 明治维新再探讨. 北京：中国社科院出版社，1981.

⑨ 善之助 . 日本文化史：第 6 卷 ［M］. 東京：春秋社，1955：293.

唐世埙对话，福泽谕吉说日本约有 500 人能翻译和教授洋书，唐则羞愧地说中国只有 11 人。①

明治政府成立后，对教育颇为重视。1872 年 9 月，以太政官布告形式颁布《学制》和《有关奖励学业的告谕》，并以文部省名义发布《撤销府县旧有学校，按照学制重新设立学校》的通知。此后日本教育发展迅速，到 1875 年，全国设立 24225 所小学，学生达 1926126 人。② 为了推进教育普及速度，日本于 1886 年实行 4 年制义务教育，于 1907 年实行 6 年制义务教育，有的地方甚至动用警察，强迫适龄儿童就学。1873 年，学龄儿童就学率为 28.1%，1887 年为 45.0%，1902 年为 91.6%③，1907 年达到 97.4%④。这一比例比 1990 年时中国适龄儿童就学率（96.3%⑤）还要高，可以说实现了"邑无不学之户，家无不学之人"。

当然，日本政府不仅努力推动普通教育，还大力推进留学教育。1870 年，制定了《海外留学生规则》，在 1871 年发布的《学制》中也有留学生条款。明文规定："留学生无尊卑之别，上至皇族，下至庶人均可。"据统计，1869—1870 年，日本共派 174 名，1873 年增至 373 人，所耗经费 25 万日元，占文部省总预算的 18%；1868—1912 年，仅文部省就派出留学生 683 人。⑥

由于日本国民教育发展迅速，国民素质逐步提高。1895 年，全国生产年龄人口（15~54 岁）2279 万人中，受过正规学校教育者有 363 万人，占 15.9%；1905 年，2437 万生产年龄人口中，受过正规学校教育者上升为 1041 万人，占 42.7%；1925 年，这一比例高达 80.0%。⑦ 历史地看，这一比例是相当高的，我国直到 1995 年从业人员受过正规教育者才达到 87.3%⑧。以行业而论，1894 年，日本纺织业男职工中受过不同程度教育者占 60.0%，金属、机械业男职工

① 赵德宁. 中日早期西学差异论析 ［M］. 南开大学世界近现代史研究中心. 世界近现代史研究（第三辑）. 北京：中国社会科学出版社，2006.

② 開国百年紀念文化事業会. 明治文化史：第 1 卷 ［M］. 東京：原書房，1978：292.

③ TOBATA S. The Modernization of Japan：I ［M］. Tokyo：The Institute of Asian Economic Affairs，1966：173.

④ TOBATA S. The Modernization of Japan：I ［M］. Tokyo：The Institute of Asian Economic Affairs，1966：222.

⑤ 国家教育发展研究中心. 2001 年中国教育绿皮书 ［M］. 北京：教育科学出版社，2001：5.

⑥ 伊文成，马家骏. 明治维新史 ［M］. 沈阳：辽宁教育出版社，1987：528.

⑦ 吴廷璆. 日本近代化研究 ［M］. 北京：商务印书馆，1997：429.

⑧ 国家教育发展研究中心. 2001 年中国教育绿皮书 ［M］. 北京：教育科学出版社，2001：31.

中受过不同程度教育者占 45.0%；1902 年，三菱造船厂男职工中受过不同程度教育者占 83.3%；1916 年，铁道局男职工受过不同程度教育者占 96.5%。①

国民素质的提高，一方面增强了发明创造能力和兴趣，从 1885 年施行专卖专利至明治末，日本约有 23000 件专利和 26000 种经济实用的新式样登记在案；这些发明者大多数是各地的工匠和中小工商业者，不是在大学和高等工业学校受过西欧技术正规教育的技术人员②；另一方面促进文化观念的进化，有利于科技成果的推广和应用，有利于技术队伍的成长，为技术转移（technology transfer）创造了条件。明治时代的技术人员可分为初期技术人员、大学毕业生和高等工业学校毕业生三种类型。19 世纪 90 年代，日本技术人员总数以每 10 年 3 倍的指数增加，到 1910 年，总数超过 5000 人。③ 在纺织业领域，1873 年，日本从法国和奥地利引进"甲卡"与"巴坦"两种先进织机，十几年后这两种织机便得到普及。山梨县，1894 年，231 家缫丝厂中有蒸汽机者仅为 3.0%，以后逐年增加到 10.6%、20.0%、25.5%，1900 年达到 36.0%，1907 年为 82.8%。④ 1885—1909 年，通过机械化，缫丝工厂实现了每年 1.6%左右的劳动生产率的提高。

第六章

近代财金体制的建立

> 大凡国之强弱，系于人民之贫富；而人民之贫富，系于物产之多
> 寡。物产之多寡，虽依赖于人民致力工业与否，但寻其根源，又无不
> 依赖政府官员诱导奖励之力。
>
> ——大久保利通

明治政府成立后，面临着除旧与布新双重任务。所谓"除旧"，是指清除藩
札、幕藩债务、士族秩禄等项财务负担；所谓"布新"，是指推进文明开化、殖
产兴业、富国强兵三大事业。而要实现这双重任务，最紧要的事情莫过于筹集
资金。但对新生的明治政府来说，并没有现成的新式财金体制为其聚财融资，
因此如何把日本的财政和金融逐步导入现代化轨道，为维新事业提供经济保障，
是摆在明治领导人面前的首要问题。

第一节 近代财政体制的确立

财政是国家治理的基础和重要支柱。一般认为，现代财政体制应具备两大
基本要素：一是要有一套公平合理的税收制度，二是要有一套公开透明的预算
制度。但在明治之初，日本政府尚处在幕藩体制的阴影下，非但没有健全的税
收和预算制度，甚至缺乏稳定的税源。其时明治政府面临的最大财政问题：一
方面支出浩繁，另一方面税收无几。因此，明治政府首先采取了开源节流措施，
以减省开支、开辟税源；其次推进财政货币化，建立财政预算会计制度；最后
通过新会计法的颁布和实施，构建起现代财政体制。

一、开源节流政策

明治政府成立之初，财政形势异常严峻。一方面，财政基础薄弱，名义上

拥有 800 万石"领地",实际上收益无多,岁入只有 3000 多万日元①;废藩置县后,岁入一举达到 5000 万日元②,但依然入不敷出。另一方面,财政支出浩繁,既要偿还旧藩的内外债务,又要支付士族家禄,同时,还要进行新政建设支出。因此,明治政府的财政收支严重失衡,"收入只是支出的 1/10"③,在第一、第二个财政年度里,亏空率竟然高达 88.0% 和 77.6%④。为了扭转这一局面,明治政府先后推出一系列开源节流政策。

（一）开源政策

明治政府成立之时,没有财政基础,先后通过募捐、没收、举债等方式筹集经费。如 1867 年 12 月至 1868 年 1 月,新政府向豪商募集金 38015 两⑤;1867 年 12 月至 1869 年 9 月,举借外债 994875 日元⑥;1868 年 1 月,向豪商发行了 300 万两具有国债性质的"会计基金"。这些"战时经济政策"虽对新政权的建立有所裨益,但究属临时性应急举措,不足以支撑维新事业的持续发展。因此,明治政府先后于 1868 年、1872 年推行了两项更有意义的改革——发行太政官札,进行地税改革。

1. 太政官札

1868 年 6 月,在参与由利公正（1829—1909）的主持下,明治政府发行了"太政官札"。太政官札是一种不可兑换的纸币,其立意在于通过货币杠杆为殖产兴业筹集经费,正如由利公正所言:"夫纸币,大凡用于增殖物产,为最紧要活力之物。……以纸币增殖物产,以其物产输入金货,为最富国之良策。"⑦

太政官札又称"金札",面额有 5 种:10 两、5 两、1 两、1 分、1 朱。原计发行 3250 万两,实际发行达 4800 万两,其中,向各藩、府县、商贾借出款额达 1789.42 万两,占太政官札发行总额的 37%,其余的 3010.58 万两用于行政支

---

① 湛贵成. 幕府末期明治初期日本财政政策研究 [M]. 北京:中国社会科学出版社,2005:92.

② 升味准之辅. 日本政治史:第一册 [M]. 董果良,译. 北京:商务印书馆,1997:121.

③ 万峰. 日本资本主义史研究 [M]. 长沙:湖南人民出版社,1984:68.

④ 湛贵成. 幕府末期明治初期日本财政政策研究 [M]. 北京:中国社会科学出版社,2005:90.

⑤ 湛贵成. 幕府末期明治初期日本财政政策研究 [M]. 北京:中国社会科学出版社,2005:117.

⑥ 大藏省明治财政史编纂会. 明治财政史:第 3 卷 [M]. 東京:吉川弘文館,1971:167,171.

⑦ 由利正通. 子爵由利公正伝 [M]. 由利正通发行,1940:12-13.

出①，流通期限为 13 年。

太政官札的发行，一方面为贫穷的明治政府提供了必要的运转经费，促进了倒幕战争的胜利；另一方面为殖产兴业提供了启动资金。据统计，4800 万两太政官札中，约有 1100 万两用于殖产兴业的贷款，涉及全国 12 个府县 260 多个藩。数目虽然不大，但就经费筹措方式而言则颇具示范意义。此后，明治政府又相继发行了一系列"纸币"或"债券"，如 1869—1871 年，先后发行了 750 万日元的民部省札、680 万日元的大藏省兑换券、250 万日元的开拓使兑换券和 360 万日元的新纸币；1872—1877 年，先后发行了 22952.79 日元的公债。②

明治政府企图通过发行太政官札解决财政问题，自有一定的合理性，但因缺乏准备金，故其只能是强制推行的法币，而非有金银支撑的本币。因此，自面世之始，太政官札即遭遇重重困难。

首先，明治之初，日本各藩皆独立发行纸币——藩札。太政官札的介入，势必冲击藩札的流通，因此太政官札发行后受到地方各藩的冷遇，有的藩虽然接受了贷款，但原封不动地存放至废藩置县时期，根本没有在藩内流通。

其次，由于缺乏信用基础，太政官札发行不久便告贬值。虽然规定面额 100 的太政官札等同 100 两金，但是实际上大打折扣，即使在"三都"（东京、京都、大阪）之地，金札也只能兑换正币 40 两。③因此，明治政府宣令："用金札者宜视如正币。"但此举又启赝造太政官札之弊，以致"庶民于金札之真赝不能无疑惧之念，而再阻碍其流通"。④

最后，太政官札的贬值，使外国持有者蒙受损失，因此他们始则提出抗议，向明治政府施加压力，终则因获准以太政官札缴纳关税，便乘机囤买太政官札，从中牟利，以致明治政府关税收入减少。

凡此种种，意味着太政官札只具一时之效，不具长久之益，若继续照旧流通，徒增滋扰。因此，由利公正受到多方责难，被迫于 1869 年 2 月辞职，由大隈重信接替其职。

---

① 澤田章. 明治財政の基礎的研究 [M]. 東京：寶文館，1974：120-12.
② 湛贵成. 幕府末期明治初期日本财政政策研究 [M]. 北京：中国社会科学出版社，2005：158.
③ 湛贵成. 幕府末期明治初期日本财政政策研究 [M]. 北京：中国社会科学出版社，2005：150.
④ 大隈重信. 日本开国五十年史：下册 [M]. 上海：上海社会科学院出版社，2007：1067.

2. 地税改革

明治之初，虽然通过"奉还版籍"结束了数百年来的封建割据局面，但由藩主转化而来的藩知事实际上仍然掌控着地方诸权，中央无从介入，"各藩收入基本上由各藩使用，仅将各藩收入的 1/20 左右上缴中央政府"①。因此，当时虽以地税为主要的经常性财政收入，但地税在岁入中所占比例并不高，1867 年 12 月至 1868 年 12 月为 6.1%，1869 年 1 月至 1869 年 9 月为 9.7%。② 这种割据型财政体制既与国家统一目标相乖离，也与集中财力进行富国强兵建设的目标相违背。因此，1871 年 7 月，明治政府下令废藩置县："今更废藩为县，务除冗就简，去有名无实之弊，无政令多歧之忧。"③

废藩置县促使割据型财政向中央集权财政转化，在制度上扩大了地税的税基，国家的财政收入也由岁入 3000 多万日元增加到 5000 万日元，但在技术上地税的征收仍然存在种种弊端。首先，就纳税形式而言，依然沿袭旧制，采取实物地租形式，收缴成本极高，占贡米的 15%~20%。其次，就税率而言，各地征收标准不一，或三公七民，或六公四民，或五公五民，多达几十种，有失公允。因此，1873 年 7 月 28 日，明治政府发布了地税改革令，开始实施具有划时代意义的地税改革。

地税改革的基本原则是，地税收入水平不低于旧贡赋，新税则要与资本主义化目标相适应，地税负担要公平。地税改革的基本内容如下。

（1）改革课税基准：旧地税的征收以土地产量为基准，新税法以评估后的土地价格为征收基准。土地价格是通过先核定土地的纯收益，再用纯收益价格除以土地利息率而获得的，具体核算方式如下④。

自耕地：

$$X(\text{地价}) = \frac{P(\text{米价}\times\text{米收获量}) - 0.15P(\text{种子、肥料款等费用}) - [3X/100(\text{地税}) + X/100(\text{村费})]}{0.06(\text{利息率})}$$

佃耕地：

$$X(\text{地价}) = \frac{0.68P(\text{佃农地租}) - [3X/100(\text{地租}) + X/100(\text{村费})]}{0.04(\text{利息率})}$$

① 湛贵成. 幕府末期明治初期日本财政政策研究 [M]. 北京：中国社会科学出版社，2005：166.
② 大藏省明治财政史编纂会. 明治财政史：第 3 卷 [M]. 東京：吉川弘文館，1971：167-1751.
③ 大久保利謙. 近代史史料 [M]. 東京：吉川弘文館，1965：58.
④ 石井寛治. 日本经济史 [M]. 東京：東京大学出版会，1993：117.

（2）改变地税税率：旧的租税按五公五民、四公六民、三公七民等不同的税率征收，因地因时而异；新税率则固定为地价的3%，不因年景的丰歉而增减；另征地税的1/3作为附加税，充作村费使用。

（3）改变地税形态：旧税法主要采取实物地租形式，水田交实物，旱田交实物或货币；新地税则一律缴纳货币，防止了米价变动对税收的影响，保证了税收的稳定。

（4）改变纳税对象：在旧税法下，地税按村摊派，由实际耕种者缴纳；地税改革后，以个人为征税对象，由经政府发给土地执照的土地所有者缴纳。

地税改革从1873年开始，到1881年基本完成。其间有一项很重要的修改，就是在1877年政府宣布，地税率从地价的3.0%减为2.5%。地税改革的主要意义如下。

第一，地税改革使日本初步建立了现代租税制度。亚当·斯密认为，现代税收应具备"公平、确定、便利、节省"四项基本原则。地税改革改变了旧贡纳制度下税负轻重不一、税率高低不同、征税费用过高、纳税形式不便等弊端，建立了以货币为纳税形式，以土地所有者为纳税人，税率统一固定的租税制度，原则上实现了"赋无厚薄之蔽，民无劳逸之偏"的"统一公平"的现代税制建设目标。

第二，地税改革加强了明治政府的财政基础。明治之初，财政基础极其薄弱，间接税和关税收入很少，而作为主体税种的农业税收入也很有限；地税改革后，地税收入急剧增加。如表6-1所示，1872—1875年，地税收入增加了2倍有余，地税在国税中所占比例一度高达93%以上。尽管后来地税所占比例呈递减趋势，但如表6-2所示，长期维持在60%以上。地税改革基本结束的1881年后，地税收入大体稳定在4000万日元左右[①]，成为日本最主要的税源。这使明治政府具备了比较稳定的财政基础，并得以建立起正常的国家预算制度。

表6-1 明治初期国税、地税一览表

财政年度	国税总额（万日元）	地税总额（万日元）	地税比例（%）
一期（1868）	315.7	200.9	63.6
二期（1869）	439.9	335.5	76.3
三期（1870）	932.3	821.8	88.1
四期（1871）	1285.2	1134.0	88.2

---

① 楫西光速. 日本经济史大系：5 近代上［M］. 东京：东京大学出版会，1965：249.

续表

财政年度	国税总额（万日元）	地税总额（万日元）	地税比例（%）
五期（1872）	2184.5	2005.1	91.8
六期（1873）	6501.4	6060.4	93.2
七期（1874）	6530.3	5941.2	91.0
八期（1875）	7652.8	6771.7	88.5

资料来源：安藤良雄.近代日本经济史要览 [M].東京：東京大学出版会，1980：51.

表6-2　明治时期地税在国税中的比例

时间	1875—1879 年	1880—1884 年	1885—1889 年	1890—1894 年	1895—1899 年
地税所占比例（%）	80.5	65.6	69.4	74.3	58.1

资料来源：野吕荣太郎.日本资本主义发展史 [M].张廷铮，译.北京：五十年代出版社，1953：155.

第三，地税改革促进了资本的原始积累。资本原始积累是小生产者同生产资料相分离并积累货币资本的历史过程。

一方面，地税改革使明治政府获得了大量稳定的财政收入，为国家主导型的资本主义工业化建设提供了货币资本。据统计，从明治政府建立起到1885年止，明治政府正常的财政支出约计10.8亿日元，其中，2亿多日元用于殖产兴业，约占总支出的1/5。[①] 在官营企业建设取得成效后，明治政府又通过"官业处理"政策将官营企业廉价售给与政府有密切关系的私人资本，从而使国有资本转化为私人产业资本，民间商业和金融资本也转化为产业资本，"强行缩短从旧生产方式到现代生产方式的过渡"[②]。

另一方面，地税改革为日本资本主义生产制造出大量的廉价劳动力。通过地税改革，个人土地所有权得到确认，土地成为可以自由买卖的商品，农民由此具备了与土地分离的条件；同时，地税改革不但没有减轻农民的负担，反而因地租形式的货币化而将他们卷入商品经济的洪流中，"日本农村被迫失去土地的农民急速增加，土地出让、抵押和买卖在农村普遍进行。仅在1883至1885年间，就有212505户因缴不起地税等原因而丧失了共21783町步土地。贫穷的农民'自愿出卖'的土地极为普遍。在1884年出卖的土地为152200町步，1885

---

① 石塚裕道.日本资本主义成立史研究 [M].東京：吉川弘文館，1973：130-131.

② 马克思.资本论：第1卷 [M].北京：人民出版社，1975：825.

年为 156900 町步，1886 年达 172000 町步，1884—1886 年出卖的土地分别占全部耕地面积的 3.1%、3.2% 和 3.5%"①。这些失去土地的农民或沦为佃户，或流入城市，成为产业工人。据统计，1886—1889 年，农民及其家属就有 100 万人以上流入大小城市；而日本的工人数量，在 19 世纪 80 年代还不足 20 万人，到 19 世纪 90 年代则迅速突破百万大关，1895 年已近 160 万人。② 涌入城市的农村人口充实了雇佣劳动者的队伍。1890—1910 年，日本工矿业的从业人口增长了 200 万人，商业从业人口增加了 100 万人，公务员、自由职业者等其他类人员增长了 55 万人，在增长的人员中，有 80% 是来自农业部门的劳动力。在东京，1908 年从业人口为 70 万人，其中，只有 35% 是本地人，其余都来自农村。③

总之，地税改革一方面建立了明治政府的财政基础，另一方面促进了资本的原始积累，其妙之处是，既能有利于财政收入，又不致激化利益集团间的矛盾。

3. 开拓新税源

地税改革虽然奠定了明治政府的财政基础，但地税毕竟属于旧税源，不是"新兴财富"。对明治政府来说，当务之急是进行合理的制度安排，为创造"新兴财富"提供机会。因此，在"废藩置县"之后，明治政府陆续推出发展海陆运输业以统一国内市场、引进西方银行制度以营造融资环境、进行税制改革以拓展财源、创办新式企业以创造新财富等举措，其中，殖产兴业是明治政府培育新税源的最直接的制度安排，其实施情况学界已多有研究④，兹不赘论。

明治政府的一系列制度安排，为"新兴财富"的成长提供了环境，短短数年间日本就在纺织、矿业、铁路、海运等领域掀起产业革命，创造了"新兴财富"。据统计，1878—1892 年，日本国民的年均收入增长率为 4.2%，高于同期的欧洲国家。⑤ 新兴部门已开始成为新政府的税源。表 6-3 显示：地税由占税入总额的 80.5% 降至 32.5%，同时，工商税和船舶税的比重在增大。这说明财政对地税的依存度明显降低。限于数据，难以得知具体新兴部门缴税增额的情况，但是表中所列消费税和所得税所占比重的激增提供了这样的信息，即人们的收入明显提高了，只有新兴部门的发展及其在这些部门就业人数的增加，才

① 汤重南. 明治政权与日本资本原始积累 [J]. 世界历史，1981（增刊）：57-66.

② 伊文成，马家骏. 明治维新史 [M]. 沈阳：辽宁教育出版社，1987：465-466.

③ 中村隆英，藤井信幸. 都市化と在来産業 [M]. 東京：日本経済評論社，1987：37.

④ 参见安藤良雄. 日本経済政策史論 [M]. 東京：東京大学出版会，1973；石塚裕道. 日本資本主義成立史研究 [M]. 東京：吉川弘文館，1973；伊文成，马家骏. 明治维新史 [M]. 沈阳：辽宁教育出版社，1987；冯玮. 日本经济体制的历史变迁 [M]. 上海：上海人民出版社，2009.

⑤ 吕万和. 简明日本近代史 [M]. 天津：天津人民出版社，1984：84.

会有这样的绩效。

表 6-3　1875—1904 年税收结构的变化

五年平均	地税 （%）	工商税 （%）	消费税 （%）	所得税 （%）	船舶税 （%）	其他 （%）	合计 （%）
1875—1879 年	80.5	3.1	7.9		4.3	4.2	100
1880—1884 年	65.6	4.4	21.8		4.4	3.8	100
1885—1889 年	69.4	3.8	20.2	0.7	5.2	0.7	100
1890—1894 年	74.3	2.7	17.2	1.1	4.4	0.3	100
1895—1899 年	58.1	5.5	27.2	1.9	7.2	0.1	100
1900—1904 年	32.5	6.8	43.3	5.7	11.7		100

资料来源：伊文成，马家骏. 明治维新史［M］. 沈阳：辽宁教育出版社，1987：487.

随着新产业的增长，新产业从业人数及其财富也呈增长之势。据统计，1888 年，日本寄生地主和资本家的人数分别为 4.5 万人和 1.3 万人，1899 年，这二者分别增加到 5.0 万人和 4.9 万人，短短 10 年间，"新兴财富"增加了 2.76 倍。从财富上来看，1890 年前后，日本全国年收入 2 万日元以上的富人共计 101 人，其中，实业家 49 人，华族 38 人，地主 14 人。[①] 可见"新兴财富"利益集团的实力是其他集团所不及的。在日本第一届众议院当选的 300 名议员中，资本家议员为 83 人，约占议员总数的 28%。[②] 这意味着统治利益集团与"新兴财富"利益集团已完成了结盟，"明治政府义理性"已稳固地确立起来。[③]

（二）节流政策

在进行开源增收的同时，明治政府还着力于节流减负。明治初期，日本政府主要有两项财政负担，即内外债务和士族秩禄，若不能妥善处理，则会拖维新事业的后腿。

1. 清理债务

明治政府成立后，继承了幕府与各藩的内外债务。对于外债，明治政府进行了认真清理，债权明晰者予以确认偿还，不明者进行交涉解除。如废藩置县前，各藩外债总计 400 多万日元，经过清理，解除了 31.4 万日元，到 1875 年，

---

① 吕万和. 简明日本近代史［M］. 天津：天津人民出版社，1984：114-115.
② 岩波讲座. 日本历史：15［M］. 东京：岩波书店，1976：323.
③ 车维汉. 由财政压力引起的制度变迁：明治维新的另一种诠释［J］. 中国社会科学院研究生院学报，2008（3）：72-79.

全部偿还了这些债务。① 对于内债，明治政府对原幕府和敌对各藩所欠债务不予承认，对其他各藩债务则准许申请改为公债。

1873 年 3 月，明治政府制定并公布了债务处理办法，其基本内容是，根据举债时间将藩债分为陈债、旧债和新债，分别采取不同的处理方法。陈债是指天保十四年（1843 年）之前所举之债，全部予以废除。旧债是指弘化元年（1844 年）至庆应三年（1867 年）所举之债，可作为不计息公债，自明治五年（1872 年）始的 50 年内与应纳赋税相抵。新债是指明治元年（1868 年）至明治五年五月所举之债，可作为计息公债（3 年期 4 分利），自明治五年始的 25 年内偿还完毕。②

按照这一办法，明治政府总计清理出各藩内债 7413 万日元，其中，陈债3926 万日元，不予偿还，其余 3487 万日元为政府所认可的债务。在这笔政府认可的债务中，1080 多万日元以赋税、现金和贷款形式抵扣偿还，剩余 2400 多万日元通过上述新旧债偿还方式偿清。③ 公债的处置不仅减轻了新政府的财政负担，而且由于新政府对旧债的认可，其债权人既巩固了自己的债权，又可以将其作为资本加以利用。

2. 秩禄处分

所谓"秩禄处分"，是指明治政府革除封建秩禄的过程。秩禄本是幕府时期授予武士阶层的"家禄"和"赏典禄"，前者为永世禄，后者为终身禄或年限禄。明治政府建立后，遵其旧制，继续向旧武士发放秩禄，以致国家财政不堪重负。据统计，1871 年 10 月至 1872 年 12 月，日本财政收入为 5044.5 万日元，支出为 5733.0 万日元，而秩禄支出竟然高达 1607.2 万日元，比陆军军费支出还多 872.6 万日元，约占支出总额的 28%。同期，明治政府的经常性收入与支出分别只有 2442.2 万日元和 4247.4 万日元。这意味着仅秩禄一项，就耗费日本经常性财政收支的 65.8% 和 37.8%。④ 因此，明治政府成立后不久，就将革除秩禄逐渐提到议事日程上来。

明治政府的"秩禄处分"主要是通过削减、奉还和赎买等方式逐渐完成的，

---

① 湛贵成. 幕府末期明治初期日本财政政策研究［M］. 北京：中国社会科学出版社，2005：185-186.

② 湛贵成. 幕府末期明治初期日本财政政策研究［M］. 北京：中国社会科学出版社，2005：187-190.

③ 湛贵成. 幕府末期明治初期日本财政政策研究［M］. 北京：中国社会科学出版社，2005：190.

④ 大藏省明治财政史编纂会. 明治财政史：第 3 卷［M］. 東京：吉川弘文馆，1971：165.

大体经历了三个发展阶段。

第一阶段自 1869 年 6 月"奉还版籍"到 1871 年 7 月"废藩置县",为禄制改革阶段。改革的基本措施是限定或削减藩士的秩禄数量。1869 年 6 月,明治政府以版籍奉还为契机,下令限定藩知事的俸禄,数额为本藩年收入的 1/10,其他藩士的俸禄也予以相应的限定。1870 年 9 月,又定制:在藩知事获取藩收入 1/10 的基础上,以其余额的 1/10 充当陆海军军费,再以其余额充当藩的行政费用与藩士的俸禄。据统计,这一阶段削减家禄的数额达 800 万石以上,相当于幕末时 1300 万石家禄总额的 3/5①。各藩藩士的俸禄较其原俸大约减少了 1/3。②

第二阶段自 1871 年 7 月"废藩置县"到 1875 年 7 月停止"家禄奉还",为家禄奉还阶段。废藩置县后,各藩藩士俸禄完全转化为明治政府的财政负担。1871 年 10 月至 1872 年 12 月的财政收支中,秩禄支出竟占用同期地税收入的 80%。因此,明治政府不得不继续探索秩禄处分方略,并于 1873 年 12 月推出家禄奉还政策,"特许家禄、赏典禄不满 100 石者奉还家禄"。③ 奉还办法是,凡家禄、赏典禄不满 100 石的华族、士族及卒,有申请奉还家禄者,即发给偿金。享有永世禄者,一次发给 6 年禄量的偿金;享有终身禄者,一次发给 4 年禄量的偿金。这些偿金一半支付现金,另一半支付秩禄公债证书④。1874 年 11 月,明治政府又准许 100 石以上的华族、士族奉还秩禄,其中,50 石以现金支付,其余一律以公债支付。

家禄奉还政策施行后,响应者并不踊跃。如三重县有 43%,新潟县、北条县为 42%,而山口县只有 5%,佐贺县为 3%,鹿儿岛县几乎为零(只有 25 人)⑤。据统计,1874—1876 年,自愿"奉还"者只有 13.58 万人,约占士族总数的 1/3,支付现金 1932.6 万日元,公债面值 1656.5 万日元,总计约为全部秩禄的 1/4。⑥ 因此,1875 年 7 月,明治政府废止家禄奉还政策。

第三阶段自 1875 年 9 月实行金禄制至家禄全部废除为止,为金禄处分阶段。家禄奉还政策虽然取得一定成效,但仍未从根本上消除秩禄负担,秩禄的支付仍占当时全国年度支出的近 1/3。⑦ 因此,明治政府又进行了改革。

---

① 楫西光速,等.日本资本主义的发展 [M].阎静先,译.北京:商务印书馆,1963:28.
② 周启乾.日本近现代经济简史 [M].北京:昆仑出版社,2006:65-66.
③ 周启乾.日本近现代经济简史 [M].北京:昆仑出版社,2006:66.
④ 大藏省明治财政史编纂会.明治财政史:第 8 卷 [M].東京:吉川弘文館,1972:78.
⑤ 升味准之辅.日本政治史:第一册 [M].董果良,译.北京:商务印书馆,1997:133.
⑥ 周启乾.日本近现代经济简史 [M].北京:昆仑出版社,2006:66.
⑦ 周启乾.日本近现代经济简史 [M].北京:昆仑出版社,2006:67.

1875 年 9 月，宣布实行金禄制度，规定以货币代替禄米支付秩禄，即秩禄的货币化。秩禄货币化虽在技术上克服了秩禄支付的不便，但在数额上并未减轻财政压力。大藏卿大隈重信"痛感当务之急，非废除华、士族等家禄、赏典禄断无良策"①，因此建议废止禄制，全部以公债形式支付秩禄。（图 6-1 为大隈重信像。）

图 6-1 大隈重信像②

1876 年 8 月，明治政府采纳大藏卿大隈的建议，发布《金禄公债证书发行条例》，全面实行秩禄公债化。具体发放办法是，永世禄禄额 1000 日元以上者，一次发给 6~7 年禄额的公债证书，利息 5 分；禄额 100~1000 日元者，一次发给 7~10 年禄量的公债证书，利息 6 分；禄额 20~100 日元者，一次发给 10~13 年禄量的公债证书，利息 7 分。终身禄的给付年限仅为永世禄的 1/2，其他条件与永世禄同。年限禄 1 年者给全额，2 年以上者给永世禄的 15% 或 40% 不等。以上公债证书的零头都以 10 分利支付现金。公债的本金自发给后的第 6 年开始抽签偿还，以 30 年偿清。③ 据此条例，明治政府总计发售金禄公债 17463.8 万日元④，约合当时明治政府 3 年以上的财政收入总额。至此，"往年之有禄者变为

---

① 臧珮红，米庆余. 近代日本的"秩禄处分"与"士族授产"[J]. 南开学报，2001（5）：45-53.

② 陈杰. 明治维新：下 [M]. 西安：陕西人民出版社，2011：278.

③ 臧珮红，米庆余. 近代日本的"秩禄处分"与"士族授产" [J]. 南开学报，2001（5）：45-53.

④ 湛贵成. 幕府末期明治初期日本财政政策研究 [M]. 北京：中国社会科学出版社，2005：197.

公债证书所有者"，沿袭数百年之久的封建秩禄"全部告终"。

秩禄公债化一举清算了武士的特权，消除了作为封建等级的武士阶级，推动了日本经济的发展。

首先，秩禄公债化减轻了政府的财政负担。据统计，1871 年 10 月至 1876 年 6 月，秩禄支出在政府经常性收入与支出中所占比例年均 37.84% 和 40.06%，但秩禄公债化后，秩禄在财政收支中所占比例迅速下降。1876 年 7 月至 1877 年 6 月分别为 29.8% 和 29.9%，1877 年 7 月至 1878 年 6 月则均为 0.1%，几近乎为零。①

其次，秩禄公债化为经济发展资金。如上所述，明治政府总计发售 174570416 日元的公债及现金。这笔巨额债金虽由 31 万多人领取，但真正受益的是少数上层武士。据统计，在领取公债的人员中，债额在 100 日元以下者占 83.7%，人均持有 415 日元，年收入利息不过 29.05 日元，日均不过 0.08 日元，不仅低于手工匠的收入（0.45 日元），也低于一般壮工的收入（0.24 日元）。而 1000 日元以上的公债持有者只占 0.2%，却领取总额的 18.0%，人均持有 60527 日元。②

这些高额公债持有者后来逐渐将所持公债投资于银行、铁路、大农场，从而实现了公债的资本化。据统计，1876 年 8 月至 1878 年 12 月，日本新设银行 148 家，均为华族、士族所设，资本金为 3695 万日元，其中，80% 是因秩禄处分政府发给华族、士族的公债。③ 其中，规模最大的国立第十五银行，从华族手中聚集资金达 1782.61 万日元，竟占国立银行全部资金的 47%。④ 在秩禄处分过程中，很多武士和官僚转变成现代经济的管理人员与企业家，如五代友厚、涩泽荣一、山边竹生、岩崎弥太郎、益田孝和中上川彦次郎等。这些士族商人相对于旧式商人更富有冒险、开拓进取精神和灵活应变的能力，主要经营商业、纺织、交通、通信、金融保险、化工和制药等新兴行业，他们既在民间开展经济活动，又和政府官员保持密切联系，三井、三菱等会社都是以政商发家的，日本的大企业财团也几乎是借助于政府的支持而得以壮大的。由于较早接触和了解西方的现代企业组织形式，他们还积极宣传和创建公司制度，在工商界中

---

① 大藏省明治财政史编纂会. 明治财政史：第 8 卷 [M]. 东京：吉川弘文馆，1972：265-239.
② 周启乾. 日本近现代经济简史 [M]. 北京：昆仑出版社，2006：69.
③ 湛贵成. 幕府末期明治初期日本财政政策研究 [M]. 北京：中国社会科学出版社，2005：201.
④ 周启乾. 日本近现代经济简史 [M]. 北京：昆仑出版社，2006：70.

扮演了社团领导和组织者的角色。

总而言之，秩禄处分削减了"吃财政饭"者的数量，以"温情脉脉"的方式消灭了"士族集团"，将生产要素从旧部门移向新兴部门。

3. 处理官营企业

明治初期，根据殖产兴业的需求，曾兴办一系列官营企业。官营企业对发展近代企业具有示范作用，但也给明治日本政府带来沉重的财政负担。据统计，从1868年到1885年，明治政府总计投入约2.1亿日元的殖产兴业资金，约占同期正常财政支出的1/5①，其中，工部省从1870年到1885年总计支出的用于矿山开采、铁路建设、建筑通信等项建设的"兴业费"即达2962.2万日元。由于经营不善，这些官营企业不但无补于财政，反而不时需要财政补贴，"以致白白耗费资财，不知几许"。②

因此，自1877年大隈重信主持财政工作后，开始筹划处理官营企业。1880年5月，大隈重信提出官业处理意见，建议除保留关乎国计民生重大事项的官营企业外，将其他诸如纺织、机械、造船、陶瓷等无关紧要的官营企业出售给民间。1880年11月，明治政府以大隈重信的建议为蓝本，颁行《廉价处理官营工厂概则》。由于"概则"只规定出售严重亏损的官企，且售价较高，因此应者寥寥。

1881年，松方正义取代大隈重信出任大藏卿。他清楚地意识到，除了廉价出售外，官营企业没有出路，因此仍主张"逐渐将官营工厂廉价售出"，但因售价较高，认购者仍然稀少。于是，明治政府于1884年重新制定了出售办法，规定以极低的价格和无息长期分期付款的办法出售官营企业，以实现除军事工厂及铁路、电信业之外的官营企业的拍卖。此举大降官业售价，如表6-4所示，"有些几乎是白白相送"，转让价格低廉到"荒谬程度"③。因此，拍卖工作进展顺利，到1885年末撤销工部省，标志着官营企业处理完毕。

表6-4　官业转让价格表

企业	年份	政府投资额（日元）	转让价格（日元）	转让条件
大葛矿山	1879	149546	27131	12784元分15年支付，余款33年内付清

---

① 石塚裕道. 日本资本主义成立史研究［M］. 东京：吉川弘文馆，1973：130.
② 高桥龟吉. 日本近代经济形成史［M］. 东京：东洋经济新报社，1968：281.
③ 赫伯特. 日本维新史［M］. 姚曾廙，译. 长春：吉林出版集团有限责任公司，2008：114.

续表

企业	年份	政府投资额（日元）	转让价格（日元）	转让条件
深川水泥	1884	169631	61700	分 25 年支付
小坂银山	1884	547476	273000	200000 元分 25 年支付，余款 16 年内付清
院内银山	1884	675093	75000	2500 元即付，余款分 29 年付清
阿仁铜山	1885	1606271	337000	10000 元即付，87000 元分 10 年支付，余款分 24 年付清
品川玻璃	1885	189631	80000	1890 年起，分 55 年付清

资料来源：赵建民，顾庆立. 明治政府的"官业民营"政策及其社会影响［J］. 贵州大学学报（社会科学版），1996（2）：82-87.

官业处理虽然是折本出售，但从长远来看，明治政府就此甩掉了包袱，减轻了财政负担。据统计，1867 年 12 月至 1886 年 3 月，明治政府用于殖产兴业的财政支出总计 13507.6 万日元，年均 734 万多日元。官营企业的出售不仅省去上述巨额财政支出，而且带来 936 万多日元的财政收入。[①] 1886 年，明治政府财政收支第一次出现节余，这与此前的官业处理不无关系。随着官业处理的推进，国家资本在总资本中所占比重不断下降，而私人资本的力量不断增强。1875 年，国家资本占 81.7%，1880 年占 57.5%，到 1890 年降低到 29.8%。[②] 这意味着日本资本主义逐渐走向成熟。

二、近代财政体制的确立

德川时代之财政，或由幕府管理，或由三百余家诸侯分掌，"各藩异其制度，复杂而无所统一"。在推进开源节流措施的同时，明治政府以西洋为模范，着力于财政机构和财政制度的建设。

（一）财政机构的创设

明治政府的财政机构是在官制改革中逐步建立的。1868 年 1 月 3 日，明治政府发布"王政复古"大令，设总裁、议定和参与三职，统揽国事，其中，总裁由皇族担任，议定由亲王、公卿及各诸侯担任，参与由各藩藩士担任；财政

① 湛贵成. 幕府末期明治初期日本财政政策研究［M］. 北京：中国社会科学出版社，2005：275-276.

② 韩毅. 近代日本国家资本主义问题浅析［J］. 日本研究，1988（4）：36-40.

事务则由参与所辖之金谷出纳所掌管。这一体制反映了明治政权中以天皇为代表的旧贵族和雄藩之间的联合与抗衡。

1月17日,明治政府制定"三职七科制",即在三职之下设立神祇、国内事务、国外事务、海陆军务、刑法事务、会计事务和制度寮七科,分理国务。每科皆设总督,由议定兼任,其中,会计事务科掌管财政。未几,明治政府又将"三职七科制"改组为"三职八局制",即将原先七个科升格为局,同时新设总裁局,其中,会计事务局职掌户口、赋税、用度、贡品、营缮、秩禄、仓库以及商业管理等有关财政事务,其主官为总督,下设有辅、权辅、判事、权判等官。经过如是变革,明治政府之财政机构得以初步建立。

"三职八局制"虽然初步搭建起明治政府的行政构架,但与西方三权分立体制仍有较大距离。因此,明治政府于1868年6月颁布具有法律性质的《政体书》,宣布实行具有三权分立色彩的太政官制。《政体书》明确规定:"天下之权力皆归太政官,使政令无出于二途之患。太政官之权力分为立法、行政、司法三权,使无偏重之患。立法官与行政官不得相互兼任。"

根据《太政官职制》规定,中央政府由天皇亲政,下设正院、左院、右院。正院为总揽国家政务之最高权力机构,设太政大臣一人。右院和左院分别负责法案的起草与审议。太政官之下设置议政、行政、神祇、会计、军务、外官、刑法七官,分理国务。作为七官之一的会计官,下设出纳、用度、驿递、营缮、税银、货币、民政七司,主管内务、外务、司法、邮政、农商务等事务。太政官制虽在形式上体现了三权分立精神,但因实际运作中存在"立法官、行政官互相兼任"的情形,以致"议事之制终难成立"。[①]

1869年8月15日,明治政府再度进行官制改革,制定"二官六省制"。"二官"即神祇官和太政官。太政官设左右大臣各一,其职责是"辅佐天皇,统理大政,总判官事"。太政官下辖民部省、大藏省、兵部省、刑部省、宫内省、外务省。由是原本分属七官的权力被集中隶属于太政官之下,"太政官"也由一个"官府"泛称转变为位居政府中枢的实质机构。经过这次改制,大藏省取代会计官,成为政府的财政机构。

1871年,明治政府又对太政官制进行改革,实行"三院九省制"。"三院"即正院、左院和右院。正院为天皇亲裁政务的最高机构,由太政大臣、左右大臣和参议构成,其下设民部省、大藏省、兵部省、刑部省、宫内省、外务省、工部省、文部省、神祇省九省。1885年,日本废止太政官制,创立内阁制度。

---

① 内阁官房. 内阁制度90年资料集 [M]. 東京:大藏省印刷局,1976:9.

内阁置总理大臣一员，下辖外务、内务、大藏、陆军、海军、司法、文部、农商、递信诸省。自 1869 年"大藏省"成为日本财政机构的名称，直至 2001 年改组为财务省和金融厅为止，其职掌虽然多有变化，但一直是日本的财政机构。

（二）预算制度的确立

明治之初，因缺乏稳定的财政收入，日本无法建立以预算制度为核心的现代财政体制。随着开源节流政策的推进，明治政府不仅有了比较稳定的税源和财政收入，而且具备了编制财政预算的基础。

1873 年 6 月，明治政府颁布《1873 年度收支预算会计表》。此表虽系用以表明政府财政信用的临时性举措，而非基于现代议会制下的预算形式，但由是开启了明治政府公开预算之惯例。

为了便于编制预算，明治政府首先制定了"金谷出纳办理程序"，规定大藏省内各寮科自 1875 年度始，以本年 7 月至次年 6 月为一会计年度，在本年度完成收支预算，制定预算编制程序；其次颁布了新货币条例，废除实物地租，推进财政货币化。在此基础上，明治政府于 1876 年 9 月制定大藏省出纳条例。此条例是明治政府颁行的首个系统性预算会计法规，其基本内容如下。

（1）财政收支分为常用金与准备金。（2）常用金年度收入分为租税收入、非租税收入和非现金收入。（3）常用金支出分为经常性支出和临时性支出，其中，经常性年度支出分为定额经费和非定额经常性费用。（4）常用金收支原则上当年结清。（5）准备金收支分为三类：一为金币、银币、铜币、纸币、外币等，用于发行新纸币之准备；二为贷款返还、官营企业处理收入，主要用于偿还内外公债、印制新纸币所需费用；三为由准备金投资带来的增值收益。①

1879 年 2 月，明治政府公布了日本第一个决算报告：《1875 年度决算报告》。1881 年，明治政府制定了《会计法》；1882 年，又对《会计法》予以修订。1884 年，明治政府出台《年度收支预算条规》，确定了现在仍在执行的"4 月 1 日至翌年 3 月 31 日"的会计年度，确立了以大藏省为财务行政制度中心的预算、决算制度。1886 年，又制定了《年度收支科目条规》。此等法规的制定虽然推进了日本财政制度的建设，但因其时日本尚未建立议会制度，故而称不上是近代财政制度。

1889 年 2 月 11 日，日本颁布《明治宪法》。作为亚洲近代史上第一部成文宪法，《明治宪法》第六章专门制定了有关财政的基本原则。其中规定：新课租

---

① 湛贵成. 幕府末期明治初期日本财政政策研究［M］. 北京：中国社会科学出版社，2005：283.

税及变更税率应以法律规定之；现行租税，未经法律重新改定者，仍依旧征收；国家之岁入岁出须经帝国议会之协赞，每年列入预算；预算案应先在日本众议院提出；皇室经费依现在之定额每年由国库支出，除将来需要增额时外，无须帝国议会之协赞；因特别之需要，政府得预定年限作为继续费用，要求帝国议会之协赞；在帝国议会未议定预算或未能通过预算时，政府应施行前一年度之预算；国家岁入岁出之决算，由会计检查院检查确定之，政府须将其连同检查报告提交帝国议会。与此同时，日本新的《会计法》以宪法附属形式颁布，并于 1890 年付诸实施。

尽管《明治宪法》含有浓重的"国体论"要素，但将预算制度置于宪法的框架内，从而使日本预算制度具备了近代要素。其颁布与实施标志着日本近代财政制度正式确立。

第二节　近代金融体制的建立

金融是现代经济的核心。地税改革和秩禄处分等措施虽然或多或少地为日本资本主义产业化提供了启动资金，但对科学管理技术落后、关税不能自主的日本来说，要想在短期内完成英、法等国花费二三百年才得以完成的事业，这些融资措施还远远不够。因此，从明治政府成立之始，便积极谋求金融设施建设，最终建立了近代金融体制。

一、货币制度的建立

幕府末期，纲纪弛解，财政支绌，货币制度甚滥，"其通行之钱币形质纷杂，合金银铜铁有六十余种，若各藩用于领域中者则一千六百余种"。[①] 明治之初，承其积弊，货币依然淆乱不堪。就发行者而言，有中央货币和地方货币之分；就币材而言，有铸币和纸币之别；就性质而言，更有良币和劣币之异。币制的紊乱，不仅严重影响国内经济活动，也妨碍对外贸易。因此，如何把名色不一、良莠不齐的货币整合为统一的可供全国流通的货币，是明治政府金融建设的重要任务。

如前所述，明治之初，为了筹集资金，曾发行太政官札。但太政官札的发

---

① 大隈重信. 日本开国五十年史：下册［M］. 上海：上海社会科学院出版社，2007：1159.

行，不但没有从根本上解决财政危机，反而给混乱已极的金融体制带来滋扰。因此，由利公正被迫辞职，由大隈重信出任主计挂。

大隈重信上任后，陆续推出如下币制改革措施。（1）设立造币寮，引进新的造币机械和技术，制造新币，以求将伪币逐出市场。（2）终止太政官札的发行，并将已发行的太政官札由不可兑换纸币改为可兑换纸币，允许其与新铸造的正币（金银币）兑换，并与正币一样流通，以便逐渐回笼。（3）限制藩札的流通数量，规定只有经德川幕府许可的藩札才可以继续流通，但严禁增发，而维新以来发行的藩札则禁止流通。（4）颁行《新货币条例》，规定以金币为全国统一的本位货币，银币、铜币为辅币；以日元为计量单位，实行十进制。这为近代货币制度建设奠定了基础。

大隈重信的币制改革虽然取得一定成效，但进展并不顺利。首先，由于明治政府当时尚无足够的能力压制各藩，故而藩札仍然不停地被印发和通行，难以禁绝，以致各种纸币都在政府的控制区里通行。其次，由于幕末以来黄金持续外流，币值倒挂问题严重，黄金储备不足，虽然名义上实行金本位，实际上难以维持，大量墨西哥银币从国际涌入日本，并成为主要交换手段。因此，迫切需要进一步整顿币制。

1871年7月，井上馨（1836—1915）继大隈重信出任为大藏大辅。其时，日本货币市场问题重重：（1）由于太政官札等纸钞印造技术简单，易于仿造，伪钞泛滥成灾；（2）由于政府收税时拒收藩札，只收政府纸币和金银币，藩札壅塞，民间怨言四起；（3）金币继续外流，银价也因国际银价下跌而下挫，以金为主、以银为辅的复本位制度难以支撑；（4）太政官札和民部省札等不兑换纸币贬值，通货膨胀严重。

面对以上种种问题，井上馨采取如下整顿措施。

（1）重设造币寮，紧急从香港购买印钞机器，印制明治通宝，也就是最早的日元，包括从100元到10钱的9种面额。

（2）继续完善《新货币条例》，规定用明治通宝兑换太政官札、民部省札和藩札，回收的这些纸币一律烧掉。但是，太政官札仍然没被明令废除，这种法币仍然被明治政府奉为解决财政困难的法宝而得到发行。

（2）推行货币紧缩政策。1869年，日本的通货流通量为3亿～3.5亿两（日元），而井上财政期间的1872年末现金通货量为13260万日元，加上民间储藏的金银12466万日元，共约2.5亿日元，紧缩效果显著。[1]

---

① 　杨栋梁，江瑞平．日本近代以来经济体制变革研究［M］．北京：人民出版社，2003：102．

（3）回收流通的藩札。回收方式有二：一是通过与新货币的兑换进行回收，规定藩札一律按1871年7月14日的时价分批兑换收回，并令各藩上缴藩札印造机械和纸材，以杜绝继续印造；二是以缴纳租税等方式进行回收，即准许民众用藩札缴纳租税，偿还借款。到了1879年12月，藩札全部回收。

井上改革取得一定的效果，推进了通货的统一，在一定程度上缓解了通货膨胀，但也带来新的问题。

首先，造币寮印造的明治通宝虽然遏制了伪钞的泛滥，但因没有废除太政官札等不兑换纸钞，而且时有发行，使得通货膨胀速度虽然减缓，但仍然持续上升。

其次，为了建立明治通宝的信用，井上馨力行金本位政策，将原来的不可兑换纸币变成可兑换的银行券，不符合日本的国情。当时东亚经济圈仍然是银本币经济圈，金本位不仅给外贸带来一些问题，而且由于此前黄金持续流出，不足以支持金本位。

1873年，因受江藤新平贪污案牵连，井上馨被迫辞职，大隈重信再任大藏大辅。大隈重信上台之后，一改井上的做法，推行积极货币政策。大隈重信认为，本币准备金不足，是银行发行可兑换银行券而导致民间不停兑换政府的金币所致。因此，上台后立即修订《新货币条例》和《国立银行条例》，将明治通宝由可兑换银行券改为不可兑换纸币，各银行停用明治通宝兑换金银正币。为解决商业发展所需的资金问题，大隈决定增发纸币，上任伊始就宣布增加20%的明治通宝发行量，原有的太政官札等仅可兑换明治通宝而不能兑换金银币。1875年，大隈主持制定了"贸易银"法，规定外贸用银币的含银量标准，即制定标准银币，希望通过制定"贸易银"来收拢全国的银货，并将其专门用于支付外贸往来。

大隈重信的再改革，虽然一定程度整顿了货币市场秩序，但仍然未能解决币值倒挂、金币外流问题。1873—1875年，银价连年下跌，金币储备流失严重。为了应对这一局面，大隈重信决定在国内使用法币明治通宝、太政官札、民部省札，外贸上则使用金银币，企图以此堵塞缺口，但是金本币流失仍然持续着。同时，由于大隈的"积极财政"，滥发纸钞，通货膨胀日甚一日，"秩禄公债"变成废纸一张。上级武士因为拥有雄厚资产，早早地收购了实业而大发利市，而下级武士则生活困难，极度不满。他们先后发动佐贺之乱、神风连之乱、秋月之乱、萩之乱等一系列动乱，从而导致整个社会动荡不安，最终引发了1877年的西南战争。

西南战争给危机重重的明治财政火上浇油。大隈别无良策，企图通过发行纸钞和借债来解决危机，结果导致纸币流通量急剧攀升。据统计，1877年末，日本纸币流通额为1亿1915万日元，1878年末，为1亿6750万日元，短短一年内增幅就达到了41%。① 如是巨额的纸币增发，直接导致纸币贬值，物价飙升。据统计，1881年初，日元与银币的兑换比例为1.07∶1，1881年为1.79∶1；1877年，1石米为5.336日元，1881年涨到10.593日元。② 因此，民众苦不堪言，社会扰攘不已。

与纸币流通额激增相反，1877—1881年，因日本对外贸易连续入超，正币大量外流，5年间正币总计外流达26095.8万日元。③ 因此，"明治政府财政收入实值殆减其半"，再度陷入严重危机中。

面对如是情形，大隈重信遭到多方责难。伊藤博文指责大隈的积极财政政策是财政危机的主要原因，内务卿松方正义则发表《财政管窥概略》，指责大隈重信的通胀政策和不兑换纸币造成了目前的糟糕局面。为了抑制纸币贬值，缓和财政危机，大隈重信提出如下计划：一是不兑换纸币回收计划，计划自1878年至1905年回收纸币12092万日元；二是发行外债计划，发行7分利外债5000万日元，以作为回收纸币的资本金。但是这一计划遭到否决。1880年9月，大隈又提出《更改财政的建议》，试图通过增税和压缩开支的办法稳固财源，但收效甚微。

1881年10月，日本发生了所谓"明治十四年政变"。大隈重信被逐出政府，内务卿松方正义改任大藏卿，主持财政事务。（图6-2为松方正义像。）松方对大隈的滥发纸币深恶痛绝，认为通胀性财政政策不是长远之计，只有充足的准备金支撑的钞票才是经济良性运转的前提。因此，他从纸币的整理入手采取了如下币改措施。

（1）回收不兑换纸币。据统计，截至1880年，日本各种不兑换纸币量近1.6亿日元。松方正义将其分为三类，分别采取不同的整理政策。第一类为明治

图6-2　松方正义像④

---

① 室山義正. 松方財政研究［M］. 東京：ミネルヴァ書房，2004：16.
② 湛贵成. 幕府末期明治初期日本财政政策研究［M］. 北京：中国社会科学出版社，2005：243-244.
③ 湛贵成. 幕府末期明治初期日本财政政策研究［M］. 北京：中国社会科学出版社，2005：243.
④ 陈杰. 明治维新：下［M］. 西安：陕西人民出版社，2011：282.

政府为填补财政赤字而发行的诸如太政官札、民部省札等纸币，第二类为因财政经费不足而替代发行的预备纸币，第三类为国立银行券。对于第一类纸币，主要通过挤用财政款项加以冲销，每年拨付 700 万日元。为此，松方正义一方面严格控制财政支出，1882—1884 年这三年间，除了用于军事目的外，对所有预算实施限制；另一方面则不顾民生艰难，大加增税，如新设售药印花税、米商会所股份交易所经纪人税、酱油税、糖果税等。1881—1885 年，通过征税方式累计敛财达 4 亿多日元，其中，1.4 亿日元直接用于纸币回收，2.6 亿日元用于资金储备，从而成功冲销了第一类货币。对于第二类纸币，主要采取从中山铁路公债资金和政府"准备金"中借支款项的方式加以回收。对于第三类纸币国立银行券，则定其为唯一的法定货币，予以保留，迨日本银行成立后逐步注销。①

（2）充实正币储备。松方正义认为，纸币的价值取决于正币储备情况，正币储备不足，纸币必然贬值，而储备正币之关键则在于不使正币外流。因此，他采取如下两项措施以充实正币储备：一是在从事外币存贷业务的横滨正金银行实行外贸押汇制度，一则向出口商提供贷款，二则回笼出口商的资金来积累外汇和金银本币；二是在巴黎、伦敦等主要商品出口地设立了领事馆监管外汇运作，并通过领事馆—大藏省—横滨正金银行了解国际市场金银价，以便解决币值倒挂问题。通过这些措施，松方比较成功地控制住了长期以来金本币的外流，增加的外汇储备达 4226 万日元②，并将其成功转入准备金里，从而使准备金率从 4.5% 上升到 37.0%③。

松方的纸币整顿政策取得了很大成效。统计显示，1885 年末，第一类政府纸币的流通量已降为 8834.5 万日元，第二类政府纸币到 1883 年已全部注销，新发银行券仅为 3011.5 万日元，各种纸币总计 12215.4 万日元，比 1880 年减少了 2721.3 万日元，国家正币准备金则增加了 6 倍多。④ 由于纸币减少，国家正货储备增加，纸币价值开始回升。至 1885 年 12 月，日本国内物价趋向稳定，银币、纸币之间几乎没有差额。

① 梅村又次，山本有造. 日本经济史：3 [M]. 李星，杨耀录，译. 北京：生活·读书·新知三联书店，1997：161-173；湛贵成. 幕府末期明治初期日本财政政策研究 [M]. 北京：中国社会科学出版社，2005：259-262.
② 大藏省明治财政史编纂会. 明治财政史：第 11 卷 [M]. 東京：吉川弘文館，1972：109-113.
③ 梅村又次，山本有造，日本经济史：3 [M]. 李星，杨耀录，译. 北京：生活·读书·新知三联书店，1997：163.
④ 杨栋梁，江瑞平. 近代以来日本经济体制变革研究 [M]. 北京：人民出版社，2003：106.

　　松方的纸币整顿在日本金融史上颇具影响，其重要性不仅在于纸币的注销，而且在于把财政余额的一部分转作纸币兑换准备金，"将原来的准备金用于海外押汇资金，谋求正币经常性的积蓄，进而随纸币注销的进行和正币的增加，力图确立中央银行制度和纸币兑换制度"。①

　　在纸币回收、正币增加的基础上，松方正义着手建立了统一发行、自由兑换、全国统一的纸币流通体系。1882年，成立日本银行。日本银行既已开办，理当收回各国立银行之纸币发行权，各国立银行也理当改为寻常股份公司。否则，币制难以统一。

　　因此，1883年5月，明治政府制定《纸币销偿法》，规定现有银行自成立之日计，20年后全部转为无发行银行券特权的普通银行，各行应根据自身发行的银行券数额向日本银行提供资金，由日本银行统一兑换和注销各行的银行券。1884年5月，明治政府又颁行《兑换银行券条例》，规定日本银行为唯一拥有货币印发权的机构，货币发行额须以准备金为基础，而所有的不可兑换纸钞太政官札、民部省札一律废除，拥有者限期兑换为明治通宝，逾期一律作废。

　　1885年5月，日本银行发行了最初的日本银行券，这是以1圆银币作为货币单位的兑换银券。同时，明治政府宣布自1886年1月1日可将现下流通的旧纸币有步骤地到日本银行兑换为银币，兑换后的旧纸币立即销毁。由是，日本纸币发行权归于统一，不兑换纸币被注销，纸币与银币实现了等值，纸币的信用也随之恢复，由日本银行发行的新纸币日本银行券成为全国流通的可兑换货币。（图6-3为日本银行首次发行的日本银行券。）

图6-3　日本银行券

---

　　① 梅村又次，山本有造. 日本经济史：3［M］. 李星，杨耀录，译. 北京：生活·读书·新知三联书店，1997：173.

其时，日本虽然在名义上采用金本位制，但因黄金储备不足，并未真正实施。1893 年 10 月，日本成立了币制调查会，研究讨论币制改革问题，在采用金本位还是银本位问题上，调查委员间出现了严重的分歧。据计算，要实行金本位制，必须有 2 亿日元的黄金储备，否则难以落实。颇值玩味的是，时隔不到两年，日本竟通过中日《马关条约》从中国获得赔偿白银 2.3 亿两，约合 3.5 亿日元。这一数字大约是当时日本国家财政收入的 4.3 倍，"在获得这个赔款以前，日本的财政官厅从未谈到过数万万元的大数字。……三亿五千万日元巨款流入国内，在朝在野的人都认为是无尽的财富。国营也好，私营也好，各方面都因此实行大大的扩张了"。① 这笔巨额赔款解决了日本黄金储备难题，金银本位之争随即结束。

1897 年 3 月，明治政府制定了新货币法，确立了金本位制。同年 10 月 1 日开始实施。这是日本近代经济乃至政治史上具有深远意义的大事。金本位制的建立，标志着"日本资本主义的发展终于使日本从半殖民地化的危险中完全摆脱出来，作为独立的资本主义国家，作为世界资本主义的一环，它是表示金融的标识，即达到了和其他列强得以在世界市场角逐的阶段"。② 嗣后日本银行券逐年加增，1897 年末为 226229058 元，至 1906 年末发行量达 341766164 元③，而旧纸币则于 1904 年末宣告作废，日本银行券成为日本唯一的纸币。

二、银行制度的建立

维新之前，幕府及各藩虽有汇兑社（御为替组）、库家（藏元）、钱庄（挂屋）等机构承揽汇兑、融资及金银铜各币之交换等业务，但"只稍具其形式，未足称银行也"。明治政府建立后，出于融资的需要，曾令商人出资，仿照欧洲银行的模式，建立汇兑与通商公司，从事放贷、寄贮、汇兑等业务，但无甚成效，因此决意引进西方银行制度。

1871 年，远在美英考察的大藏省官员伊藤博文、吉田清成先后提出设立银行议案。前者主张仿效美制，设立国有银行；而后者则主张仿效英制，设立中央银行。"彼此争议，一时颇激。"经过斟酌，明治政府决定采纳伊藤博文的建议，创办国立银行。1872 年 11 月，颁布《国立银行条例》。其要点是，采用股份制形式设立国立银行，国立银行具有发行银行券的特权，并可从事汇兑、押

---

① 彭迪先. 世界经济史纲 [M]. 北京：生活·读书·新知三联书店，1949：298.

② 楫西光速. 日本经济史大系：6 [M]. 东京：东京大学出版会，1965：139-140.

③ 大隈重信. 日本开国五十年史：下册 [M]. 上海：上海社会科学院出版社，2007：1103.

汇、存款、金银交易等业务。

《国立银行条例》出台后，民间很快出现开办银行的动向。1873—1874 年，明治政府先后批准设立四家国立银行，即由三井、小野出资兴办的第一国立银行（东京）、由横滨汇兑公司转变而来的第二国立银行（横滨）、由新泻大地主市岛出资兴办的第四国立银行（新潟）和以鹿儿岛士族为中心兴办的第五国立银行（大阪），唯大阪之第三国立银行虽获允准，但因股东大会产生纷议，终不能开办。"日本有泰西式银行，以上所举之四行为其鼻祖。"① 这些银行虽称"国立银行"，但并非国营，资本金也很有限，四者本金合计只有 345 万日元（参见表 6-5）。

表 6-5　日本国立银行一览表

行号	所在地	开办时间（年）	资本（日元）	允许发行纸币数（日元）
第一国立银行	东京	1873	250 万	150 万
第二国立银行	横滨	1874	25 万	15 万
第四国立银行	新潟	1874	20 万	12 万
第五国立银行	大阪	1873	50 万	30 万
资本金总计	—	—	345 万	207 万

资料来源：大隈重信. 日本开国五十年史：下册 [M]. 上海：上海社会科学院出版社，2007：1072.

由于当时不兑换纸币充斥市场，黄金大量外流，纸币信用低下，世人对这些银行发行的银行券并不信任，以致银行券一发行即被兑换为正币，流通额减少，四行营业萎靡不振。1874 年 6 月，国立银行纸币流通数为 1356979 日元，到 1876 年 6 月减少到 62456 日元。② 为此，明治政府于 1876 年 8 月修改了《国立银行条例》，规定以金禄公债充国立银行资本，银行券无须兑换正币，直接替代政府纸币。这意味着放宽了对本金的限制，没有正币也能发行银行券。此后，国立银行迅速发展，到 1879 年末停止设立为止，已达 153 家，实缴资本金达4061 万日元，银行券流通额为 3404 万日元，在"日本资本主义经济起飞过程

---

① 大隈重信. 日本开国五十年史：下册 [M]. 上海：上海社会科学院出版社，2007：1072.

② 大隈重信. 日本开国五十年史：下册 [M]. 上海：上海社会科学院出版社，2007：1074.

中，发挥了很大作用"。① 与此同时，明治政府又批准设立私立银行。私立银行虽然无权发行银行券，但发展较快。于1876年3月成立的三井银行为日本私立银行之首，到1884年，私立银行已达214家。②

从发展规模来看，无论是国立银行还是私立银行，只有极小部分是大银行，多数是中小银行，其中，国立银行资本金在50万日元以上者只有4家，10万元以上者有71家，平均每家银行资本金24万日元。③ 如此格局既分散了资金，制约了银行的发展，也未使银行券的发行权操于国家手中，实现货币的统一。正如涩泽荣一所言："此等银行各分立而无联络，未具其缓急相依、有无互通之道。故各地异其财资之盈虚，使利息之率高低不同。此虽因封建之余习，尚缺中枢银行，宛如无头脑以综理四肢然。"④ 欲行整顿，最有效的方法只能是建立强有力的中央银行，统一货币制度，垄断货币发行权。

1881年，松方正义主持财金工作。在推进纸币整理的同时，又着力于银行改制。1882年3月，松方提议创立日本银行。他认为，当时日本金融主要存在金融梗塞、利息昂腾、可兑换纸币未能通行全国、公司银行等资力无由扩张、国库出纳缺乏提供便利的机构、贴现票据未能普行全国等弊病，而要解决这些问题，其要在于"设立中央银行，名称日本银行，以执全国理财之枢机"。中央银行"受政府之监护，立财政之要冲，开民间金融之壅塞，助国库出纳之便益"。⑤

明治政府采纳了松方的建议，并于1882年6月颁行《日本银行条例》，下令创设日本银行。其"开办之要旨，为全国诸银行之中枢。视各国办银行如其支号，互相联络，以便于融资之用，使财资循环之脉络遍通全国，一也；用放赈扣折以补他银行之资财，助其信用，使资力扩大，二也；勉行凭单扣折，便于资财之流动运转，使其通融无壅塞，且助利率之低减，三也；经理国库之出纳，其官金有余裕则利用之，充于凭单扣折等，四也；赖扣折率之加减，以制正币之聚散，扣折于外国凭单，由海外吸收正币，五也"。⑥ 同年10月10日，日本银行开业。该银行以比利时银行为模范，并参酌欧洲诸国中央银行之制度

---

① 郭予庆. 试论日本近代金融体系的建立 [J]. 中国社会科学院研究生院学报，1993（6）：32-37.

② 周启乾. 日本近现代经济简史 [M]. 北京：昆仑出版社，2006：120-121.

③ 周启乾. 日本近现代经济简史 [M]. 北京：昆仑出版社，2006：120.

④ 大隈重信. 日本开国五十年史：下册 [M]. 上海：上海社会科学院出版社，2007：1094.

⑤ 大藏省明治财政史编纂会. 明治财政史：第14卷 [M]. 東京：吉川弘文館，1972：13.

⑥ 大隈重信. 日本开国五十年史：下册 [M]. 上海：上海社会科学院出版社，2007：1094-1095.

而建，其资本金为 1000 万日元，一半由政府出资，另一半由三井、川崎等政商出资。大藏少辅吉原重俊出任第一任总裁。

日本银行的建立，标志着以中央银行为核心的近代银行体系和信用制度的确立，在日本金融史上具有划时代的意义。从此，明治政府的货币政策开始由日本银行执行。一方面，日本银行根据政府的需要经办国库出纳和对各银行进行业务监督，调控货币的发行量；另一方面，通过各种商业活动向产业融资和向政府提供贷款，提高了资金的供给能力，扮演了"银行中的银行"的角色。据统计，1887 年，日本银行的国内融资额为 2299 万日元，到 1907 年增长为近 7000 万日元；1887 年，日本银行向政府贷款 2800 万日元。日中战争及日俄战争之际，日本"财政之经营多赖此银行之力"，其业务发展与日俱增，其情况如表 6-6 所示。

表 6-6 日中战争及日俄战争之际日本银行业务发展情况　　　单位：日元

项目	1888 年末	1893 年末	1898 年末	1903 年末	1904 年末	1905 年末
缴纳资本金	10000000	10000000	30000000	30000000	30000000	30000000
蓄积金	4494700	6880000	12310000	16900000	17350000	18550000
兑换券发行	65822252	148663128	197399901	232920563	286625752	312790819
政府寄贮	25572502	1618327	25713412	12929635	32360591	438033434
寄贮	655866	1969578	1497135	3466943	2463128	2074362
政府所赊	713154	22000000	22000000	43000000	26500000	70000000
放账	15582842	10060427	33270570	7095229	9807610	10094009
托银	–	–	22967093	27776188	27401502	58822515
扣折所资中外凭单	5616101	24563816	55524621	44380493	69595616	109184178
公债证书	17344866	19345774	40374367	47093201	54301505	50934912
通币及金银质料	48873692	83643754	90898658	121333175	90431855	119885760

资料来源：大隈重信. 日本开国五十年史：下册 [M]. 上海：上海社会科学院出版社，2007：1095-1096.

在构建国家中央银行的同时，明治政府还致力于普通银行和专门银行建设。日本银行建立后，明治政府先将国立银行改组为普通银行。据统计，1894 年末至 1903 年末，日本普通银行由 734 家增至 2255 家，缴纳资本金由 38092781 元增至 290538761 元。① 继而又制定规章，兴办了各种专门银行。如 1896 年，颁布了《劝业银行法》《农工银行法》；1902 年，制定了《北海道拓殖银行法》；1903 年，制定了《兴业银行法》。由是各种专门银行相继问世，刷新了"日本融资界之面目"。据统计，1897 年末至 1906 年末，日本劝业银行缴纳资本金由 250000 元增至 3500853675 元，农工银行缴纳资本金由 575000 元增至 1463860195 元。1900 年末至 1906 年末，台湾银行缴纳资本金由 1250000 元增至 263137614 元，北海道拓殖银行缴纳资本金由 1050000 元增至 714428495 元。1902 年末至 1906 年末，日本兴业银行缴纳资本金由 2500000 元增至 269381739 元。此等专门银行自 1897 年至 1906 年由 7 家增至 50 家，缴纳资本金由 3075000 元增至 7124554181 元。②

总之，随着日本银行的建立、国立银行的改组，以及储蓄银行、劝业银行等专门银行的建立，完整的近代金融体系在日本逐渐形成，截至 1907 年 5 月，日本各类银行总计 2232 家，资本金合计 597935769 元。③ 银行之业务亦由维新之初"涓滴之微"，"渐广其流域，而遂成长江大河之势"，为日本近代经济发展奠定了坚实的金融基础。

---

① 大隈重信.日本开国五十年史：下册［M］.上海：上海社会科学院出版社，2007：1110-1111.

② 大隈重信.日本开国五十年史：下册［M］.上海：上海社会科学院出版社，2007：1115-1116.

③ 大隈重信.日本开国五十年史：下册［M］.上海：上海社会科学院出版社，2007：1119-1120.

第七章

近代政治体制的构建

> 非西方后起社会的现代化在经济领域最容易发生，因而它发生得
> 最早；政治领域较之难以发生，因而发生得较晚；社会——文化领域最
> 难以发生，因而发生得最晚。

——富永健一

政治现代化的核心是民主化，而民主化的基本要素则是立宪制度。一般来说，"在非西方后起社会，与经济行为领域的现代化价值即产业主义相比，政治行为领域的现代化价值即民主主义的接受较为困难"。① 日本也不例外，尽管明治之初政治精英已经认识到西方不仅强在船坚炮利，还强在政治制度，但其立宪进程却始终落后于产业化建设，步履蹒跚，艰难而行，从而导致明显的"现代化的不平衡性"。若做粗线条的梳理，日本的立宪进程大体可以作如是观：初创于 1889 年颁行的明治宪法（《大日本帝国宪法》），天皇制立宪主义体制得到确立；中经"大正民主运动"的推动，产生了普选制度，初步建立政党政治；最后完成于 1946 年制定的《日本国宪法》，确立了以国民主权、和平主义和基本人权为核心的现代政治原则，建立起了以天皇为国家象征、以议会内阁制为基础的政治体制。本章仅对明治宪法的制定过程予以阐述，以期揭示日本民主化第一阶段取得的成就。

第一节　自由民权运动

富永健一说："在非西方后起社会中，同为现代化构成要素的产业化与民主化不可能由同一力量承担。原因是非西方后起社会的产业化只能是'自上而下的产业化'，即由政府主导进行的产业化，但政府无法成为民主化的主导力量。

---

① 富永健一．日本的现代化与社会变迁［M］．李国庆，等译．北京：商务印书馆，2004：128.

因此实现民主化的运动只能以'自下而上'的反政府运动的形式出现。"① 日本的民主化也符合这一逻辑，明治宪法的出台首先可以归之于"自下而上"的自由民权运动的推动。

一、自由民权运动兴起的条件

作为反对封建专制、争取立宪的政治事件，自由民权运动的兴起主要基于如下两个因素：一是西方立宪政治理论的传播，二是日本社会各阶层的政治诉求。

1. 西方立宪政治理论的移植

制度模仿是日本现代化的基本路径。如前所述，幕府末期，洋学家已初步了解了西方立宪政治制度及其基本原理，但比较全面系统地翻译介绍西方立宪制度和思想则是在明治政府成立之后。

明治政府成立后，日本朝野以"文明开化"为期许，企图以西方政治文明革新日本社会。就民间而言，以"明六社"成员为代表的启蒙思想家，大力宣扬西方政治民主思想，一定程度上唤醒了民众的自由、平等和权力意识。学界对此已多有研究，兹不赘论。就政府而言，一方面派遣岩仓使团考察了欧美先进国家的政教制度，另一方面接续幕末留学政策继续派遣留学生，"全力修习泰西诸国的法学以资我邦立法司法以及法学的进步"②。通过观摩、学习，日本人不仅从感官上领略了西方政教制度的特色，而且从理论上逐步吸收了西方法制理念，并在此基础上陆续翻译、出版了不少有关西方政情及专门的法学著作。（图7-1为岩仓使团部分成员合影，自左至右为木户孝允、山口尚芳、岩仓具视、伊藤博文、大久保利通。）

图7-1　岩仓使团部分成员合影③

①　富永健一. 日本的现代化与社会变迁［M］. 李国庆，等译. 北京：商务印书馆，2004：135.
②　水田義雄. 西歐法事始［M］. 東京：成文堂，1982：4.
③　佐佐木克. 从幕末到明治［M］. 孙小宁，译. 北京：北京联合出版公司，2017：258.

岩仓使团在精心考察了各国制度后，整理出长达 100 卷的《美欧回览实记》。这份实记连同大量往返于日本国内与使节团之间的通信，成为明治维新急速推进国家近代化过程中最重要的参考数据和制度备案。比如，在考察英国议会后，考察人员领悟到设立议院的必要性，"由人民公选议员而执立法之权，乃欧洲的一般通例，……此不唯应须深切注意，且宜依此建立立法权"①；领悟到设立议院的重要性，"根据其人民之选择而建立之代议机构为议院，对其决议予以实施者为政府，此为欧美文明诸国相同之处，可知议院之重要性"②；领悟到制定宪法的重要性，"宇内万国兴亡强弱之原因，唯在治术之良否。真正善于治之者兴且强，否则弱且亡，其治之要，在于确立宪法以保护民权，使人民得安全"。③ 又如，在考察欧洲各国后，领悟到政体优劣之与国家富强的关系："在英、法、比、荷，人物富豪出自平民者多于贵族，故全国昌盛，民权亦盛行；在德国（包括奥地利）与意大利，贵族之富超过平民，故文化虽可观，但全国犹不免贫穷，因而君权胜于民权；俄国全为贵族之文明，人民全同奴隶，财物为上等人包揽，全国处于专制压迫之下，是以俄国之贸易不能自振，掌握于外国人之手，其利得为外国人所独占，观诸圣彼得堡之商店，触目皆大商号，但尽为日耳曼人所设。"④

总之，通过考察欧美先进国家的政教制度，日本政要已初步认识到是否实行立宪政治，是关系到国家兴衰盛亡的大问题，认为君主专制不可取而主张建立立宪政治。木户孝允说："各国事情虽有大小文鄙之差，然究其所以兴废存亡者，唯顾其政规典则之隆替得失如何。是以虽土壤广大，人民繁衍，若不能以政规典则约束之……则虽有富强文明之外貌，而国基衰颓，终至不得整顿……是以今日急务唯在于首先建立政规典则。"⑤ 大久保利通虽不赞成模仿欧洲各国的君民共治，但也主张根据日本国情制定"法宪典章"，"上定君权，下限民权，至公至正，君民不得而私……君民共议，以制定确乎不拔之国宪，万机取决于此，谓之根源律法，又谓之政规，即所谓政体，乃全国无上之特权"。⑥

从明治初到明治十年，日本翻译了大量的西欧法律书籍，其中，尤以宪法或宪法制度的介绍居多。1868 年，由津田真道（1829—1903）译述的《泰西国

① 升味准之辅．日本政治史：第一册［M］．董果良，译．北京：商务印书馆，1997：117.
② 大久保利謙．岩倉使節研究［M］．東京：宗高書房，1976：240.
③ 大久保利謙．岩倉使節研究［M］．東京：宗高書房，1976：240.
④ 升味准之辅．日本政治史：第一册［M］．董果良，译．北京：商务印书馆，1997：119.
⑤ 清水伸．明治憲法制定史：上卷［M］．東京：原書房，1971：159-161.
⑥ 清水伸．明治憲法制定史：上卷［M］．東京：原書房，1971：162.

法论》在日本刊行。① 这是日本历史上最早用日语译介的有关西方宪政法学理论的书籍。该书着重阐述了荷兰立宪君主制下"根本法律"（宪法）的基本精神，其中，既述及国民的基本权利与义务，指出"除非在纯粹无限君主之国，诸国国民大多参与国事以定政治方向。……这样的民权称为公权"；也述及西方国民平等原则，认为"一旦区分了国民品种上的区别，国民间就会互相隔绝，从而有害于相济相养之路，成为人文民智开达以及致国富的最大妨碍"；同时，还阐述了三权分立的基本原则，指出"三权（制法、行法、司法）本来都出自唯一君主，但因其方向相异因而作用也不同，而君主一人之职权又极其浩大，所以不得不分掌其业，而分业之事实乃行天下的通法"；司法权由"自立自治的法士"所掌，其他二权则由政府与"代民总会"（议会）分担，三权"自立"而又"并存"的关系造成"国内均衡之制"。②

1870—1874 年，在司法大臣江藤新平的支持下，由法学家箕作麟祥（1846—1897）翻译的《法兰西法律书》刑法、民法、宪法、民事诉讼法、商法等篇相继出版。这套律书几乎囊括了当时法国所有的成文法典，对于日本法制意识的开化及法制现代化建设具有示范意义。此外，明治初年日本学者还翻译了大量其他宪法方面的书籍。就其内容而言，大体有如下两类。

一是西方宪法典籍，如神田孝平翻译的《荷兰政典》、马屋原章翻译的《荷兰议员选举法》、林正明翻译的《英国宪法》《合众国宪法》、村田保翻译的《英国议院章程》、尾崎三良翻译的《英国成文宪法纂要》、藤井惟勉编译的《英美普法立宪政体一览表》、田中耕造翻译的《欧洲各国宪法》等。③

二是西方宪法思想论著，如中村正直译自穆勒的《自由之理》，永峰秀树译自穆勒的《代议政体》，服部德译自卢梭的《民约论》，佐藤觉四郎译自边沁的《宪法论纲》，尾崎三良译自奥菲斯·托德（Alpheus Todd）的《英国议院政治论》，岛田三郎、乘竹孝太郎译自厄斯金·梅（Thomas Erskine May）的《英国宪法史》，高桥达郎译自沃尔特·白芝浩（Walter Bagehot）的《英国宪法论》等。

值得注意的是，在译介西方宪法的同时，日本学者还借此阐述自己的立宪政治思想，代表人物是"明六社"成员。其中，以加藤弘之所著《立宪政体

---

① 津田真道曾求学于荷兰莱顿大学，他将丁西尼教授的授课内容整理成《泰西国法论》。

② 胡娟. 近代日本法治思想源流考 [D]. 上海：华东政法大学，2007：14—15.

③ 这部《欧洲各国宪法》包括西班牙宪法、瑞士联邦宪法、葡萄牙宪法、荷兰宪法、丹麦宪法、意大利宪法、德意志帝国宪法、奥地利宪法。

略》《真政大意》① 等最具代表性。(图7-2为加藤弘之像。)

图7-2 加藤弘之像②

《立宪政体略》比较深入地阐释了近代立宪政治理念，解说了立宪政体的优越性。其主要内容如下。

其一，分析了国家政体的基本形式，将政体分为君政与民政，前者包括君主擅制、君主专制、上下同治，后者包括贵族专制、万民共治。他认为，君政下的"上下同治"与民政下的"万民共治"是最理想的立宪政体，而君主擅制、君主专制、贵族专制则为不良政体。君主擅制是"蛮夷之政体，尤为可恶"，而君主专制和贵族专制"虽适合于人文未辟，多愚民之国，但随着开化，不得不废弃之"。因此，他力主采取立宪政体，制定光明正大、明确不变的国宪，还政于民，"国宪即治国之大宪法，载录所有政体制定之大纲。万机则依此而实行，虽然政府而不可变更"。

其二，根据三权分立理论，阐述了三大宪柄思想。所谓"三大宪柄"，一为立法权柄，二为施政权柄，三为司律权柄。他认为，在立宪国家中，立法权柄至为重要，而立宪权柄之运用则在议会（立法府）之设立。议会分上、下两院，上院由贵戚显族、教长、官吏、富商、豪农等组成，有的国家也允准平民成为上院官员；而下院成员皆从庶民中推选"代议士"（议员）任之，代表天下民众代议国事。施政权柄由政务诸局如外国事务局、国内事务局、国防事务局、刑狱事务局、会计事务局、殖民地（藩属地）事务局、教育事务局、百工事务局等所掌，负责实施议会所定诸项议案，既对国君负责，也对上、下两院负责。

① 这两篇文献皆载于植手通有 . 日本の名著：34 [M]. 東京：中央公論社，1972.
② 陈杰 . 明治维新：下 [M]. 西安：陕西人民出版社，2011：282.

司律权柄由"司律府"(法院)所掌,独立于立法、施政机关,司掌全国律法及州县一级的律法。

《立宪政体略》只是阐述了立宪的必要性与优越性,并未说明立宪政府的施政"真意"(目的),因此加藤弘之又作《真政大意》予以阐述。他认为,立宪政体下国家与臣民的关系是相互的权利与义务关系,而不是国家单方面对人民强加义务;也就是说,国家既有向臣民征取租税等权利,也有保护臣民生命、权利和私有等义务,而臣民则有共享天下之利、受政府保护等权利,以及缴纳租税等义务。因此,立宪政府之设立,其目的既不可只顾及国民的"生命、权利、私有"而不顾诸如教化伦理、风俗技艺、社会救济等事项,也不可一味强调管束国民而漠视其"生命、权利、私有",政府之职责不仅要以保护国民的"生命、权利、私有"为"主要事务",而且要对百姓日常事务认真操办。欲使国家和臣民的权利与义务相互协调、并行不悖,"最重要者为制定宪法。所谓宪法,乃是于政府与臣民之间及臣民相互之间,为使彼此能互相尽自己之本分,敬重他人之权利,并能保证各自之权利,不受他人之伤害,制定彼此诸业之规律也"。

西方立宪政治理论的引入,向日本民众展示了一幅全新的思想图景,给日本列岛带来了理性之光,从思维方式、价值观念到生活方式革新了日本,启发了民众的民主意识和参政意识,为自由民权运动的兴起准备了思想条件和理论依据。

2. 社会各阶层的政治要求

"明治专制政府在殖产兴业政策上是现代派,但在政治的民主化方面完全是保守派。"① 通过王政复古而建立的明治政府虽然"外形大有改观",在政举上也颇多创制,但论其实质仍旧是专制政府,"人民似乎得到些许权利,但其卑屈与不信任的态度与旧日无异"②,因此激起社会各阶层的强烈不满。

首先,明治维新后武士阶级严重分化,除少数武士占据政治要津、实行藩阀统治外,大部分武士或因派系斗争而被挤出政坛,心怀怨望,试图以自由平等相号召而改革政府;或因废藩置县、征兵制和秩禄处分等改革,被剥夺了政治、经济、军事特权,日趋分化没落,"一变成为穷民,再变成为暴民,比比皆

① 富永健一. 日本的现代化与社会变迁 [M]. 李国庆,等译. 北京:商务印书馆,2004:135.
② 慶應義塾. 福澤諭吉全集:第3卷 [M]. 東京:岩波書店,1959:50.

是"①，最终酿成历时 8 个月的企图推翻维新政府的西南士族叛乱，发挥了自由
民权运动的先驱作用②。

其次，在农业阶级中，地主对"政府以农村社会为牺牲而扶植商业金融巨
阀政策不满"，抗议之声不绝，"'自由民权'的最响亮呼声正是发自这个集
团"③；而以自耕农、佃农为主体的广大农民在维新改革中不但没有获得多少政
治权利，反而因地税改革、兵役改革、教育改革、币制改革而背负上沉重的经
济负担，纷纷起义抗争。明治政府农业顾问马叶特氏在《上山县伯爵书·序》
中曾对明治初年的农民状况做了概述："近年来，农民状况颇不令人满意。证诸
农民暴乱频仍，债务纠纷四起，一县之内农民破产及强制公卖之事达数百件之
多，以及农民成群结队向政府请愿，要求减租的种种情形，则民间困顿可
知。"④ 据统计，1873—1881 年，日本共发生农民暴动 305 次，仅 1873 年就发生
了 61 次。⑤

最后，小商业资本家因明治政府着重培植财阀资本和国家垄断资本而阻碍
自由资本的发展，"使他们成为'自由民权'和'营业自由'的积极斗士"。⑥

上述各阶级阶层的政治、经济利益虽然不尽相同，但在反对藩阀官僚专制，
要求自由民权权利方面是相同的，彼此同声相求，相互激荡，终至 19 世纪 70—
80 年代，引发了一场以要求开设国会、制定宪法、减轻地税、修改不平等条约、
确立地方自治为主要内容的群众性政治运动，史称"自由民权运动"。

二、自由民权运动的兴衰

自由民权运动发端于 1874 年爱国公党的成立，终结于 1887 年的大同团结运
动，历时达 14 年之久。

1874 年 1 月，因"征韩论"失败而下野的参议板垣退助、副岛种臣、江藤

---

① 沈才彬 . 日本自由民权运动的社会背景及其思想渊源 [J]. 历史教学，1983（5）：24-
28.

② 信夫清三郎 . 日本政治史：第 3 卷 [M]. 吕万和，译 . 上海：上海译文出版社，1988：
59.

③ 赫伯特 . 日本维新史 [M]. 姚曾廙，译 . 长春：吉林出版集团有限责任公司，2008：
149-150.

④ 赫伯特 . 日本维新史 [M]. 姚曾廙，译 . 长春：吉林出版集团有限责任公司，2008：
149.

⑤ 吴廷璆 . 日本史 [M]. 天津：南开大学出版社，1994：421.

⑥ 赫伯特 . 日本维新史 [M]. 姚曾廙，译 . 长春：吉林出版集团有限责任公司，2008：
152.

新平和后藤象二郎等组建了以宣扬天赋人权、振作日本国威为宗旨的爱国公党，自由民权运动由是揭幕。同月，板垣退助等又联名向政府递交《设立民选议院建议书》，不仅抨击了"有司专制"之弊，而且力主仿效西制，创立议院，"选东方民人之贤者，彼议政事以分官权"，以为拯救国家之道。① 这份由江藤新平主撰的《设立民选议院建议书》在日本的立宪史上具有重要意义。首先，它是日本历史上出现的首份明确呼吁人民具有参政权的建议书，使得"维护民权""反对专制"有了切实可行的手段保障；其次，它使人民选择人民代表进入立法机关的所谓"公议"方式得到了进一步的明确。因此，"此论一出，风靡天下，学者论客到处响应"。② 建议书虽被政府以"民智未开，计时未可"为由所拒，但由此引发了一场围绕民选议院设立时机是否成熟的激烈争论。（图7-3、图7-4分别为板垣退助像、江藤新平像。）

图7-3　板垣退助像③　　　　　图7-4　江藤新平像④

在自由民权之声的激荡下，日本各地"渐有结成政社者"，如土佐之立志社、阿波之自助社，互通气脉，"研钻西邦法学，而讲究民权自由之理"。⑤ 立志社由板垣退助和片冈健吉（1843—1903）、林有造（1842—1921）等创立，其"趣意书"鼓吹天赋人权思想，有曰："三千余万人民尽皆平等，无贵贱尊卑之别，应当享受其一定之权利，以保全生命，保持自主，勉励职业，增长福

————————————

① 萧鸿钧.日本明治维新小史［M］.东京：清国留学生会馆，1906：27.
② 萧鸿钧.日本明治维新小史［M］.东京：清国留学生会馆，1906：27.
③ 陈杰.明治维新：下［M］.西安：陕西人民出版社，2011：281.
④ 江藤新平.南白遗稿［M］.東京：博文館，1892：插图.
⑤ 大隈重信.日本开国五十年史：上册［M］.上海：上海社会科学院出版社，2007：232.

社。……此权利者，以威福不得夺之，以富贵不得压之。盖天以平均所赋予人民者。"① 1875 年 2 月，各地政治结社以立志社为中心在大阪组建了全国性的结社——"爱国社"，以采议院制度、"求立君定律之政府"相期，旋因政府压制而解散。与此同时，农民反对地税改革的斗争也风起云涌，要求设立地方民会的豪农豪商阶层（中小地主兼资本家）的运动也十分活跃，助长了自由民权运动的声势。

基于如此形势，为了安抚民心，明治政府于 1875 年 4 月 14 日以天皇名义发布了《渐次建立宪政体制诏书》，敕言"汝众民既不应拘泥于旧制，也不应操之过急，朕将逐步建立立宪政治体制，望汝等能体察朕旨意，并翼赞之"。同时，宣布改革官制，废止左、右两院，设元老院、大审院和地方官会议，"立宪政体之基础立"。自是民权自由之说益盛，而各地有言论、政谈、集会、结社等之流行。②（图 7-5 为立宪政体诏书。）

图 7-5　立宪政体诏书

其时，自由民权派相继创办了《评论新闻》《采风新闻》《近事评论》《草莽杂志》等报刊，鼓吹人权学说，阐发自由平等理论。而明治政府不仅于自由民主思想持压制态度，颁布了所谓"新闻纸条例、谗谤律、建白规则、集会条

① 板垣退助. 自由黨史［M］. 東京：青木書店，1955：130.
② 大隈重信. 日本开国五十年史：上册［M］. 上海：上海社会科学院出版社，2007：233.

例"等法规①，"以检束言论"；而且于如何立宪（渐进与急进）问题上论争不已，无甚举措。由是一则激起西乡隆盛举兵西南，二则促使板垣退助领导的立志社于 1877 年 6 月 9 日再次向政府提交了设立民选议院的建议书。建议书力责明治政府的八项弊政，提出了"开设国会""减轻地税""修改不平等条约"三大纲领，广泛吸引了社会各阶层，由是运动从少数士族知识分子的请愿建议活动扩展为全国请愿，但是明治政府以"镇压内乱有所不遑"为由拒绝了建议书。其时，又有元老院干事陆奥宗光、林有造、大江卓等计议举兵推倒政府而兴立宪政体之谋，事泄被捕。"政府专制之威益盛，立宪政体至是几不可成。"②（图7-6、图 7-7 分别为西乡隆盛像、陆奥宗光像。）

图 7-6　西乡隆盛像③　　　　图 7-7　陆奥宗光像④

　　但是，业已点燃的自由民权之火已难以遏止。据统计，截至 1881 年，整个日本共涌现出 600 多个民权团体。⑤ 1878 年 9 月，以立志社为中心组成的爱国社在大阪召开重建大会，其成员从士族扩大到豪农豪商，全国有 13 个县派代表参加，河野广中（1849—1923）等也于仙台召开东北七州大会，与之遥相呼应。

　　1879 年 11 月，爱国社又召开第二次大会，定请愿开设国会之议，分全国为十区，派委员游说。1880 年 3 月，爱国社召开了第三次全国代表大会，成立了

　　① 这些法规的基本内容：（1）凡欲议论政事、集会大众者，须先期三日禀请员警署批准；（2）凡结社之有关政治者，须得政府批准；（3）甲社与乙社不得互相联络，又不得彼此通信往来；（4）不许军人学生旁听政谈演说。（参见萧鸿钧.日本明治维新小史 [M].东京：清国留学生会馆，1906：35.）

　　② 大隈重信.日本开国五十年史：上册 [M].上海：上海社会科学院出版社，2007：234.

　　③ 佐佐木克.从幕末到明治 [M].孙晓宁，译.北京：北京联合出版公司，2017：158.

　　④ 陆奥宗光.日本侵略中国外交史 [M].龚德柏，译.商务印书馆，1929：插图 1.

　　⑤ 高洪.日本政党史论纲 [M].北京：中国社会科学出版社，2004：53.

国会期成同盟，并派代表河野广中（1849—1923）、片冈健吉向天皇提交开设国会的请愿书，要求国民参政，建立立宪政治和审议预算。"大会所决定愿望国会开设之议略出于十万人之请愿，比之全国人口虽少数，然当时人心之奋起、舆论之发畅，已显著矣！"① 请愿书虽遭明治政府拒斥，但国会期成同盟并未屈服，乃组织发动全国性请愿活动，签名请愿者达24万余人②。"各地请愿委员陆续相踵而上京，或到诸官衙，或历访诸大臣，政府不胜应接之烦"，仅在1880年，向元老院提出的建议书或请愿书就达85份。③

图7-8　伊藤博文像④

其时，明治政府内就成立国会问题，形成了以伊藤博文为首的渐进派与以大隈重信为首的急进派的对立。（图7-8为伊藤博文像。）1881年，北海道开拓使"放卖"官产事件发生⑤，"朝野皆不怿其处置，议论沸腾，而诸新闻纸皆驳击政府"，"维新以来，日本国人民不论智愚，群举而非议政府措施，未有甚于此时者也"。⑥ 参议大隈重信驳论尤力，谓"苟欲绝藩阀专横之根，莫若开设国会"，并提出如下动议：

第一，宜公布国议院开设之年月；

第二，宜察国人舆论，以任用政府显官；

第三，区别政党官与永久官；

第四，宜以宸裁制定宪法；

第五，宜定于明治十五年末选举议员，并于十六年首召开议院；

第六，宜定施政之主义；

第七，总论（其中谓"立宪之政即政党之政"）。⑦

---

① 大隈重信．日本开国五十年史：上册［M］．上海：上海社会科学院出版社，2007：235.

② 伊文成，马家骏．明治维新史［M］．沈阳：辽宁教育出版社，1987：581.

③ 升味准之辅．日本政治史：第一册［M］．董良果，译．北京：商务印书馆，1997：160.

④ 佐佐木克．从幕末到明治［M］．孙晓宁，译．北京：北京联合出版公司，2017：292.

⑤ 自1869年起，明治政府投资了1400万日元开拓北海道，萨摩出身的黑田清隆一直任开拓使长官。十年计划期满之际，黑田清隆拟以价格38万日元、无息30年付清的条件将公产卖给同乡五代友厚等的关西贸易商会。对此"国民谓无端贱售，中饱必多，若有议会，断不出此，舆论报章极力攻击，其最有力者《京滨每日新闻》《邮便报知新闻》《朝野新闻》等"。

⑥ 信夫清三郎．日本政治史：第2卷［M］．周启乾，译．上海：上海译文出版社，1988：110.

⑦ 今中次麿．日本政治史大纲［M］．孙筱默，译．上海：商务印书馆，1939：184.

这一动议震骇朝野，明治政府不得不采取对策。正如伊藤博文所说："国会论争问题早晚若不解决，则明治政府之艰难永无休止之日。"① 10月11日夜，明治天皇召开御前会议，罢"放卖"官产之议；翌日，又罢免大隈重信及其他大隈系官员，并发布《召开国会敕谕》，宣布："将于明治二十三年（1890）召议员，开国会，以成朕之初志。……若有故争躁急，煽事变以害国安者，应处以国典。"（图7-9为《召开国会敕谕》。）由是日本立宪政治由"议论时代"步入"预备时代"。大隈重信等被逐后，13名参议中，萨藩6人、长藩4人、土佐藩2人、肥前藩1人，萨、长藩阀政府地位得到进一步确立。此次政局变动史称"明治十四年政变"。

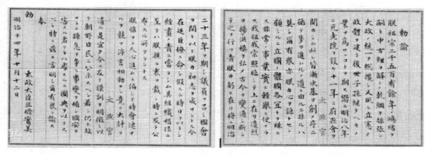

图7-9 《召开国会敕谕》

明治政府公布开设国会之预期，实际上是以退为进、先发制人之招。正如诏书的建议者井上毅（1844—1895）所说："此时不发此诏，则中间派将转化为急进派。发此诏敕，则各政党之向背立判。"② 事实果不其然，以《召开国会敕谕》为转折点，自由民权各派迅速分化，各种政党由是而生，其中，以板垣退助所统之自由党和大隈重信所统之立宪改进党影响最著。1881年10月，自由党成立，板垣退助任总理，中岛信行任副总理。其宗旨是扩充自由、保护民权、增进幸福、改良社会，致力于确立善美之立宪政体；其社会基础是士族、豪农、豪商阶层。日本之有政党自此始。

1882年3月，立宪改进党成立，大隈重信任总理，河野敏镰任副总理。其宗旨是"维护皇室之尊荣，保证人民之幸福"，其社会基础是都市的实业家和有识阶层。此外，福地源一郎、水野寅次郎也于此时组建立宪帝政党，主张主权在君。这个政党"实际上是以伊藤博文、井上馨、山田显义等要人为核心的宫廷高级人物，他们希望利用这个政党来为德意志型的国家主义作宣传并和其他

---

① 大津淳一郎. 大日本宪政史：第2卷 [M]. 東京：原書房，1969：454.
② 吕万和. 简明日本近代史 [M]. 天津：天津人民出版社，1984：92.

两党相抗衡"①，1883 年 9 月解散。

自由党与立宪改进党皆采用英国政党形式，其主义纲领虽无大的差别，然其首领之性格及党员之风气则大异。"板垣氏原为武人，执急进主义，其思想主纯理演绎。大隈氏抱文官派渐进主义，其头脑主实验归纳。自由党说天赋之自由平等，或倡一院立法论，间则欲用急激方法，以行政治之变革者。改进党则欲图多数人民之幸福，除少数专制之弊害，而渐伸张民众之选举权。"② 因此，1882—1884 年，自由党持"自由者不可无以血购之"之信念，多次组织了诸如"福岛事件""加波山事件""秩父事件""饭田事件"等对抗政府的群众性政治运动，以促迫政府立宪改革；而改进党则"始终以言论为武器，以温和方法挑政府，图诉于中流常识以成就改革"。③ 两党之政治志趣既已不同如此，其争端也由此而生，彼此诋诽敌视，攻讦不已，而政府也趁此时机以"强硬政略压迫政党"，使其难以生存。1884 年，自由党宣布解散，而大隈重信、河野敏镰亦皆脱其党籍，立宪改进党也名存实亡。自由民权运动转入低潮。

1886—1887 年，日本兴起了反对"井上修改条约案"运动，自由民权运动又借此活跃起来。1886 年 10 月，原自由党成员、改进党成员，以及其他党派人士握手言和，发起了大同团结运动，"日本诸政党一时同其目的而联合运动者是其嚆矢"。正如团结运动领袖后藤象二郎所言："今之时，不容兄弟反目。试观于大陆，俄国之西伯利铁路，不久将达满洲，蜿蜒万里，是实关系于东洋之安危存亡，天下之志士宜舍小异而取大同，以作一大团结，用势力于将开之国会，如专制政府可一蹴倒之耳。"④ 1887 年 10 月，高知县代表片冈健吉等向元老院提出了由植木枝盛等起草的建议书，提出减轻地税、改正条约和保障言论集会自由三大目标，全国各地闻风响应，数千人齐集东京示威。明治政府乃颁布"维新以来最具压制性"的《保安条例》，进行镇压，运动遭受重创。其后大隈重信、后藤象二郎等领导人物相继入阁，大同团结同盟因失去中心而分裂为大同俱乐部和大同协和会，自由民权运动随之结束。

自由民权运动虽未实现预期政治愿望，但它宣传了立宪思想，培育了以自由独立精神与社会责任感为核心的公民政治理性，催生现代政党制度，推进了君主立宪政体的进程，具有一定的进步意义。尽管自由民权运动最终只是一场

---

① 赫伯特．日本维新史［M］．姚曾廙，译．长春：吉林出版集团有限责任公司，2008：156.
② 大隈重信．日本开国五十年史：上册［M］．上海：上海社会科学院出版社，2007：239.
③ 大隈重信．日本开国五十年史：上册［M］．上海：上海社会科学院出版社，2007：241.
④ 大隈重信．日本开国五十年史：上册［M］．上海：上海社会科学院出版社，2007：243.

"早熟的资产阶级民主主义运动"①，但绝不能因此而忽视它对明治宪法形成产生的影响。处于"非主流地位"的民权运动与处在"主流地位"的政府立宪意图之间实际上结成了"相反相成的作用关系"②，民权运动的发展迫使政府加快了将立宪设想变成现实的步伐，大规模群众运动也使明治政府不敢忽视普通民众的政治要求，给国民以极有限度的基本人权。"明治立宪体制如果没有历时十几年的自由民权运动，是不可能建立的。"③

第二节　立宪方案的选择

　　自由民权运动推动了日本立宪政治建设的进程，但"就政府的立宪设想本身而言，它并不是民权活动的产物，而是有他自身的形成和发展过程"。④ 早在自由民权运动兴起之前，明治政府就已明确表示要制定宪法，实行立宪政治的意图。明治元年颁布的维新纲领《五条誓文》将"广兴会议，万机决于公论"置于文首；同年颁布的维新"组织法"《政体书》又重申"公议舆论""登用人才"政策，表示要建立立法、司法、行政三权并立的政治体制。此后，这一思路随着明治政权的建设和巩固而逐步清晰与明确起来。（图7-10为《五条誓文》。）

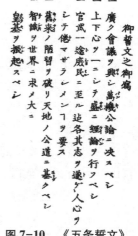

图7-10　《五条誓文》

　　1870年，江藤新平上书《会际会议议案》，建议引入立宪制，制定宪法，创立议院。⑤ 1872年，左院少议官宫岛诚一郎（1867—1943）也先后上书《立国宪议》和"设立下议院"建议书，力倡尽早制定宪法，仿照西洋设立下议院，"召集全国代议士，代表人民共议国政"⑥，建立君民共治体制。他指出："国宪立，则民法随定；国宪民法定，而后刑法始设。是以方今立国宪之

---

①　远山茂树. 日本近现代史：第一卷［M］. 邹有恒，译. 北京：商务印书馆，1992：69.
②　武寅. 近代日本政治体制研究［M］. 北京：中国社会科学出版社，1997：65.
③　松永昌山. 中江兆民と植木枝盛［M］. 東京：清水書院，1972：11.
④　武寅. 近代日本政治体制研究［M］. 北京：中国社会科学出版社，1997：65.
⑤　江村栄一. 近代日本思想大系：9［M］. 東京：岩波書店，1989：49-51.
⑥　江村栄一. 近代日本思想大系：9［M］. 東京：岩波書店，1989：52.

议尤为急务。"① 随后明治政府命左院就开设国会制宪一事展开调查研究，但旋因征韩问题而引发政争，国会之议暂搁一边，直到自由民权运动兴起，立宪问题才旧事重提。

在自由民权运动"自下而上"的推动下，明治政府先于 1875 年 4 月发布《渐次建立宪政体之诏书》，宣布设元老院以广立法之源，召开地方官会议以广公议，设置大审院加强法制，渐次建立国家的立宪政体；后于 1881 年发布《召开国会敕谕》，明确提出将以 1890 年为期，召集议员，开设国会，公布宪法。但是，制定一部什么样的宪法以及何时制宪，日本朝野上下认识不一，论争不已。概言之，当时日本的立宪论争主要集中在两个方面：制宪时机的选择和宪政模式的选择。

一、制宪时机的选择

明治维新后，随着立宪思想的传播，日本朝野上下虽然对立宪逐步认同，但在立宪时机的选择上则大有分歧。自 1874 年 1 月自由民权代表提交《设立民选议院建议书》后，围绕是否立即开设民选议院问题，日本展开了"时机尚早"论与"实时开设"论之间的论战。

以自由党骨干板垣退助、江藤新平、植木枝盛、大井宪太郎等为代表持"急进"态度，主张"实时开设"议院。其思想集中体现在《设立民选议院建议书》中。建议书一方面批判了有司专制的政治现状，认为"方今政权之所在，上不在帝室，下不在人民，而独归有司。夫有司非不曰上尊帝室，然而帝室渐失尊荣，非不曰下保人民，然而政令百端，朝出暮改，政刑成于私情，赏罚出于爱憎，言路窒蔽，困苦无告。……乃探求拯救之道，……惟在设立民选议院而已"。② 另一方面驳斥了大久保利通、木户孝允等提出的"时机尚早论及其立足的愚民论"，把开设议会作为促使人民文明开化的契机，而不是把人民的文明开化作为开设议会的前提。建议书指出："欲使我人民学而且智，速达开明境地之道，应先保护其普遍权利，使之产生自尊自重，与天下共忧乐之气质；欲使其产生自尊自重，与天下共忧乐之气质，则在于使之参与天下之事。"③

河野广中、片冈健吉在《允许开设国会的请愿书》中也阐述了广开参政之途和开设国会的必要性："全国要政治统一，就必须使国民同其利害，一其心

---

① 明治文化研究会. 明治文化全集：第 4 卷［M］. 東京：日本評論社，1992：345.
② 大久保利謙. 近代史史料［M］. 東京：吉川弘文館，1975：145-147.
③ 大久保利謙. 近代史史料［M］. 東京：吉川弘文館，1975：428-429.

志，共爱其国。而使国民同其利害，一其心志，共爱一国之道，惟有开始国会而已。"①为了实现"实时开设"国会之愿，自由党多次组织开设国会请愿运动，甚至不惜流血牺牲而组织反政府政治运动，以促迫政府立宪改革。

西村茂树等批驳"时机尚早"论，主张模仿英国的议会制度，指出"当时英国的政治状况还不如日本，但却兴起了贵族会议，选出民选议员，并于1300年初制定议院之制，终成连绵至今日、冠绝于世的良法。国家的富强、人民的开化多借助于议院制。所以，近日在本邦设立议院，愚唯患其晚"。②

以大久保利通、木户孝允、伊藤博文等政府要员、立宪改进党成员和"明六社"成员为代表持"渐进"态度，提出"时机尚早"论。木户孝允早在1871年的一份建议书中就指出，"夫开设下院尤为开化政体之善举，但现今若由我国

图7-11　木户孝允像③

民尚不辨时势如何、事理如何者选举代表，采用其决议，作为国民之舆论，从之推行政治，对实务之可否果如何耶?! 按今日之实际，轻率开设之，非统一政途之策也"，"倘若不顾实际得失当否，遽然变革政体制度，徒据名称，而欲一旦施行其新政新法者，大概会增加其弊害而不见其利益"。④大久保利通同样在肯定民主政治"乃天下不为一人之私，而广谋国家之宏益，普遍实现人民之自由，不失法政之旨，不悖酋长之责，实充分具备天理之本然者"之后，又指出民主政治"宜施行于创立之国、新迁之民"，而不适用于当前日本的"熏染旧习、固执陋习之国民"，君主专制才是"一时适用之最佳统治"。⑤1880年，天皇向众参议征询立宪意见时，黑田清隆（1840—1900）提出《开设国会尚早意见案》。伊藤博文也指出，"开国会以达成君民共治之大局，虽甚为企望，但'君民共治'关系到变更国体"，"决不可操之过急"。⑥（图7-11为木户孝允像。）

①　板垣退助. 自由黨史：上［M］. 東京：青木書店，1955：286.
②　明治文化研究会. 明治文化全集：第4卷［M］. 東京：日本評論社，1992：413.
③　佐佐木克. 从幕末到明治［M］. 孙晓宁，译. 北京：北京联合出版公司，2017：158.
④　日本史籍協会. 木戶孝允文書：8［M］. 東京：東京大学出版会，1986：54-55.
⑤　日本史籍協会. 木戶孝允文書：5［M］. 東京：東京大学出版会，1983：183.
⑥　信夫清三郎. 日本政治史：第3卷［M］. 吕万和，译. 上海：上海译文出版社，1988：102.

作为思想启蒙运动担当者的"明六社"成员，虽然对"洋制"的核心"立宪"思想的宣传不遗余力，然而当"改制"行将步入实施程序时，身系学问与仕途的他们却立刻成为政府的代言人。因此，当副岛种臣、江藤新平等提出设立民选议院论时，"明六社"成员大多在理论上肯定"议会制"的同时，实践上选择了"渐进"推行议会制的立场，并对设立民选议院的建议进行尖锐的批评。如中村正直（1832—1891）在《改造人民性质说》一文中指出"戊辰以后装人民的器物（政体）与昔时相比形状已有很大的改善，然而人民还是以前的人民，他们依旧奴隶根性，骄下媚上，文盲遍地，酒色之奴，不好读书，不知天理，不省职分，智识浅短，肚量偏小"，因而不可遽设民选议院，比较明智的选择是先设立官选议院作为从封建制度向民选议院转换的"桥梁"。

加藤弘之早在《真政大意》中就已明确指出："立宪政体乃理想国家维系方式，开化文明尚不发达诸国，一举而实立宪政体，乃危机书生之见。宜先取专制政体，臣民之权利亦自须限制。若骤变政体，赐臣民以十分自由之权利，反将大害于治安，故决不做此迂阔之事。唯以逐渐启迪人民知识，渐变政体宪法为其方策。"1875 年，又在《国体新论》中强调说，"立宪政体虽如此良正善美，但认为可以之适用于方今世界万国，乃极大之谬见也"，"若非粗辨事理、通达人情之国家，此政体决不可用。若在开明尚未达此种程度之国家采用此政体，因人民选择自己代理人之知识甚贫，决不能选择至当之人物固不待论，被选择之代理人之公论亦随之愚顽不可取。势至如此，不仅对国家决无益，或有产生大害之虞"。

在对普鲁士 18 世纪的腓特烈大帝的评价中，加藤弘之表明了自己渐进主义的政治变革原则，他说，"（腓特烈大帝）既不欲特意废除专制而改行立宪政体，亦未大赐臣民以自由权利，唯云渐趋良方，逐步改革，此乃善知时势之故也。彼知其时普鲁士之开化文明向前，若骤变政体，反将大害于治安。故决不作此迂阔之事，唯以逐渐启迪人民之知识，渐变政体宪法为其方策。此实为执政柄者所不可忘记者也"。[①]

著名报人福地源一郎（1841—1906）亦主张渐进民主，有谓"余屡屡见闻欧美实况，得知民主主义之利弊如何；得知如代议政体、如政党政治常常利害相伴；得知政治上急激之革新并不利于国民幸福；得知借自由之语也可以实行如何之暴戾之恐惧。从余担任《东京日日新闻》主笔起，实以执行渐进主义，

---

①　信夫清三郎．日本政治史：第 2 卷［M］．周启乾，译．上海：上海译文出版社，1988：280．

反对急激之革新说"。①

再如阪谷素所著《民选议院变则论》、西周所著《网罗议院之说》等文章也都表达了同样的旨趣。中江兆民说："所谓国会，非一朝一夕可设，为什么这样说呢？因为财谷、租赋、法律、宪令、海陆军制、同邻国的交往等所有国家大事皆取决于国会。因此，议员一定要学识渊博而又练达时务。岂是矫妄诡激之徒，摇唇鼓舌，图一时之快者，所能辩哉！"②

在"急进"与"渐进"的论争中，"渐进"派因获得政要支持而处于上风，"急进"派虽然处于下风，但由其推动的自由民权运动给政府造成压力，《渐次建立宪政体制诏书》由是而得以颁布。然而，无论是"渐进"论者的立宪主张，还是明治政府的立宪诏书，最初并无明确的时间表，或表示"绝非一朝一夕可以完成"，或表示"尚需岁月"，甚至有感于英国实现议会政治"花费了数百年光阴，倾注了几多注意"，因而自戒绝不能"一时急进而事后遗悔"。因此，所谓"渐进"，"并不是一个有着明确内容和实际措施的具体计划，而只是政府领导层对立宪政治的一种模糊的、不稳定的、从对现实政治的估价出发而形成的大体共识"。③

正值进退两难之时，因国会期成同盟请愿运动的推动，政府感到如继续争执下去，"则会失去收揽人心的效果，而且也是失策"④，因此不得不在设立国会时限问题上明确表态。参议伊藤博文说，盱衡形势，"开设国会成就君民共治之大局，已是众望所归"，应以"圣裁"昭示天下方向，确立渐进主义立宪路线。⑤ 参议井上馨说，明治维新以来实行的殖产兴业政策已宣告失败，欲扭转政府财政恶化的局面，须"顺应舆论之所向开设国会，以使政府的组织一新，确立政府之所据"，"认为世人的知识迟迟不进、人民幼稚、开设国会尚早等怨言，其实是迂腐之论。今日之人民已非（明治）六、七年之人民，而人民舆论之所向早已敢于冒犯权威，故不可逆舆论而行"。⑥

一向"稳重"的大隈重信更明确提出应于明治十六年开设国会，说："苟欲绝藩阀专横之根，莫若开设国会，断断然决行之，与民间舆论相应。"⑦ 右大臣

---

① 明治文化研究会. 明治文化全集：第 18 卷 [M]. 東京：日本評論社，1992：8-9.

② 嘉治隆一. 兆民選集 [M]. 東京：岩波文庫，1949：91.

③ 武寅. 论明治宪法体制的形成背景 [J]. 日本问题研究，1995（1）：33-40.

④ 升味准之辅. 日本政治史：第一册 [M]. 董果良，译. 北京：商务印书馆，1997：206.

⑤ 春畝公追頌会. 伊藤博文傳：中卷 [M]. 東京：原書房，1940：194-199.

⑥ 升味准之辅. 日本政治史：第一册 [M]. 董果良，译. 北京：商务印书馆，1997：198.

⑦ 大隈重信. 日本开国五十年史：上册 [M]. 上海：上海社会科学院出版社，2007：236.

岩仓具视说："国会论日益盛行，如再拖下去，皇室的安危亦难逆料。三大臣（大隈、伊藤、井上）约定，应根据国体迅速制定宪法。"①

于是，明治政府于1881年10月12日发布了《召开国会敕谕》，"以明治二十三年为期，召集议员，开设国会"。这是政府第一次为立宪政治的实行确定具体的时间表。这一时间表显然并不符合政府"渐进"的本意，它是在形势逼迫下匆忙确定下来的。

将开设国会日期定在10年之后，时间不算太短，仍可以称为"渐进"，但实际上确定10年为限也不是政府的原意，更不是政府认为这段时间已足够完成立宪的各种准备工作，包括教育国民，健全法制，完善机构等，而只是可供政府选择的一个最短时限。如果选择更长的时间，则不但眼前形势不允许，而且唯恐"10年之后，老去少长，渐成最强之势，掀翼一起，天下之变，未可测也"。② 多方权衡之后，感到"我国宪法设立之期，方逼于10年之间矣"。③ 因此，虽然也有人提出12年甚至更强硬的态度，但是最终还是决定以10年为期，随之多项立宪作业逐步启动。

二、立宪政治模式的选择

在探讨立宪时机问题的同时，日本朝野上下对立宪政治模式问题也展开思考，或以主权在民论为依据主张采取英法模式，或以主权在君论为依据主张普鲁士模式，论争不已。

以江藤新平、板垣退助及部分民权思想家为代表，主张采取英法模式。江藤新平曾在明治初年主持司法工作，对于充溢着自由、平等、博爱精神的法国民法典情有独钟，特命箕作麟祥翻译《法兰西法律书》。1871年，明治政府命令江藤新平拟订《官政改革案》。借此机会，他主张引入英国的议会制度，设立上议院、下议院，其中，上院由华族构成，下院由士族、平民构成：由上议院决定和战问题，下议院决定国费、国债等财政问题。④

明治初年，民权理论家多主张选择英法模式。福泽谕吉认为，英国政治制度最为优良，"能够开辟新的政治世界，适合实事，维持国家安全"，并且"现在和将来都适合人类进步的"只能是英国的制度。⑤ 他在对英、美两国的国会

①　升味准之辅.日本政治史：第一册［M］.董果良，译.北京：商务印书馆，1997：198.
②　大久保利谦.大久保利谦歴史著作集：第2卷［M］.東京：吉川弘文館，1986：330.
③　大久保利谦.大久保利谦歴史著作集：第2卷［M］.東京：吉川弘文館，1986：330.
④　鈴木鶴子.江藤新平と明治維新［M］.東京：朝日新聞社，1989：170.
⑤　慶應義塾.福沢諭吉全集：第5卷［M］.東京：岩波書店，1969：86.

进行比较后指出："在我国开设国会时，若要从西方国家中选择一个模仿的对象，我认为仿效英国最为便利。"① 他认为，英国两大政党交替执掌政权是理想的政权运营模式，因此最适合日本的模式是英国的议会内阁制。小室信夫、古泽滋等指出："（英国）达到今天之繁荣富强的原因，就在于其议会制度发挥了作用。所以，法国革命以来，欧洲各国（俄国除外）均以法国为鉴，接受其教训，模仿英国的国会制度，设立议院。这是其达到今日文明富强的根源。"②

小野梓根据英国思想家穆勒、斯宾塞等的思想写成《国权泛论》，阐述了君民共治理念，介绍了英国的宪法及议会内阁制度，并希望日本据此构建日本立宪体制。他指出："如果国王的意见与国会的意见不一而不能调停时，就解散议会，重新改选，以此来观察结果如何，这样对内阁有利，国王则不予制可；如果不利，则内阁辞职，反对党取而代之，国王采纳其奏言，予以制可。这样便于由政党组织内阁，与民共同治理国家的制度自然产生。这大概就是英国制度的尽善之处。"③

自由民权左派思想家植木枝盛以天赋人权的自由平等思想论证参议政治的合理性，主张"民为国本"，制定主权在民的国约宪法。他指出："这里所说的宪法，也叫作国宪根本法律，是国家最大的基本原则，先由人民与君主共同协商，规定君主有多少权利义务，人民有多少权利义务，明记其大要。至于一切政治方针，均要制定纲要，无论国王、政府都要遵循，视为自己应尽之职分，不能任意更改。"⑤（图7-12为植木枝盛像。）中江兆民积极介绍法国大革命时的政治思想，在《三醉人经纶问答》中借"醉人"之口抨击了君主专制制度和君主立宪制度的弊端，颂扬了民主制度的优越，认为

图7-12　植木枝盛像④

① 慶應義塾．福沢諭吉全集：第5卷［M］．東京：岩波書店，1969：42.
② 明治文化研究会．明治文化全集：第4卷［M］．東京：日本評論社，1992：376.
③ 早稻田大学大学史编集所．小野梓全集：第1卷［M］．東京：早稻田大学出版部，1978：334.
④ 家永三郎．植木枝盛的生平及思想［M］．马斌，童轲，张庭兰，译．北京：商务印书馆，1958：插图1.
⑤ 家永三郎．植木枝盛选集［M］．東京：岩波書店，1974：32.

君主专制下的人民如同没有思想的酒囊饭袋，君主立宪制不过是将君主专制的弊端"改了一半"，"在平等大义上，终究不免有所欠缺"，唯有民主制像"光明磊落，胸中没有半点尘污"的天使一般。

以岩仓具视、木户孝允、大久保利通、伊藤博文，以及加藤弘之、井上毅等政府要员、宪政理论家为代表，主张采取普鲁士模式。早在岩仓使团考察欧美时，便对英法无甚好感，如使团成员久米邦武说，"考察英国，使我所受之感触，亦不甚亲切。……其内部的政治、国民的景况，尚不见对我有紧要之处"①，"法国难以保持人心的协和，80年间六变国制"②；而对普鲁士则觉得有参考价值，其"有酷似日本之处，研究普鲁士之政治、风俗，比研究英、法更为有益"③，因此对普鲁士从"小国"走向"大国"的道路亦颇感兴趣。

使团归国后，木户孝允提出《制定政规典则意见书》，大久保利通提出《制定宪法建议书》。木户孝允在其意见书中将国家分为两类：一是"文明之国"，二是"未达到文明化之国"，认为两者所定宪法应有所不同，前者"虽有君主，但不专擅其制"，后者则"不得不由君主英断"。大久保利通在其建议书中指出，世界各国政体分为三种类型，即"民主政体""君主政体"和"君民共治之制"，民主政体符合"天理之本然"，可以在美国、瑞士的国民中实行，但对于惯于旧习，固守宿弊的国民则不适用。日本现在可以"保持君主专制之本"，但随着文明开化，将来应实行"君民共主之制"。所谓"君民共主之制"，就是"上定君权，下限民权，至公至正，君民不得而私"。大久保利通还说："不能简单模仿欧洲各国的君民共治之制，当按照我国皇统一系的典例和人民的开化程度，斟酌其得失利弊制法宪典章。"

使团成员伊藤博文也认为，"所谓宪法，非云如英吉利式使一切人民均有参与政治之权利，亦即君之权力止于此，人民之参政权也止于此"，各国之宪法"应由本国之历史所决定"，"宪法政治未必就是意大利式或英吉利式；宪法之精髓，首先以日本历史为本"。④

总之，岩仓使团成员在观察思考所访国家中哪个国家的政治体制比较适合日本时，总体印象是"尤为可取者，当以普鲁士为第一"。⑤

加藤弘之和井上毅是德式立宪派最重要的两位理论家。加藤弘之最初是一

---

① 米久邦武．米欧回览实记：第2卷［M］．東京：岩波書店，1980：384-385.
② 米久邦武．米欧回览实记：第2卷［M］．東京：岩波書店，1980：23.
③ 米久邦武．米欧回览实记：第3卷［M］．東京：岩波書店，1980：298.
④ 金子堅太郎．日本憲法制定之由來［J］．史学雜誌，1910（22）：10.
⑤ 芳賀徹．明治維新と日本人［M］．東京：講談社，1980：226.

位颇具自由主义色彩的启蒙思想家，但自 1873 年阅读并且翻译了伯伦知理的《国法泛论》后，其思想发生"变节"，开始鼓吹德式立宪政治，主张把日本建设"成为弗里德里希大帝领导下的普鲁士那般的启蒙专政国家"。其所著《人权新说》不仅以达尔文的进化论为理论根据，否定了天赋人权论和人人生而平等论，指责卢梭是"自古以来未曾有过的妄想论者"；而且反对普选制度，将人类的权利定位于"优胜劣汰的产物"，认为个人的权利应该由国家大权（皇权）的掌握者给予保护，即强调"统治权"高于民众的"权利"。井上毅精于法、德两国法律，早在 1873 年出访柏林后，他就已萌发引进德国宪制的意念，认为"后进性"的日本若采取"急进"的法国法制度，将不可避免地出现法国式的动荡，而如果采取"渐进"的德国法制度，不仅在近代化的路途中有章可循，而且由于日本国情与德国的相类似，在接受法制的过程中即使有不适应，也能将这种不适应控制在一个比较小的范围内。①

　　1881 年，当自由民权运动持续高涨时，井上毅连续向岩仓具视、伊藤博文等提交了《意见第一》《意见第二》《意见第三》《钦定宪法考》等多份"意见书"，全面阐述了采用德式宪制的理由。《意见第一》比较了英国宪制与普鲁士宪制，认为与其模仿英国宪制推进"急进"的改革，不如模仿普鲁士采取"渐进"的路线，即使遇到挫折也有调旋的余地。②《意见第二》力陈英国式内阁连带责任制之"弊"，主张实行"内阁执政的选任权归属于天子而非受国会左右"的君权主义至上制度，以保证君主的绝对权威性。③《意见第三》批判了当时由元老院拟订的《日本国宪案》和交询社的私拟宪法案中体现的英式宪制理念，继续阐述所谓模仿德式宪制的可行性与合理性。至于《钦定宪法考》一文，则着重考察了西方各国的制宪形式，认为无论是欧洲中世纪的"所谓代议士议定的宪法"，如英国的《大宪章》，还是欧洲近代"国约宪法"，如法国的"1791 年宪法"，均难说真正体现了民意，代表了民主，其目的仍在以学术形式反对英法宪制。④

　　1880—1881 年，随着自由民权运动的高涨，日本朝野各界纷纷提出立宪草案。据统计，当时提出的私拟宪法草案共有 50 多种⑤。在民间各社会团体和个人私拟的各色宪法草案中，爱国社植木枝盛起草的《日本国国宪案》、福地源一

---

① 参见石村修. 明治宪法·その独逸との隔た [M]. 東京：専修大学出版局，1999：64，65.
② 稲田正次. 明治宪法成立史：上卷 [M]. 東京：有斐閣，1960：474-476.
③ 稲田正次. 明治宪法成立史：上卷 [M]. 東京：有斐閣，1960：477-478.
④ 稲田正次. 明治宪法成立史：上卷 [M]. 東京：有斐閣，1960：481-483.
⑤ 肖传国. 近代西方文化与日本明治宪法 [M]. 北京：社会科学文献出版社，2007：44.

郎起草的《国宪意见》、交询社的《私拟宪法》、都市民权派的《嘤鸣社宪法草案》、地方民权派千叶卓三郎提出的《日本帝国宪法》最具代表性。这几部私拟宪法虽在国民权利、国会职权、三权分立、选举制度等方面的规定有所差异，但均主张建立英美式政制，一定程度体现了"主权在民"的政治原则，特别是《日本国国宪案》最具民主主义思想内容，被誉为"自由民权派宪法的顶点"。遗憾的是，这几部宪法草案并不为明治政府所认可，其蕴含的"主权在民"构想终被湮没了。

在明治政府内部，1879—1881 年，元老院、诸参议也先后提出立宪方案和意见，形成以大隈重信为代表的英式立宪派与以井上馨、伊藤博文为代表的普式立宪派之间的对立。

先是 1876 年，元老院奉命起草宪法草案——《日本国宪案》。1877 年完成第一次草案，1878 年完成第二次草案，但因岩仓具视反对"非根据法律不得征收租税"之条，未得通过。随后再经修改定案，于 1880 年由大木乔任（1832—1899）议长上呈给天皇。由于《日本国宪案》的主导思想基本上属于英国系统，其中规定"天皇发誓遵守国宪"，皇室预算由议会表决，天皇、元老院及代议士院共同行使立法之权，赋予议会以较大的权限，与"王政复古"的集权主义思路和路线相抵触，因而遭到岩仓具视和伊藤博文等极力反对。岩仓具视认为"国宪案""与国体不符"①。伊藤博文认为，它照搬了英国制度，指出："余熟读之后，觉得（国宪案）只不过照抄照搬欧洲各国宪法，丝毫没有顾及我国的国体和人情，单纯热衷于模仿欧洲之制度，究竟将来治安利害如何，未予考究。以如此浅薄之见，容易改变国体，觉得实不相符，忧虑至极。"② 对元老院"国宪案"的否定，是日本制宪过程中对英国式制宪思想的第一次正式否定，是制宪思想的重要转变。

至各参议所提意见书，黑田清隆最为保守，认为开设国会"时机尚早"③，民权派所谓"立宪、民主"只是皮毛之论。伊藤博文、井上馨虽对民约宪法予以憧憬，但认为就日本"今日的形势和进步的程度而言，如果不是钦定宪法将难以治理国家"。④ 大隈重信最"急进"，其立宪意见书的要点是第一，采用英国的议会内阁制，根据议会的多数来决定内阁的进退；第二，模仿英国的政务官和事务官制度，将政府官员分为政党官和永久官，以保持政策的连续性，避

①　多田好問．岩倉公実記：下卷［M］．東京：原書房，1968：652.
②　春畝公追頌会．伊藤博文傳：中卷［M］．東京：原書房，1940：189.
③　多田好問．岩倉公実記：下卷［M］．東京：原書房，1968：665.
④　肖传国．近代西方文化与日本明治宪法［M］．北京：社会科学文献出版社，2007：97.

免造成混乱；第三，尽早开设国会。

大隈意见书一经提出，便在众参议中引起轩然大波。伊藤博文在给岩仓具视的信中写道："大隈的意见书实乃意外之急进论，博文甚为鲁钝，不能随从骥尾。"① 后又当面指责大隈说："前几天看到福泽的国宪私见'私拟宪法案'，与君之建议一样"，"君居参议要职，却充当福泽之类的代理人，实在可笑"。②

井上馨在给伊藤博文的信中这样写道："今日的洋学者以学英、法之学居多，所以认为英制最好，而不知其不可移于他处的理由。福泽等亦然。故愚以为，赶快学习德国之法以定我国的宪法，乃当今不可失的良机。"③ 黑田清隆致函寺岛宗则说："自大印（大隈）建议之后，越发隐然为三菱公司后盾，以福泽谕吉为顾问，并里通后藤象二郎、板垣退助、副岛种臣，或以心怀不平的民权论者为心腹，对太政官及其他各省府县则报以私恩，收揽人心，愚以为此乃大施奸计之最妙手段也。"他强调说，大隈勾结福泽谕吉与三菱，进而拉拢"民权论者"，蓄谋奸计。④

为了对抗大隈的意见书，岩仓具视于 1881 年 7 月提交并发布了由太政官大书记官井上毅草拟的《大纲领》。《大纲领》采用德式宪法逻辑，取钦定宪法主义，设计了一套旨在保证天皇握有统率陆海军、任免文武重臣、召开和解散议会等统治大权的宪法大纲，其内容大多为后来的明治宪法及其附属法令所采纳。这是井上毅在来日顾问德国专家罗埃斯勒（Hermann Roesler, 1834—1894）的协助下制定的颇具德式宪法味道的宪法性纲领文件，标志着排斥英国式议会内阁制、模拟德意志宪法制定君权至上宪法这一指导思想的最终完成。

《大纲领》既出，伊藤博文、井上馨等便决定联手将大隈逐出政府。1881年 7 月末，明治天皇前往东北、北海道巡行。归京前，除大隈、大木之外，7 名参议联合岩仓具视等三大臣委托井上毅起草了由他们联署的立宪意见书，并提请天皇"圣断"。由是引发"明治十四年政变"，大隈倡导的英国式制宪思想遭到排斥，而岩仓具视和伊藤博文主张的德意志式君主主义这一制宪指导思想被完全确立下来。

① 信夫清三郎 . 日本政治史：第 3 卷 [M]. 吕万和，译 . 上海：上海译文出版社，1988：107.
② 信夫清三郎 . 日本政治史：第 3 卷 [M]. 吕万和，译 . 上海：上海译文出版社，1988：107.
③ 升味准之辅 . 日本政治史：第一册 [M]. 董果良，译 . 上海：商务印书馆，1997：202.
④ 信夫清三郎 . 日本政治史：第 3 卷 [M]. 吕万和，译 . 上海：上海译文出版社，1988：110.

第三节　宪法的制定与议会的开设

一、明治宪法的制定

宪政模式既已确立，制宪便进入实施程序。1882 年 3 月，明治政府遣派以伊藤博文为首的宪法调查团前往欧洲考察，其意图不仅在"观察各国宪法之异同，且精究其运用之实情，兼溥闻诸大家之意见及名士之学说"①，以便编纂日本宪法。由于事先已决定采用德式宪法，伊藤博文一行的考察重点自然放在德国。明治宪法基本是以 1850 年《普鲁士宪法》和 1871 年《德意志帝国宪法》为蓝本的。

1883 年 8 月，伊藤博文"辑搜必要之资料而还日本"，形成如下修宪思想："我日本帝国以 2500 年的历史为根本，以 2500 年的国体为基础，吸收世界上通用的立宪政治即议会政治的一部分——只符合日本国体和日本历史的部分，以保全 2500 年的君权即天皇陛下的统治权，不变更国体，不割断历史，但却能加入欧洲宪法国的行列。"②

1884 年 3 月，经伊藤博文的建议，明治政府成立了制度取调局，专门负责秘密起草宪法。伊藤博文任长官，井上毅、伊东巳代治、荒川邦藏、金子坚太郎、山伊三郎、小中村清矩等为成员。

在修宪的同时，明治政府又进行了政治体制改革，即于 1885 年 12 月废止了实行 17 年之久的太政官制度，仿效西方建立内阁制度。内阁由总理大臣和国务大臣组成，直接隶属于天皇，伊藤博文出任首任内阁总理大臣。此举先于宪法的颁布和国会的开设，在程序上虽然有悖于民主，但毕竟也算是向立宪政体过渡的一项重要措施。

1888 年 4 月，"定本宪法草案"完成。经过枢密院、内阁的审议，最终于 1889 年 2 月 11 日通过天皇向黑田清隆首相亲手递交的方式向国民发布，即所谓"钦定宪法"。2 月 11 日为日本第一代天皇神武天皇登基纪念日③，明治宪法选定此日颁布，意在表明"新宪法完全建立在日本文化的基础上，由上天通过天

---

① 大隈重信. 日本开国五十年史：上册 ［M］. 上海：上海社会科学院出版社，2007：89.
② 肖传国. 近代西方文化与日本明治宪法 ［M］. 北京：社会科学文献出版社，2007：139.
③ 神武天皇的登基日为公元前 660 年 2 月 11 日，此日为日本"建国纪念之日"。

皇赋予臣民的圣礼"。① 同时制定的法典还有作为皇室家族法的皇室典范、议院法、贵族院令、众议院议员选举法、会计法等重要法令。1890 年 11 月 29 日，宣布正式实施。（图 7-13 为明治宪法颁布式。）

图 7-13　明治宪法颁布式②

明治宪法总计七章七十六条。其中，第一章十七条，定天皇之大权；第二章十五条，定臣民之权利、义务；第三章二十二条，定议会之组织权限；第四章二条，定国务大臣、枢密顾问之责任；第五章五条，定司法权；第六章十一条，定国家出入之会计；第七章四条，定将来变更宪法及现行法律规则之与宪法相矛盾者。论其特质，该宪法兼具立宪主义和国体论双重要素，即一方面基于立宪主义确立了议会制度，另一方面议会的权限也受到国体的制约和限制。

1. 明治宪法的国体论要素

所谓"国体"，就是规定天皇统治日本的基本体制。明治宪法循国体论法理，按"主权在君"原则，赋予天皇以巨大的权力。主要表现如下。

（1）天皇"总揽统治权"，集行政、立法、司法诸权于一身。宪法规定："大日本国，由万世一系的天皇统治之"，"天皇为神圣不可侵犯"，"天皇为国家的元首，总揽统治权力"。又规定："天皇依帝国议会之协赞，行使立法权"，议会之"开会、闭会、停会及众议院之解散，皆以天皇之命行之"，"在议会闭会期间，发布可代替法律之敕令"。还规定："司法权由法院以天皇之名义依法

---

① 魏晓阳. 制度突破与文化变迁：透视日本宪政的百年历程［M］. 北京：北京大学出版社，2006：77.

② 陈杰. 明治维新：下［M］. 西安：陕西人民出版社，2011：304.

律行使之"。这些规定体现了"总揽统治权者为主权体"、国家权力"皆通合于天皇自身""三权所代表的机关的职能在于辅翼天皇施行统治权"等理念①，否定了三权分立是立宪政治必备的主张。

（2）议会从属于天皇。按照宪法规定，帝国议会只是"协赞"机关，不是最高的立法机关，凡议会所决之事，皆须天皇批准，"命其公布及执行"。用伊藤博文的话来讲，就是"议会的设置，其全部功能在于协助元首"，"议会可以参与立法而不可分享主权，议会可以有议论法的权力而无制定法的权力"②，"把立法之权主要归属于议会或者依据法律而对上下进行约束，视作君民共同之事的重点，是对主权统一大义的误解"。③

（3）内阁只对天皇负责，不对议会负责，议会无权决定内阁的去留，首相和大臣由天皇任命。军队统帅权独立于内阁之外，议会和内阁无权过问。宪法规定："天皇统帅陆海军"，"天皇规定海陆军之编制及常备兵额"，"天皇定宣战、媾和及缔结各种条约"。

（4）采取皇室自律主义，将皇室典范等重要的宪法性文件从宪法典中割裂出来，使得议会无法干预。

2. 明治宪法的立宪主义要素

立宪政治的本质在于对君权加以限制，对民权予以保障。"明治宪法之父"伊藤博文说："创设宪法的精神，第一是限制君权，第二是保护臣民的权利"；"若不保护臣民之权利，又不限制君主之权力，则臣民有无限之责任，君主有无限之权力，如此则称之为君主专制国家"。④ 因此，明治宪法虽然以"主权在君"为原则，但这不是唯一原则，其中也蕴含着立宪主义的成分。主要体现在如下几点。

（1）宪法对君权有所限制。如规定天皇须"依本宪法规定"行使行政权，以天皇名义颁布的"凡律、敕令及有关国务之敕诏，须经国务大臣之副署"，均体现了对君权的制约，其意义或如伊藤博文解释的那样："本条是宪法的精髓。所谓实行立宪政治，就是明确限制君主大权……统治权原来是无限的，既然用宪法来限制它，就把它限定在一定范围内执行，不能因为有统治权就随意使用。

①　伊藤博文. 帝国宪法义解 ［M］. 东京：国家学会，1889：5-6.
②　伊藤博文. 帝国宪法义解 ［M］. 东京：国家学会，1889：52-53.
③　伊藤博文. 帝国宪法义解 ［M］. 东京：国家学会，1889：6-7.
④　信夫清三郎. 日本政治史：第3卷 ［M］. 吕万和，译. 上海：上海译文出版社，1988：205.

所以，没有'按照宪法的条规'这一条，就不是宪法政治，而是无限专制政体。"①

（2）宪法赋予臣民有限的言论自由、结社自由及秘密通信等权利。如规定："日本臣民于法律规定范围内有居住及迁徙之自由"；"日本臣民在不妨碍安宁秩序，不违背臣民义务下，有信教之自由"；"日本臣民在法律规定范围内，有言论、著作、印行、集会及结社之自由"；等等。

（3）宪法确立了三权分立体制：立法权由帝国议会行使，行政权由国务大臣掌控，司法权由法院支配。在理论上，天皇的统治权虽然完整而不可分，但在实际运作和行使上，其权力则由不同部门代为实现，天皇亦不负实际责任，以免有损其神圣地位——立法方面非经议会承认不能制定法律，行政权的行使亦有种种中间障碍，如内阁决定并非直接上报天皇，而是上报枢密院。因此，"在明治宪法下，日本也具备了作为近代立宪国家的格局，虽然尚不充分，但已导入了权力分立的观念。也就是说，虽然行政权被置于天皇之下，但行政也服从立法"。②

（4）宪法虽然规定议会不享有立法权，但又赋予议会某些基本权力，如立法的承认权、法案提出权、预算审议权。这些权力不仅是宪法中民主性的集中体现，也是日本近代政党得以生存和发展的关键所在。伊藤博文就认为："既然召集国民代表，令其评议立法、租税等事，就不能不开设国会，给人民以参政之权。只是参政之权的大小各国有所不同，但若脱离此范围去开设国会，则失去了立宪之要点。"③

因此，明治宪法是一部专制主义与民主主义相互折中的宪法。它在强调君权的同时，又导入立宪制的政治原理；在承认民权的同时，又否定了主权在民原理。它既是普鲁士德意志宪法在日本的实践，也"是明治政府的藩阀指导者们企图并成功地将政治现代化即民主化遏制在最小限度的产物"。④

二、帝国议会的开设

在明治宪法宣布实施的同一天，日本第一届帝国议会开幕。帝国议会为

① 肖传国. 近代西方文化与日本明治宪法 [M]. 北京：社会科学文献出版社，2007：183-184.
② 盐野宏. 行政法 [M]. 杨建顺，译. 北京：法律出版社，1999：25.
③ 清水伸. 明治宪法制定史：下卷 [M]. 東京：原書房，1973：177.
④ 富永健一. 日本的现代化与社会变迁 [M]. 李国庆，等译. 北京：商务印书馆，2004：138.

"宪法上统治机关之一",由贵族院和众议院组成,"以表示全国臣民之公议"。贵族院由皇族、华族及敕任议员组成,约略可分为五级:(1)皇族之男子而达成年者①;(2)公爵侯年满 25 岁者;(3)伯子男爵年满 25 岁,被同爵所举者;(4)有勋劳于国家,或年在 30 岁以上,学识充裕,特被敕任者;(5)各府县 30 岁以上之男子,纳多额之直接国税,15 人中互选 1 人受敕任者。其中,皇族、公爵侯及有勋劳于国家或有学识而特被敕任者,其任期为终身,多额纳税议员之任期为 7 年。

众议院由公民选举产生。议员的选任资格:(1)年满 25 岁以上的日本男臣民;(2)在本选区内有定所满 1 年以上,且以后仍居此地者;(3)满 3 年以上纳地租 10 圆,满 2 年以上纳直接国税 10 圆,或纳地租与直接国税共 10 圆,而以后皆仍照纳者;(4)年满 30 岁以上之日本男臣民,不论纳税之有无多寡,皆可为被选人员。众议院选举虽然徒具形式,有选举权者只有 46 万人,约占总人口的 1.1%,但在日本政治史上实现了如下突破:第一,首次开辟了公选;第二,首次承认了国会的合理性;第三,首次允诺了政党的存在。第一届选举的结果是众议院 300 个议席中,立宪自由党 130 个席位(43%),立宪改进党 41 个席位(14%),大成会 79 个席位(26%),国民自由党 5 个席位(2%),无党派人士 45 个席位(15%)。②"东邦有宪法政治,实始乎此。"③

宪法的制定和议会的召开,是日本"第一阶段的民主化",尽管很不彻底,但毕竟在民主政治之路上迈出艰难的一步,不仅在日本具有划时代的意义,而且在东亚乃至亚洲均有不同寻常的意义,正如当时《朝野新闻》所论:"现在制定宪法,实乃东洋万邦生民以来未曾有之大事,乃我邦永久之仪表,万邦亦应以此为鉴!"④ 无论其是"瓦"还是"玉","其诞生的确意味着日本出现了可称之为宪法的东西,而日本人民也由此成为优先法治国之人民,日本由此而成为世界列国中一个立宪国之成员"。⑤

明治宪法从酝酿到出台历时 14 年(1875—1889 年),它为"维新以来日本国家的动摇打上了休止符",也给日本此后的"进路"提供了一个"明确框

---

① 凡人以 20 岁为成年,唯天皇、皇太子、皇太孙以满 18 岁为成年。

② 富永健一.日本的现代化与社会变迁 [M].李国庆,等译.北京:商务印书馆,2004:139.

③ 大隈重信.日本开国五十年史:上册 [M].上海:上海社会科学院出版社,2007:246.

④ 肖传国.近代西方文化与日本明治宪法 [M].北京:社会科学文献出版社,2007:181.

⑤ 稻田正次.明治宪法成立史:下卷 [M].東京:有斐閣,1960:919.

架"。① 无论如何评价明治宪法，其制定本身意味着日本较早地意识到近代化不光是船坚炮利，制宪亦是其重要环节和步骤。1853 年"佩里来航"为日本开国的标志，日本能在其后 36 年就制定这样"一部采用了立宪君主制的高等级近代宪法"，其进步之速"实在值得夸耀"!② 1893 年，日本外相陆奥宗光在第五届帝国议会上自豪地讲道：维新以来，日本在经济、军事建设以及"人文自由的扩张、制度文化的改良、学术工艺的进步"等方面皆取得重大成绩，"其中有一个特例值得特别指出，那就是立宪政体的建立。试问今日之亚洲还有哪个国家像本大臣与诸位这样讨论国家的重要政务!"③。

议会和宪法制度旳确立使日本由专制主义转向了立宪政治，标志着日本建立起了近代的资本主义政治体制。这种体制也是对"明治初年以来政治发展轨迹的总结和肯定……它在半个世纪内决定了日本的发展方向。"④

---

① 家永三郎. 日本近代憲法思想史研究［M］. 東京：岩波書店，1967：85.
② 佐佐木克. 从幕末到明治（1853—1890）［M］. 孙晓宁，译. 北京：北京联合出版公司，2017：299.
③ 坂野润治. 未完的明治维新［M］. 宋晓煜，译. 北京：社会科学文献出版社，2018：198.
④ 陈杰. 明治维新：下［M］. 西安：陕西人民出版社，2011：304.

结　语

　　明治维新是新日本的黎明期，由二百余年的锁国日本，进至世界的开明国家的日本黎明期，从二百七十五的武家政治，进至光辉的天皇亲政的黎明期，由封建日本进至宪政日本的黎明期，由农本日本进至资本主义日本的黎明期，又由神、儒、佛三教的日本进至科学日本的黎明期。

——京口元吉

　　日本是我国的近邻和世界经济大国，无论如何不能漠然视之。当我们审视这个蕞尔岛国在现代化征程中取得的巨大成就时，无论如何不能不回望明治维新。因为明治维新不仅在其"国内结束了七百余年来的封建制度，将日本从半殖民地化的危险中救出来，开拓了资本主义发展的大道，终于使其成为一个现代式的国家"，而且在"国外他不但脱离了西欧诸先进资本帝国主义的压迫，反而完成了产业革命的基础工作，经过中日、日俄二战役，而列为世界诸强国之一，参加压迫榨取弱小民族的帝国主义集团，在现代的世界史上表演了种种重要的任务，尤其是对于我们老大的中国，一举一动，都是有他的特殊性和国际性"。①

　　本书从外源型现代化的一般规律考察了明治维新之路，大略形成如下认识：明治维新是以"思想的突破"为先导，以武士为领导，以人口资源为依托，以近代财金体制和政治体制的构建为保障而推进的一项以西方先进国家为模范的改革运动。

　　思想的突破是外源型现代化的先决条件。社会学家孔德说："旧体系不消亡，旧的心灵秩序的潜力不枯竭，新体系就不能产生。"② 对任何一个国家来说，最难能可贵的是能在历史的转折关头，认识形势，做出正确的价值判断和合理的行为选择，把握社会发展的契机。江户时代，世界正经历着一场亘古未有的社会巨变。英、法、德、美等西方国家率先启动现代化的车轮，相继完成了从传统农业社会向资本主义社会的制度变迁，并借其"文明"强势将一切后

---

① 张淑然. 明治维新史论 [J]. 大钟，1934（2）：19-32.

② 科瑟. 社会学思想名家 [M]. 石人，译. 北京：中国社会科学出版社，1990：6.

进国家卷进由其开创的新的国际秩序中来。面对这一挑战，该何去何从，考验着每个国家或民族的想象力。

按照汤因比的"挑战与响应"理论，一个旧的文化碰到新的文化之叩击，该民族为了适应生存，常对此新文化产生反应。反应有适当与不适当之分，适当者获得新生，不适当者则趋于混乱与衰弱，而决定反应适当与否之关键因素在于人。人面对挑战所做的反应可分为两种：一种是无意识的反应（unconscious reaction），另一种是有意识的反应（conscious reaction）。无意识的反应没有认识及展望作为指导，只能算作一种条件反射动作；而有意识的反应是有意识或思想作为反应作用之指导，是一种理性的行为选择。"如果我们对于外来新文化与文明之叩击自始即能有意识地采取以适当的反应原则，那么便如善治水者，使众水不致激荡，导其平稳合流，以形成新的文化与文明。"①

一如其他后进国家，日本也是被"卷到文明中来"的，不能不做出回应。不同于其他后进国家，日本的回应是有意识的而非无意识的。这或许正是它成为世界现代化进程中一个"重大例外情况"② 的基本原因。日本的回应之所以是有意识的，是因为在江户时代已基本实现了思想的突破，初步完成能指导现代化的"意识形态配置"。

首先，在西势东渐大潮的冲击下，日本并未囿于"慕华贱夷"这一历史陈见，去古老的华夏文化中寻求解决民族危机的途径，而是不失时机地推倒业已"过时"的偶像，把学习、崇拜的对象迅速转向西方。当时日本民族虽然未必晓得资本主义生产方式的特质，但已意识到西洋文化是一种值得效法的文化，是一种可借以改造日本文化的新文化。正如佐久间象山所言："当今之形势下，不能再行沿袭日本、中国之旧制，当必须参考世界上之诸邦制度以推进政治。"③这就顺应了世界历史的大潮，在民族前途的十字路口做了一次关键性的选择。

其次，在西学东渐形势下，日本民族并未继续"泛滥于词章之间，留意于仁义之际"，而是逐渐克服了朱子学"以读书为学问，以纸上之空论为格物穷理"的空疏学风，形成"根据经验和观察来明辨事物之理的经验性合理主义"，把为学旨趣从抽象的"穷理"转向具体的实践，确立了"惟有经验世界的理，非虚拟世界的、现实世界的理，即实理才是他们追求的目的"的学问观，产生

---

① 贺照田. 思想与方法：殷海光选集 [M]. 上海：上海三联书店，2004：4-5.
② 斯塔夫里阿诺斯. 全球通史：1500 年以后的世界 [M]. 吴象婴，梁赤民，译. 上海：上海社会科学院出版社，1999：359.
③ 佐藤昌介，植手通有，山口宗之. 日本思想大系：55 [M]. 東京：岩波書店，1971：308.

了科学性的思维，为以实证经验为基础的西方学术的传入铺平了道路。因此，明治之前日本就出现了一种完全异于传统学问的新的学问兰学或洋学，其治学"自医学始，次及理、化、药、数、天文等诸科，嘉永以后则加兵学，更加讲求历史、经济、法律"①，形成了一支具有相当规模的近代科技队伍，以及具有世界眼光的先觉者。他们不但是日本科技近代化的奠基者，而且是明治现代化建设的设计师。

最后，在西力东进过程中，由于日本民族逐渐意识到国际形势已迥异于往昔，东进列强更非往古之"夷狄"可比，"日本苟接触此大势力，虽欲不投于列国争竞之旋涡不复得也"。② 因此，面对西人的频频叩关，不但没有一味盲目排斥，相反因势利导，逐步接受了开国通商的要求。毫无疑问，日本的开国也是被迫的，有伤民族尊严的，但在开国已成为历史必然的形势下，通过"交涉"开国远比通过"败战"开国更理性。因此，德川幕府一方面改变祖宗之法，接受了开国要求；另一方面利用开国换取的"和平"加紧改革，引进西方科技。这不失为一种"退一步、进两步"的明智选择。职此之故，江户时代日西交锋虽然激烈，但始终没有演化为大规模的战争。这样，日本民族不但避免了割地赔款的厄运，而且赢得了和平建设的时机，为明治维新提供了比较安定的政治环境。

因此，我们或可把朱子学世界观、华夷观、锁国观的崩解看作日本思想文化史上的"第一次启蒙"。在启蒙中，日本初步确立了"相信理性""对传统思想和价值观的怀疑、相对化以及批判的新精神"。③ 正因为日本民族在现代化前夜进行了"第一次启蒙"，一定程度上实现了"人的自觉"，所以它能在历史的转折关头，善于把握时机，创造条件，融入时代发展的潮流，最终跻身于世界先进行列。与此相反，中国直到鸦片战争，思想界仍然愚蒙弥漫，死气沉沉，没有多少革新的迹象，以致在回应列强挑战的过程中总是茫然无措，缺乏明确、正确的行动指标。

日本"思想的突破"虽说是后进国现代化建设中的一个"例外"，然其带来的历史启示却具有普遍意义。殷海光说："反省，就是新生命的开端。"④ 一个民族最大的悲哀不是落后，而是泥于掌故，苟安无为，不知自省为何物。一国之活力如何，在很大程度上取决于其反省能力，而反省能力之强弱、有无，

---

① 大隈重信. 日本开国五十年史：上册［M］. 上海：上海社会科学院出版社，2007：547.

② 大隈重信. 日本开国五十年史：上册［M］. 上海：上海社会科学院出版社，2007：83.

③ 源了圆. 德川思想小史［M］. 郭连友，译. 北京：外语教学与研究出版社，2009：100.

④ 贺照田. 思想与方法：殷海光选集［M］. 上海：上海三联书店，2004：3.

又取决于其思想是否活跃。江户时代，日本传统的治国理念虽然处于主导地位，但其知识层内劲流涌动，分化出诸如阳明学、古学、国学、洋学等勤于思考、敢于批判的"异学"派别，打破官方意识形态的网罗，对日本的传统与现实进行反省，在反省中发现问题，提出应对之道，最终积淀成一种可贵的思想资源，推动日本走向新生。"上帝造物不齐，造人尤不齐。"思想的本质是多元的，思想必须代代更新。事实表明，在步入现代门槛时，如果企图将人们的思想整整齐齐地统一到"传统说教"下，其结果只能横阻一切"理知的追求和客观的讨论"，造成万马齐喑的局面，扼杀社会革新的火种。

德国诗人海涅说："思想走在行动之前，就像闪电走在雷鸣之前一样。"外源型现代化是有意识的行为，属于人的自觉的而非自为的行动。一个民族，尤其是居统治地位的阶层是否固守传统的意识形态，是否接受了先进文化的影响，对能否启动和推进现代化进程起着至关重要的作用。明治维新之前，居日本统治地位的武士阶层已久经洋学的熏陶，萌发"向化"意识，站在了时代的前列。在开国 50 年之际，日本贤达不约而同地将国家的"勃然独兴"归之于百余年来文化思想之开化。新渡户稻造说："日本之开国思想其显发非不速，然推其由来，养蓄亦久矣。"① 大隈重信说：锁国时代，"西邦文明不得输入而医术独脱此禁制。……医家以不挠之精神，研究西邦医术，由长崎收西邦科学之知识，使渐传播于少数人士之间。涓涓之流渐汇集，遂得泛滥之势。于是政海行舟筏排波浪而达维新之岸耳"。② 浮田和民也说："开国之业本非最近五十年之所能成，又非独因政府之启发使然也。……欧洲文明之所从来源流甚远，然其今日之进境则专属于十八世纪间人文开发及法国大革命以来之事，而十八世纪间日本官民亦适颇锁国之梦，渐起欢迎欧洲之文化，不亦奇乎?"③ 假如没有思想的先行，绝难理解武士阶层何以会挺身推动维新实践。日本现代化史再一次证明了"人的意识不仅反映客观世界，并且创造客观世界"的原理④，也再一次昭示了那个非常平凡的道理：思路决定出路!

强有力的理性政府是外源型现代化建设的必要条件。所谓"理性政府"是指政府的施政行为是理性的或合乎理性的，而不是盲目的或感情用事的。只有理性政府才能在既定条件下最大限度为政治共同体整合目标、配置和使用资源，在行政过程中最大限度实现政治共同体的欲求，从而达到共同体资源利用的最

①　大隈重信 . 日本开国五十年史：下册 ［M］. 上海：上海社会科学院出版社，2007：788.
②　大隈重信 . 日本开国五十年史：上册 ［M］. 上海：上海社会科学院出版社，2007：41.
③　大隈重信 . 日本开国五十年史：上册 ［M］. 上海：上海社会科学院出版社，2007：525.
④　列宁 . 列宁全集：第 38 卷 ［M］. 北京：人民出版社，1960：228.

大化；只有理性政府才能符合现代政治民主体制下政府扮演的政治共同体的
"管家"角色，才能为现代化建设要求的理性的共同体结构提供基础。历史地
看，明治政府是一个比较有理性的政府，而其之所以具备理性特征，是因为其
建立者和主导者武士略具"现代理性"。

　　武士率先接受西学的熏陶，"既了解西方资本主义文化的先进性，又深知日
本文化的落后与弊端"，在内忧外患之际，他们先是掀起尊王攘夷运动，继之组
织倒幕维新运动，建立维新政权，成为旧制度、旧时代的终结者和新制度的创
造者与新时代的开拓者。他们"思想解放，与时俱进，抨击传统思想，介绍西
方文明，宣传西方自由平等思想，掀起日本的思想启蒙运动，为明治政府的西
化政策提供了理论依据"。① 他们顺应时代潮流，不仅通过"废藩置县""秩禄
奉还""土地改革""四民平等"等举措革除了旧武士制度，而且以西方为模范
初步搭建起近代政治、经济体制，把日本导入现代化轨道。

　　武士能从一个旧世界的"中坚"力量蜕变为"引领日本现代化的火车头"，
是由其内在性格决定的。首先，武士是随天皇权威的衰落而"生成的"，是作为
"中央权力的反叛者和非法者登场的"，具有相对独立的社会性格，对皇权并不
具有政治、经济依赖关系。其次，武士既是一个被"冻结"在封建等级秩序内
的阶层，又是一个不事生产的纯粹的城市消费者。各级武士不能互为流动，也
无法涉足农、工、商领域，"无论高位低位，于其自身应用各物之外，不得囤集
货物，经商牟利"。② 他们虽然身份高贵，但缺乏升官发财机会，尤其是中下层
武士，不仅仕途上升迁无望，经济上亦每况愈下，"与当时压迫民众相等"，故
而要求"打破现状的观念及认识亦最为真切"③，具有强烈的"反体制"意识。
再次，武士分为多个等级，按主从关系的原则，层层相属，结成人身依附性极
强的金字塔集团，具有较强的纵向黏合力。上级武士之政治意志往往能无条件
地得到下级武士之支持，而下级武士之政治行为也往往是上级武士政治意志的
体现。因此，武士之活动总是表现为阶层性或集团性。最后，武士不扮演文化
卫道士的角色，比较注重实用知识，成为日本首批西学研习者和"开眼看世界"
者，"除军事、政治之外，文化也成为武士的强项"。④ 如是性格使武士成为旧
体制的掘墓者和新体制的开创者。

　　物质财富的积累是外源型现代化的重要条件。现代化的发展是以工业化为

　　① 　娄贵书. 日本武士兴亡史 [M]. 北京：中国社会科学出版社，2013：194.
　　② 　张荫桐. 1600—1914 年的日本 [M]. 北京：生活·读书·新知三联书店，1957：9.
　　③ 　梁子青. 日本明治维新之考察 [J]. 日本评论，1933，2 (2)：97-106.
　　④ 　娄贵书. 日本武士兴亡史 [M]. 北京：中国社会科学出版社，2013：194.

基础的，而工业的发展又需要大量资金。外源型现代化国家在其现代化过程中不可能具有内源型现代化国家那样的内外环境，其工业化只能靠非常规的速度和手段来获得资本积累。日本国土狭小，资源贫乏，其物质积累过程既是对外掠夺过程，又是对内积累过程。就对内积累而言，日本的资源优势在人口。它不仅利用这一优势实现了高积累，而且实现了经济赶超。

我们常把日本视为后进国家成功实现现代化的典范，其实日本也是在沉重的人口包袱下成功实现现代化的典范。促使日本现代化成功的因素有很多，当我们考察人口方面的因素时，大体可以得出如下几点结论。

（1）高密度的人口给日本的现代化造成沉重的压力，但也提供了廉价的劳动生力军。这使日本得以进行以高地租、低工资为杠杆，以高积累、高出口为切入点的现代化建设。这一选择对民众来说是很痛苦的，但也是这个承负着巨大人口压力的落后国家无奈而不乏战略远见的选择。

（2）日本具有充足的劳动力供给，却没有过高的人口增长率，人口与经济发展之间基本保持一种低压平衡关系。这种关系既有助于提高人均收入，扩大个人消费和资本积累，也有助于缓解就业压力和人口与耕地的紧张关系，有利于农业的发展。假使日本人口增长率很高，即使其有高积累、高出口，也未必能使经济有如此快速而平稳的发展。

（3）日本依赖性人口占总人口的比例比较低，它从内部缓解了人口压力，保证了总人口在整体上具有更高的劳动生产能力，更低的经济负担，有利于扩大再生产，有利于生活水平的提高。

（4）落后国家要完成其"赶超型"经济发展战略，必须依靠先进的科技，要做到这一点，教育不是与经济并行，也不是随后，而必须是先行。就经济发展而言，教育事业的发展是相对超前的，为实现经济追赶，首先要完成教育追赶。日本现代化之际，面临生产力落后、资源贫乏、人口众多等困难，但不惜重资来发展教育。据统计，1885年，日本政府投资的教育费总额就占国民收入的1.78%，占国家行政费的12.0%；1900年，占国民收入的2.05%，占国家行政费的9.8%；1910年，日本初等教育在学人数、中等教育在学人数和高等教育在学人数均已超过了当时的英国。① 这为消化引进西方先进技术创造了条件。许多后进国为了追求现代经济增长，普遍采取了积极引进国外先进技术和制度的政策，但未必都像日本那样成功，其主要原因在于教育落后。日本现代化过程的一个特点是其义务教育的开始早于现代经济增长的开始，而美、英、法各国

---

① 吴廷璆. 日本近代化研究［M］. 北京：商务印书馆，1997：431.

的义务教育的开始晚于现代经济增长的开始。

制度建设是外源型现代化的重要保障。外源型现代化由政府主导，能否建立科学合理的制度直接制约着现代化的进程。现代化的核心是产业化和民主化，产业化的推进需以现代财金体制为依托，民主化建设则以立宪体制的构建为中心。

明治之初，日本经济困乏，财金体制落后，难以应对强烈的产业化需求。通过奉还版籍、废藩置县，将财权收归中央；通过开源节流，压缩了政府开支，增加了税收；通过建立预算制度，使财政运营、财政政策的制定和实施走上规范化、法制化轨道，完成了财政向近代财政的转变。与此同时，明治政府通过纸币整理，统一了货币的发行权，确立了金本位制，使日本银行券成为日本唯一的纸币；又通过引进西方银行制度，设立了中央银行、普通银行和专门银行，从而建立起完整的近代金融体系，为殖产兴业融汇了资金。

明治之初，日本即将"广兴会议，万机决于公论"作为施政纲领，但与经济产业化相比，政治民主化的推进比较艰难、比较缓慢。作为日本民主化第一阶段成果的明治宪法，既是日本朝野二十年博弈的结果，又是民主思想与专制理念激烈斗争的结果。没有自由民权运动的推动，明治政府的制定宪法步伐将会后延，明治宪法中的民主元素将会更加稀缺。没有明治领导人的开明意识和因势利导，明治宪法也难以顺利出台。尽管明治宪法是以天皇制为象征的日本传统文化与西方近代文化相结合的产物，但其制定标志着日本立宪制的确立，由是日本"成为近代国家的一员"。

总而言之，明治维新虽然是在外力刺激下发动的，但若无内在要素的发酵，则难以顺利启动和推进。论者有曰："许多伟大的突发的历史运动，不管它们在表面上怎样表现为民族刺激或外部文化影响之结果，但在本质上决然是一个内在历史的规定和产物。这一内在的规定和产物虽可以利用历史的偶然为自己腾达的条件，但其自身绝不是偶然之堆积。宁是以必然性，即内在的传统的历史的必然性为前提，为自己决定因素的。"① 诚哉斯言！众多外源型现代化国家之现代化征程之所以举步维艰，主要是因为内部缺乏"历史的规定和产物"。

---

① 李建芳. 论日本明治维新运动 [J]. 文摘，1937，1 (1)：37-38.

参考文献

一、日文文献

[1] 愛知大学綜合郷土研究所．近世の地方文化 [M]．東京：名著出版，1991.

[2] 安藤彦太郎．日本人の中国観 [M]．東京：勁草書房，1971.

[3] 板沢武雄．シーボルト [M]．東京：吉川弘文館，1960.

[4] 板沢武雄．日本とオランダ：近世の外交・貿易・学問 [M]．東京：至文堂，1966.

[5] 鴇田恵吉．佐藤信淵選集 [M]．東京：読書新報社出版部，1943.

[6] 本庄栄治郎．明治維新経済史研究 [M]．東京：改造社，1930.

[7] 藏並省自．海保青陵全集 [M]．東京：八千代出版株式会社，1976.

[8] 長谷川慶太郎．さよならアジア [M]．東京：文芸春秋，1986.

[9] 村上陽一郎．日本近代科学の歩み―西欧と日本の接點 [M]．東京：三省堂，1977.

[10] 大槻如電．日本洋学編年史 [M]．東京：錦正社，1964.

[11] 大久保利謙．近代史資料 [M]．東京：吉川弘文館，1975.

[12] 大久保利謙．西周全集：第2巻 [M]．東京：宗高書房，1981.

[13] 大野晋，大久保正．本居宣長全集 [M]．東京：筑摩書房，1968—1993.

[14] 稲田正次．明治憲法成立史 [M]．東京：有斐閣，1960.

[15] 渡邊和靖．明治思想史：儒教的伝統と近代認識論 [M]．東京：ぺりかん社，1978.

[16] 芳賀徹．日本の名著：22 [M]．東京：中央公論社，1984.

[17] 宮本又次．大阪における蘭学の発達と橋本宗吉 [M]．東京：清文堂，1976.

[18] 海原徹．近世私塾の研究 [M]．京都：思文閣，1993.

[19] 海舟全集刊行会．海舟全集 [M]．東京：改造社，1929.

［20］和辻哲郎．鎖国：日本の悲劇［M］．東京：岩波書店，1991．

［21］後藤陽一，友枝龍太郎．日本思想大系．30：熊沢蕃山［M］．東京：岩波書店，1971．

［22］荒木見悟，井上忠．日本思想大系．34：貝原益軒　室鳩巣［M］．東京：岩波書店，1970．

［23］吉川幸次郎，佐竹昭広，日野龍夫．日本思想大系．40：本居宣長［M］．東京：岩波書店，1978．

［24］吉川幸次郎．仁齋・徂徠・宣長［M］．東京：岩波書店，1975．

［25］吉川幸次郎．日本思想大系．36：荻生徂徠［M］．東京：岩波書店，1973．

［26］加藤佑三．黒船前後の世界［M］．東京：岩波書店，1985．

［27］家永三郎．近代日本思想史講座・1・序論：封建社会における近代思想の先駆［M］．東京：筑摩書房，1959．

［28］家永三郎．近代日本思想史研究［M］．東京：東京大学出版会，1953．

［29］京都史跡会．林羅山文集［M］．東京：弘文社，1930．

［30］井上哲次郎，蟹江義丸．日本倫理彙編［M］．東京：育成会，1901—1903．

［31］井上哲次郎．日本陽明学派之哲学［M］．東京：富山房，1900．

［32］井上哲次郎．日本朱子学派之哲学［M］．東京：富山房，1902．

［33］久米康生．シーボルトと鳴滝塾—悲劇の展開［M］．東京：木耳社，1989．

［34］開国百年記念文化事業会．鎖国時代日本人の海外知識：世界地理・西洋史に関する文献解題［M］．東京：原書房，1980．

［35］頼惟勤．日本思想大系．37：徂徠学派［M］．東京：岩波書店，1972．

［36］明治文化研究会．明治文化全集：第4巻［M］．東京：日本評論社，1992．

［37］明治文化研究会．明治文化全集：第8巻［M］．東京：日本公論社，1992．

［38］内田銀藏．鎖国とは何ぞや［M］//日本海上史論．東京：三省堂書店，1912．

［39］片桐一男．杉田玄白［M］．東京：吉川弘文館，1990．

［40］平田篤胤全集刊行会．新修平田篤胤全集［M］．東京：名著出版，1976．

[41] 平重道．阿部秋生．日本思想大系．39：近世神道論　前期国学[M]．東京：岩波書店，1972．

[42] 清水伸．明治憲法制定史[M]．東京：原書房，1981．

[43] 慶應義塾．福澤諭吉全集[M]．東京：岩波書店，1958—1964．

[44] 日本蘭学会．洋学史事典[M]．東京：雄松堂，1984．

[45] 日獨文化協会．シーボルト研究[M]．東京：名著刊行会，1979．

[46] 山井湧，山下龍二，加地伸行，等．日本思想大系．29：中江藤樹[M]．東京：岩波書店，1974．

[47] 山口県教育会．吉田松陰全集[M]．東京：岩波書店，1939—1940．

[48] 杉田玄白．蘭学事始[M]．東京：岩波書店，1982．

[49] 石井寛治．日本経済史[M]．東京：東京大学出版会，1976．

[50] 石田一良，金穀治．日本思想大系．28：藤原惺窩　林羅山[M]．東京：岩波書店，1975．

[51] 松本三之輔．日本政治思想概論[M]．東京：勁草書房，1975．

[52] 松本三之介．現代日本思想大系．1：近代思想の萌芽[M]．東京：筑摩書房，1966．

[53] 湯淺光朝．日本の科学技術100年史[M]．東京：中央公論社，1980．

[54] 田村圓澄，黒田俊雄，相良亨，等．日本思想史の基礎知識[M]．東京：有斐閣，1974．

[55] 田原嗣郎，守本順一郎．日本思想大系．32：山鹿素行[M]．東京：岩波書店，1970．

[56] 尾藤正英，島崎隆夫．日本思想大系．45：安藤昌益　佐藤信淵[M]．東京：岩波書店，1977．

[57] 尾佐竹猛．日本憲政史[M]．東京：日本評論社，1930．

[58] 西順蔵，阿部隆一，丸山真男．日本思想大系．31：山崎闇斎学派[M]．東京：岩波書店，1980．

[59] 相良亨，松本三之介，源了圓．江戸の思想家たち[M]．東京：研究社，1979．

[60] 塩谷世宏．宕陰存稿[M]．日本明治三年（1870）刻本．

[61] 羽仁五郎．日本における近代思想の前提[M]．東京：岩波書店，1949．

[62] 源了圓．德川合理思想の系譜[M]．東京：中央公論社，1972．

［63］源了圓．近世初期実学思想の研究［M］．東京：創文社，1980．

［64］早稲田大学大学史編集所．小野梓全集［M］．東京：早稲田大学出版部，1978—1982．

［65］沼田次郎，松村明，佐藤昌介．日本思想大系．64：洋学上［M］．東京：岩波書店，1976．

［66］沼田次郎，松村明，佐藤昌介．日本思想大系．65：洋学下［M］．東京：岩波書店，1976．

［67］沼田次郎．日本と西洋［M］．東京：平凡社，1971．

［68］植手通有．日本の名著・34［M］．東京：中央公論社，1972．

［69］植手通有．日本近代思想の形成［M］．東京：岩波書店，1974．

［70］中山茂．幕末の洋学［M］．東京：ミネルヴァ書房，1984．

［71］塚谷晃弘，蔵並省自．日本思想大系．44：本多利明　海保青陵［M］．東京：岩波書店，1970．

［72］佐藤昌介，植手通有，山口宗之．日本思想大系．55：渡邊崋山　高野長英　佐久間象山　横井小楠　橋本左内［M］．東京：岩波書店，1971．

［73］佐藤昌介．洋学史研究序説：洋学と封建権力［M］．東京：岩波書店，1964．

［74］佐藤誠三郎．近代日本の対外態度［M］．東京：東京大学出版会，1974．

二、中文文献

（一）著作

［1］HERBERT P．日本的现代化与教育［M］．刘昆辉，洪祖显，译．台北：幼狮文化出版公司，1973．

［2］坂野润治．未完的明治维新［M］．宋晓煜，译．北京：社会科学文献出版社，2018．

［3］板本太郎．日本史概说［M］．汪向荣，等译．北京：商务印书馆，1992．

［4］本尼迪克特．菊与刀［M］．吕万和，等译．北京：商务印书馆，2012．

［5］大隈重信．日本开国五十年史［M］．上海：上海社会科学院出版社，2007．

［6］渡边与五郎，李素桢，田育成，等．西学东渐：中日近代化比较研究［M］．北京：中国社会科学出版社，2008．

[7] 冯天瑜．"千岁丸"上海行：日本人 1862 年的中国观察 [M]．北京：商务印书馆，2001.

[8] 福泽谕吉．福泽谕吉自传 [M]．马斌，译．北京：商务印书馆，1995.

[9] 福泽谕吉．劝学篇 [M]．群力，译．北京：商务印书馆，1958.

[10] 富永健一．日本的现代化与社会变迁 [M]．李国庆，等译．北京：商务印书馆，2004.

[11] 龚颖．"似而非"的日本朱子学：林罗山思想研究 [M]．北京：学苑出版社，2008.

[12] 韩东育．日本近世新法家研究 [M]．北京：中华书局，2003.

[13] 赫伯特．日本维新史 [M]．姚曾廙，译．长春：吉林出版集团有限责任公司，2008.

[14] 鹤见和子．好奇心和日本人 [M]．詹天兴，等译．西安：西安交通大学出版社，1986.

[15] 吉田茂．激荡的百年史 [M]．李杜，译．西安：陕西师范大学出版社，2006.

[16] 家永三郎．外来文化摄取史论 [M]．靳丛林，等译．长春：吉林教育出版社，1990.

[17] 蒋春红．日本近世国学思想：以本居宣长研究为中心 [M]．北京：学苑出版社，2008.

[18] 金．日本发现欧洲（1720—1830）[M]．孙建军，译．南京：江苏人民出版社，2018.

[19] 近代日本思想史研究会．近代日本思想史：第一卷 [M]．马采，译．北京：商务印书馆，1983.

[20] 井上清．日本现代史：明治维新 [M]．吕明，译．北京：生活·读书·新知三联书店，1956.

[21] 赖肖尔．日本人 [M]．孟胜德，刘文涛，译．上海：上海译文出版社，1980.

[22] 赖肖尔．日本人 [M]．上海：上海译文出版社，1980.

[23] 李少军．甲午战争前中日西学比较研究 [M]．武汉：湖北人民出版社，2007.

[24] 李甦平．圣人与武士：中日传统文化与现代化比较研究 [M]．北京：中国人民大学出版社，1992.

[25] 李文．武士阶级与日本的近代化 [M]．石家庄：河北人民出版

社，2003.

[26] 李卓. 日本近现代社会史 ［M］. 北京：世界知识出版社，2010.

[27] 梁容若. 中日文化交流史论 ［M］. 北京：商务印书馆，1985.

[28] 刘金才. 町人伦理思想研究 ［M］. 北京：北京大学出版社，2001.

[29] 刘岳兵. 日本近现代思想史 ［M］. 北京：世界知识出版社，2010.

[30] 娄贵书. 日本武士兴亡史 ［M］. 北京：中国社会科学出版社，2013.

[31] 罗荣渠，董正华. 东亚现代化新模式与新经验 ［M］. 北京：北京大学出版社，1997.

[32] 罗荣渠. 各国现代化比较研究 ［M］. 西安：陕西人民出版社，1993.

[33] 麦克莱恩. 日本史 ［M］. 王翔，等译. 海口：海南出版社，2009.

[34] 木宫太彦. 日中文化交流史论 ［M］. 胡锡年，译. 北京：商务印书馆，1980.

[35] 普罗宁可夫，拉达诺夫. 日本人 ［M］. 赵永穆，等译. 北京：中国广播电视出版社，1991.

[36] 钱国红. 走近“西洋”和“东洋”：中日世界意识形成的比较研究 ［M］. 北京：商务印书馆，2009.

[37] 三宅正彦. 日本儒学思想史 ［M］. 陈化北，译. 济南：山东大学出版社，1997.

[38] 森岛通夫. 日本为什么“成功” ［M］. 胡国成，译. 成都：四川人民出版社，1986.

[39] 杉本勋. 日本科学史 ［M］. 郑彭年，译. 北京：商务印书馆，1999.

[40] 升味准之辅. 日本政治史：第一册 ［M］. 董果良，译. 北京：商务印书馆，1997.

[41] 盛邦和. 东亚：走向近代的精神历程：近三百年中日史学与儒学传统 ［M］. 杭州：浙江人民出版社，1994.

[42] 盛邦和. 内核与外缘：中日文化论 ［M］. 上海：学林出版社，1998.

[43] 实滕惠秀. 中国人留学日本史 ［M］. 谭汝谦，等译. 北京：生活·读书·新知三联书店，1983.

[44] 丸山真男. 福泽谕吉与日本近代化 ［M］. 区建英，译. 北京：北京师范大学出版社，2018.

[45] 丸山真男. 日本政治思想史研究 ［M］. 王中江，译. 北京：生活·读书·新知三联书店，2000.

[46] 万峰. 日本近代史 ［M］. 北京：中国社会科学出版社，1978.

[47] 万峰. 日本资本主义史研究 [M]. 长沙：湖南人民出版社，1984.

[48] 王家骅. 儒家思想与日本的现代化 [M]. 杭州：浙江人民出版社，1995.

[49] 王家骅. 儒家思想与日本文化 [M]. 杭州：浙江人民出版社，1990.

[50] 王青. 日本近世儒学家荻生徂徕研究 [M]. 上海：上海古籍出版社，2005.

[51] 王向远. 日本对中国的文化侵略 [M]. 北京：昆仑出版社，2005.

[52] 王晓秋. 近代中日启示录 [M]. 北京：北京出版社，1987.

[53] 王勇，王宝平. 日本文化的历史踪迹 [M]. 杭州：杭州大学出版社，1991.

[54] 王渊明. 历史视野中的人口与现代化 [M]. 杭州：浙江人民出版社，1995.

[55] 王中田. 江户时代日本儒学研究 [M]. 北京：中国社会科学出版社，1994.

[56] 韦尔斯. 世界史纲 [M]. 吴文藻，等译. 北京：人民出版社，1982.

[57] 魏晓阳. 制度突破与文化变迁：透视日本宪政的百年历程 [M]. 北京：北京大学出版社，2006.

[58] 吴廷璆. 日本近代化研究 [M]. 北京：商务印书馆，1997.

[59] 武寅. 近代日本政治体制研究 [M]. 北京：中国社会科学出版社，1997.

[60] 肖传国. 近代西方文化与日本明治宪法 [M]. 北京：社会科学文献出版社，2007.

[61] 新井白石. 折焚柴记 [M]. 周一良，译. 北京：北京大学出版社，1998.

[62] 信夫清三郎. 日本政治史：第1卷 [M]. 周启乾，译. 上海：上海译文出版社，1982.

[63] 信夫清三郎. 日本政治史：第2卷 [M]. 周启乾，译. 上海：上海译文出版社，1988.

[64] 信夫清三郎. 日本政治史：第3卷 [M]. 吕万和，等译. 上海：上海译文出版社，1988.

[65] 许晓光. 思想转型与社会近代化：日本近代早期非传统政治思想研究 [M]. 北京：高等教育出版社，2011.

[66] 杨栋梁. 近代以来日本的中国观 [M]. 南京：江苏人民出版社，2012.

［67］杨晓峰．西保尔德：西方科学的传播者［M］//南开大学日本研究院．日本研究论集．天津：天津人民出版社，2003．

［68］野村浩一．近代日本的中国认识［M］．张学锋，译．北京：中央编译出版社，1999．

［69］依田憙家．日本的近代化：与中国的比较［M］．卞立强，等译．上海：上海远东出版社，2003．

［70］依田憙家．日中两国近代化中经济论之比较［M］．叶坦，蒋岩，译．北京：中国社会科学出版社，1994．

［71］依田憙家．中日两国近代化比较研究［M］．卞立强，等译．上海：上海远东出版社，2004．

［72］尹宝云．现代化的通病［M］．天津：天津人民出版社，1999．

［73］永田广志．日本哲学思想史［M］．版本图书馆编译室，译．北京：商务印书馆，1978．

［74］于桂芬．西风东渐：中日摄取西方文化的比较研究［M］．北京：商务印书馆，2001．

［75］源了圆．德川思想小史［M］．郭连友，译．北京：外语教学与研究出版社，2009．

［76］远山茂树．日本近现代史：第一卷［M］．邹有恒，译．北京：商务印书馆，1992．

［77］詹森．坂本龙马与明治维新［M］．曾小楚，译．上海：上海三联书店，2019．

［78］湛贵成．幕府末期明治初期日本财政政策研究［M］．北京：中国社会科学出版社，2005．

［79］张昆将．日本德川时代古学派之王道政治论：以伊藤仁斋、荻生徂徕为中心［M］．上海：华东师范大学出版社，2008．

［80］张水淇．日本明治维新前史［M］．南京：国立编译馆，1940．

［81］赵德宇．近世：日本知识界的中国观［M］．北京：世界知识出版社，2011．

［82］赵德宇．兰学述论［M］//南开大学日本研究院．日本研究论集．天津：南开大学出版社，1996．

［83］赵德宇．西学东渐与中日两国的对应：中日西学比较研究［M］．北京：世界知识出版社，2001．

［84］郑彭年．日本西方文化摄取史［M］．杭州：杭州大学出版社，1996．

[85] 周启乾. 日本近现代经济简史 [M]. 北京：昆仑出版社，2006.

[86] 朱谦之. 日本的古学及阳明学 [M]. 北京：人民出版社，2000.

[87] 朱谦之. 日本的朱子学 [M]. 北京：人民出版社，2000.

[88] 朱谦之. 日本哲学史 [M]. 北京：人民出版社，2002.

（二）期刊、论文

[1] 卞崇道. 加藤弘之早期启蒙哲学思想述评：从《邻草》到《国体新论》[J]. 外国问题研究，1986（1）.

[2] 程鸿儒. 试论中国与日本近代化成败之经济根源 [J]. 西北大学学报（哲学社会科学版），1990（3）.

[3] 崔新京. 刍议加藤弘之哲学思想的基本性质和历史作用 [J]. 日本研究，1989（4）.

[4] 大滨庆子. 日本近代化的"雁奴"[J]. 文化纵横，2008（2）.

[5] 杜慧君. 日本锁国时期长崎荷兰商馆的文化功能探析 [D]. 长春：东北师范大学，2017.

[6] 付正新. 偏离平衡态：日本现代化的社会结构前提分析 [J]. 湖北师范学院学报（哲学社会科学版），2008（3）.

[7] 韩东育. 两种"实学"的相遇与江户日本的"去中华"由绪 [J]. 社会科学战线，2008（8）.

[8] 胡娟. 近代日本法治思想源流考 [D]. 上海：华东政法大学，2007.

[9] 黄滢. 论"日本近世阳明学系谱"的近代生成 [J]. 外国问题研究，2020（1）.

[10] 李宝珍. 兰学在日本的影响与传播 [J]. 日本学刊，1991（3）.

[11] 林娟娟. 模仿与再创：日本文化的双重特质 [J]. 厦门大学学报（哲学社会科学版），1996（3）.

[12] 刘金才. 幕末町人的政治倾向与历史作用 [J]. 日本学刊，2001（4）.

[13] 刘岳兵.《邻草》对近代中国立宪思想发展的借鉴意义 [J]. 东疆学刊，2010（1）.

[14] 沈仁安，宋成有. 日本史学新流派析 [J]. 历史研究，1983（1）.

[15] 宋东亮. 近代日本现代化抉择的精神动力 [J]. 河北大学学报，1998（2）.

[16] 孙攀河. 福泽谕吉的中国观 [D]. 上海：华东师范大学，2013.

[17] 唐永亮，岳永杰. 武士在日本现代化进程中的作用：兼论日本现代化

的动力 [J]. 北方论丛, 2004 (2).

[18] 田毅鹏. 中日两国对近代西方认识的比较研究 [J]. 历史教学, 1989 (3).

[19] 王兵. 兰学的传播发展及其对明治维新的影响 [D]. 长沙: 湖南师范大学, 2008.

[20] 王家骅. 半欧洲半亚细亚型的日本晚期封建社会 [J]. 世界历史, 1982 (6).

[21] 王家骅. 试论近代中国和日本走上不同道路的内部历史原因 [C] // 中国日本史学会. 日本史论文集. 沈阳: 辽宁人民出版社, 1985.

[22] 王明兵. 福泽谕吉的中国批判与日本民族主义 [J]. 古代文明, 2008 (4).

[23] 王青. 从"支那"到"西洋"的转折点: 试论日本近世思想家本多利明 [J]. 北京大学学报 (社会科学版), 1999 (6).

[24] 吴怀中. "文明史观"在近代日本对华认识及关系中的影响: 从思想史与国际关系的接点出发 [J]. 日本学刊, 1998 (5).

[25] 吴乃华. 武士与日本的近代化 [J]. 史学月刊, 1992 (6).

[26] 武安隆. 日本人涉外文化心理的史学考察 [J]. 世界历史, 1989 (5).

[27] 许晓光. 明治初期日本近代化民权思想的形成: 围绕加藤弘之早期几部政治学著作的思考 [J]. 四川师范大学学报 (社会科学版), 2007 (1).

[28] 杨绍先. 武士道与日本现代化 [J]. 贵州师范大学学报 (社会科学版), 2004 (5).

[29] 翟新, 于大龙. 近世日本对西方科学移植研究的主体及特征 [J]. 社会科学战线, 1991 (2).

[30] 张光伟. 明治时期日本扩张思想溯源 [D]. 兰州: 西北师范大学, 2010.

[31] 张广翔. 从文明角度看俄国和日本的现代化 [J]. 东北亚论坛, 1994 (3).

[32] 张环. 日本明治维新制度模仿成功原因分析 [J]. 生产力研究, 2009 (12).

[33] 赵德宇. 渡边华山兰学探析 [J]. 世界历史, 2006 (2).

[34] 赵德宇. 日本"江户三学"中的中国认识辨析 [J]. 世界历史, 2015 (4).

[35] 赵德宇. 日本"江户锁国论"质疑 [J]. 南开学报 (哲学社会科学

版），2001（4）.

[36] 赵德宇. 日本近代化溯源：洋学 [J]. 日本学刊，2004（4）.

[37] 赵德宇. 日本近世洋学述论 [J]. 世界近现代史研究，2004（1）.

[38] 赵德宇. 日本近世洋学与明治现代化 [J]. 南开学报（哲学社会科学版），2010（3）.

[39] 赵德宇. 西方科学初传日本及其历史影响 [J]. 日本学刊，2001（5）.

[40] 赵德宇. 中日早期西学差异论析 [J]. 世界近现代史研究，2006（3）.

[41] 赵建民. 大阪兰学始祖：桥本宗吉的生平和业绩 [J]. 日本学刊，1997（2）.

[42] 赵建民. 桥本宗吉与大阪兰学的发展 [J]. 江海学刊，1997（2）.

[43] 赵乃章. 论加藤弘之的政治思想和哲学思想 [J]. 日本研究，1988（3）.

[44] 周颂伦. 福泽谕吉中国政策观的骤变：东洋盟主与脱亚入欧 [J]. 东北师大学报（哲学社会科学版），2006（5）.

[45] 祝乘风. 日本江户时代商品经济的发展 [J]. 世界历史，1990（1）.

[46] 左学德，王晓燕. 日本江户时代的幕藩体制与商品经济 [J]. 北方论丛，2007（5）.